MICHAEL SOMMER

ALLE WEGE FÜHREN NACH ROM

Die kürzeste Geschichte der Antike

KLETT-COTTA

MIX
Papier | Fördert gute Waldnutzung
FSC® C014496

Klett-Cotta
www.klett-cotta.de

Cover: Rothfos & Gabler, Hamburg
unter Verwendung mehrerer Abbildungen von © Shutterstock/
Artem Efimov, fantasycreationz und Arcangel/Martin Bredice
Gesetzt von Dörlemann Satz, Lemförde
Gedruckt und gebunden von GGP Media GmbH, Pößneck
ISBN 978-3-608-98640-2
E-Book ISBN 978-3-608-11920-6

Bibliografische Information der Deutschen Nationalbibliothek
Die Deutsche Nationalbibliothek verzeichnet diese Publikation in der Deutschen Nationalbibliografie; detaillierte bibliografische Daten sind im Internet über http://dnb.d-nb.de abrufbar.

Ekkehard Lederbogen (1941–2022)

magistro optimo

INHALT

VORWORT

»Was soll uns heute noch die Alte Geschichte?«, fragte Christian Meier schon vor einem halben Jahrhundert. Dass Fächer, die sich mit fernen Zivilisationen befassen, unter Rechtfertigungsdruck stehen, ist nicht erst so, seit das Digitale allem Analogen unbarmherzig Konkurrenz macht. Meier fand damals innovative, zum Teil auch verblüffende Antworten, die noch heute zum Nachdenken anregen. Dennoch muss jede Generation wieder neu die Frage stellen, warum eine Gesellschaft in etwas investieren soll, das doch vermeintlich keinen Nutzen bringt, schon gar keinen, der unmittelbarer Verwertung zugänglich wäre.

Meine Erfahrungen als Hochschullehrer und als jemand, der versucht, auch einer breiten Öffentlichkeit die ferne Antike ein wenig näherzubringen, bestätigen den Eindruck, dass Griechen und Römer auf dem Rückzug sind: aus der Bildung, aber auch ganz allgemein aus der Gesellschaft. Kaum jemand, der heute die Schule verlässt, weiß noch etwas mit dem Peloponnesischen Krieg, dem Zorn des Achill oder der Catilinarischen Verschwörung anzufangen. Viele von diesen jungen Leuten haben bei Lehrern gelernt, deren Wissen über die Geschichte vor 1789 lückenhaft ist.

Das ist schade, denn wer etwas über die Antike lernt, erfährt auch viel über sich selbst, über das moderne Europa und über seine Kultur, die vielfältige, in Jahrhunderten gewachsene Bezüge zum Altertum hat, das wir genau deswegen

»klassisch« nennen. Er betritt, wenn er sich ins Abenteuer Antike stürzt, einen Boden, der allen Europäern gemeinsam ist: den einzigen Boden, den alle Nationalkulturen mit gutem Recht für sich reklamieren können. Deshalb ist die Alte Geschichte, die Archäologie der antiken Mittelmeerzivilisationen, sind die vermeintlich toten Sprachen Latein und Griechisch kein verstaubtes Bildungswissen, sondern Klammern, die unserem vielfältigen Kontinent beim Zusammenwachsen helfen könnten. Ich bin deshalb der Auffassung, dass es sich lohnt, mehr Antike zu wagen, und dass sich Bildungspolitiker, die sich nicht auf dieses Wagnis einlassen mögen, an der Idee Europa versündigen.

Tom Kraushaar, der Verlegerische Geschäftsführer des Klett-Cotta-Verlags, hat mich vor einiger Zeit dazu angeregt, ein Buch zu schreiben, das Appetit auf die Antike machen soll. Ich bin Historiker, und für mich erwächst ein Gutteil der Befriedigung, die ich aus der Beschäftigung mit der Antike beziehe, daraus, dass sie mir die Augen öffnet für Zusammenhänge, die mir sonst verschlossen blieben. Ich habe deshalb die Geschichte der antiken Welt in den Mittelpunkt dieses Buches gestellt: weil es in ihr viel zu entdecken gibt, weil sie spannend ist und weil sie dazu einlädt, unsere Gegenwart aus einer ganz anderen Perspektive zu betrachten. Der Kollege x oder die Kollegin y hätte fraglos ein völlig anderes Buch geschrieben, um Lust auf die Antike zu machen. Ich habe mich dafür entschieden, die Alte Geschichte als eine Geschichte zu erzählen, von der zahllose Pfade in unsere Gegenwart führen. Einige davon sind verschlungen, manche auch nur schwer im Dickicht der Jahrhunderte zu finden. Mir macht es immer wieder großen Spaß, sie zu erkunden, und etwas von diesem Vergnügen möchte ich teilen.

»Niemand schreibt ein Buch allein«. Diese Weisheit gab

vor kurzem eine Politikerin zum Besten. Auf dieses Buch trifft sie zu. Ich wollte, wenn ich abschließend begründe, warum wir mehr Antike wagen sollten, nicht nur meine eigene, sondern auch die Perspektiven und Erfahrungen von Mitmenschen einfließen lassen, die alle eine enge Beziehung zur Antike haben, aber eben eine andere als ich. Ich habe, bevor ich das Schlusskapitel geschrieben habe, Gespräche mit Werner Brinker, Fritz Felgentreu, Anna Heinze und Stefan von der Lahr geführt, deren Blickwinkel in meine Überlegungen eingeflossen sind. Sie alle werden auch selbst zu Wort kommen.

Werner Brinker ist Vorsitzender der Universitätsgesellschaft Oldenburg (UGO) und war bis 2015 Vorstandsvorsitzender der EWE AG, des fünftgrößten Energieversorgers in Deutschland. Er ist Wasserbauingenieur und wurde an der TU Braunschweig mit einer Arbeit über Frontinus und die römische Wasserversorgung promoviert. Fritz Felgentreu ist habilitierter Klassischer Philologe und Gymnasiallehrer. Er forscht zur lateinischen Literatur der Spätantike und vertrat als Verteidigungspolitiker bis 2021 für die SPD den Wahlkreis Neukölln im Deutschen Bundestag. Anna Heinze ist Kunsthistorikerin und stellvertretende Direktorin des Landesmuseums für Kunst und Kulturgeschichte in Oldenburg. Sie hat viele Ausstellungen mit Antikebezug kuratiert und begeistert sich seit ihrer Schulzeit für die Helden des Altertums. Stefan von der Lahr wurde über den archaischen Dichter Theognis von Megara promoviert und ist heute Lektor für Antike im Verlag C. H. Beck, München. Er schreibt Kriminalromane, die in den modernen Städten Rom und Neapel spielen, in denen die Antike noch immer lebendig ist. Ihnen allen danke ich herzlich dafür, dass sie mich an ihren Gedanken teilhaben ließen.

Zu großem Dank verpflichtet bin ich auch Christoph Selzer und Julian Hermann vom Klett-Cotta-Verlag, die das Entstehen dieses Buches in allen seinen Phasen mit großem Sachverstand und ebenso großem Engagement begleitet haben. Ich widme es Ekkehard Lederbogen, der mir viel mehr beigebracht hat als Latein und Griechisch. Er hat mir mit seiner ansteckenden Begeisterung die Augen geöffnet für das Staunenswerte in der Welt von Griechen und Römern. Wenn jemand verantwortlich dafür ist, dass ich die Antike zu meinem Beruf gemacht habe, dann er: ein Altphilologe aus Berufung und Humanist aus Überzeugung. Ich verdanke ihm unendlich viel mehr, als sich in Worte fassen lässt.

EINS

Die Trabantenstadt. Das nächste Fremde

»Wir befinden uns im Jahre 50 v. Chr. Ganz Gallien ist von den Römern besetzt ... Ganz Gallien? Nein! Ein von unbeugsamen Galliern bevölkertes Dorf hört nicht auf, dem Eindringling Widerstand zu leisten.« Um doch noch ganz Gallien besetzen zu können, hecken die Römer einen diabolischen Plan aus. Direkt neben dem Dorf lässt Caesar eine Trabantenstadt mit römischen Bewohnern entstehen. Sein Stararchitekt Quadratus baut mitten in die bretonischen Wälder den ersten Wohnblock, derweil im Circus Maximus in Rom unter den Zuschauern Wohnungen in der Trabantenstadt verlost werden. Ein römisches Ehepaar, die glücklichen Gewinner der Tombola, ist zunächst nur mäßig begeistert, kann dem Leben in der Provinz aber bald sogar positive Seiten abgewinnen. Auch die anderen Neuankömmlinge schätzen die Vorzüge des Landlebens.

Sie tragen ihre Sesterze in das gallische Dorf, wo bald immer mehr Geschäfte aufmachen, bis das ganze Dorf einer Shoppingmeile gleicht. Die Gallier ändern ihre Lebensgewohnheiten, jagen nur noch dem Profit nach und verlieren das Interesse an den römischen Legionären, die endlich vor Prügeln sicher sind. Da wird es Asterix und Obelix zu bunt. Sie nehmen die Dinge in die Hand: Obelix spielt den verrückten Berserker und randaliert in dem Wohnblock, während Asterix so tut, als wolle er ihn bändigen. Schließlich berichtet Asterix den Tombolagewinnern, Obelix sei leider seiner Aufsicht entkommen. In Panik kehrt das Ehepaar mit Sack und Pack der Trabantenstadt den Rücken, und der Gallier Troubadix zieht in die Wohnung ein. Von den Gesängen des Barden terrorisiert, verlassen auch die übrigen Bewohner den Wohnblock. Quadratus muss, um ihn nicht leerstehen zu lassen, Legionäre in das Gebäude einquartieren. Auch die fühlen sich aber durch Troubadix belästigt und setzen den Barden vor die Tür. Für die Gallier ist das Grund genug, Rache zu nehmen. Sie zerstören den Wohnblock, verprügeln die Römer und kehren in ihr altes Leben zurück.

Ich war sieben oder acht Jahre alt und hatte die Windpocken. Ich lag auf dem Sofa im Wohnzimmer und hörte nichts als das Ticken der Standuhr. Schlimmer als das Fieber und das Jucken war die Langeweile. Krankheitstage können sich zäh in die Länge ziehen. Die Erlösung traf in Gestalt meines Vaters ein, der ein dünnes Heft im Format DIN A4 in der Hand hielt. Band 15 der Asterix-Reihe: *Streit um Asterix*. Damals noch ziemlich frisch. Bevor zwei Stunden um waren, musste mein Vater noch einmal aus dem Haus, Nachschub kaufen. So las ich *Die Trabantenstadt*.

Dass man Asterix als eine Parabel auf die Moderne lesen kann, wusste ich damals noch nicht. Das Elend der französischen Banlieue und des sozialen Wohnungsbaus (die Habitations à loyer modéré, HLM, werden in einem anderen Asterix-Band auf die Schippe genommen), die Macht der Werbung und die Lächerlichkeit des Show Business, der Wertewandel und die Entwurzelung, das Technokratentum der »Énarques« – all das wird in der *Trabantenstadt* gekonnt ins Asterix-Universum importiert, um es zu parodieren. Man muss aber schon ziemlich viel über Frankreich und seine Gesellschaft wissen, um es verstehen und in vollen Zügen genießen zu können. Jedenfalls mehr als ein Achtjähriger.

Die Geschichten um Asterix und Obelix, um das gallische Dorf und die Welt um 50 v. Chr. sind aber auch auf eine völlig andere, eher vordergründige Art unterhaltsam und spannend, und jedes Kind weiß das zu schätzen. Wenn aus Eicheln, die Miraculix mit Zaubertrank präpariert hat, im Blitztempo Bäume wachsen und dann ein Unfall passiert, der eine riesige Eiche im Haus des Druiden wachsen lässt, dann ist das Slapstick vom Feinsten. Die Comics faszinieren aber noch aus einem dritten Grund: Das Setting im antiken Gallien und, im größeren Maßstab, im Römischen Reich der Zeit Caesars, ist alles andere als beliebig austauschbar, sondern gibt im Gegenteil der Reihe ein unverwechselbares Kolorit. Geführt von der Erzählkunst eines Goscinny und dem Detailblick eines Uderzo (und, in Deutschland, nicht zu vergessen von den kongenialen Übersetzungen einer Gudrun Penndorf), taucht nämlich der Leser ein in eine fremde, faszinierende Welt. Er fühlt sich zu Hause im Fantasiekosmos des gallischen Dorfes, hat Teil an Freud und Leid des römischen Soldatendaseins und reist mit Asterix, Obelix und Idefix dorthin, wo das pralle Leben ist: ins Ägypten Kleopatras, die mit Caesar eine riskante Wette eingegangen ist; nach Griechenland, wo Asterix an den Olympischen Spielen teilnimmt; ins unfassbar saubere Helvetien; nach Spanien und in den Orient; und natürlich nach Rom, die erstaunlichste Stadt des Universums.

Wer jetzt, wie ich, rund 50 Jahre alt ist, ist mit Asterix groß geworden und hat mit ihm die antike Welt vermessen.

Er hat Zaubertrank getrunken und Wildschwein gegessen, den Gesang des Barden ausgehalten, das Piratenschiff versenkt und die Römer vermöbelt, vor denen er, obwohl sie natürlich spinnen, eigentlich einen Heidenrespekt hat. Bei aller Anfälligkeit fürs Lächerliche ist die römische Armee (Asterix: »Je besser die Armee, desto schlechter das Essen« – und später: »Ich hätte nicht gedacht, dass die römische Armee so gut ist«) selbst noch im Comic ein bewundernswürdiger Organismus. Es gibt Momente, da kann man die Verzweiflung ihrer Offiziere angesichts der Unmöglichkeit, im hintersten Winkel Galliens dem römischen Frieden Geltung zu verleihen, nur allzu gut nachfühlen.

Immer wieder zollen die Asterix-Macher Uderzo und Goscinny zwischen den Zeilen der kolossalen Zivilisationsleistung der Römer ihren Respekt. Ob man mit den Augen der Helden von einer Hügelkuppe der Seine-Metropole Lutetia ansichtig wird oder mit ihnen auf einer Römerstraße wandert, stets schwingt Bewunderung für die Architekten des Imperiums mit – im wörtlichen und im übertragenen Sinn. Auch wenn bereits die frühe Ökologiebewegung ihre Spuren hinterlassen hat (»Mit ihren neumodischen Bauwerken verschandeln die Römer noch die ganze Gegend«), überwiegt doch die Sympathie für die Baumeister der zeichnerisch mit Liebe und Präzision dargestellten Amphitheater, Aquädukte und Mietskasernen, der Insulae der »Trabantenstadt«.

Die zivilisierende Energie des Imperiums wird selten anschaulicher als in diesem Asterix-Band, der sich im Irrealis des Asterix-Universums den Kunstgriff erlauben kann, einen Wohnblock der Bauweise Rom oder Ostia direkt neben das gallische Dorf zu stellen. Selbst im Rohbau fällt der Vergleich in puncto Ästhetik und Wohnkomfort für das

Dorf wenig schmeichelhaft aus. Im Fortgang der Geschichte ist es dann aber die Ankunft der Römer, die das Leben im Dorf radikal verändert. Die neuen Nachbarn stellen durch ihre schiere Präsenz, durch ihren im Vergleich raffinierten Lebensstil und nicht zuletzt durch ihre Kaufkraft die verschworene Gemeinschaft der Gallier auf eine existentielle Probe. »Gebt zu, dass das hier eleganter ist als unsere übliche Tracht!«, sagt die Dorfschöne, nachdem sie ihre gallischen Röcke gegen ein figurbetontes römisches Kleid getauscht hat. Über die Römer sagt sie: »Sie helfen uns, aus dem Stadium der Barbarei herauszukommen.« Es bedarf des beherzten, sehr wohl auch robusten Einsatzes unserer Helden, um die Trabantenstadt aus der Welt zu schaffen, den Zivilisationsprozess rückgängig zu machen und den barbarischen Normalzustand wiederherzustellen.

Zwei Jahre nach den Windpocken hatte ich meine erste Lateinstunde. *Marcus et Cornelia in horto ambulant*, »Marcus und Cornelia gehen im Garten spazieren«. Ich fragte mich, warum ich das interessant finden sollte. Von dem bunten, faszinierenden Asterix-Universum jedenfalls waren Texte, die sich holländische Schulbuchmacher in den 1970er Jahren für Lateinanfänger in der Unterstufe ausgedacht hatten, Lichtjahre entfernt. Didaktisch wertvoll heißt noch lange nicht inspirierend.

Ohnehin besuchte ich die Lateinstunde nicht freiwillig. Bremen, wo ich aufgewachsen bin, war schon damals Schulnotstandsgebiet. Die Idee des »längeren gemeinsamen Lernens«, wie heute die Einheitsschule verharmlosend genannt wird, sollte, wenn man dem damaligen SPD-Senat glaubte, ins bildungspolitische Elysium führen. Die Grundschule war um eine zweijährige »Orientierungsstufe« verlängert worden. Ein Gymnasium nach dem anderen verschwand aus der Schullandschaft und machte dem von den Regierenden gewollten flächendeckenden Angebot von Gesamtschulen Platz.

Dem gallischen Dorf nicht unähnlich, hielt sich mitten in der Stadt ein humanistisches, das »Alte Gymnasium«, das bereits 1528 als Lateinschule der Hansestadt gegründet worden war. Weil es auch in Bremen viele Eltern gab, die das Gesamtschulangebot wenig attraktiv fanden, war diese Schule hoffnungslos überbucht. Der einzige sichere Weg aufs Alte Gymnasium führte über einen vorbereitenden Lateinkurs, der begleitend zur Orientierungsstufe in den Klassenstufen fünf und sechs zu besuchen war. Zwei Stunden pro Woche, nachmittags!

Meine ersten Gehversuche mit dem Ablativus Absolutus und dem AcI unternahm ich also nicht in dem Gründerzeitgemäuer des Alten Gymnasiums in der Dechanatstraße, sondern in einem auf bizarre Weise ähnlich preußisch anmutenden Zweckbau in der Bremer Neustadt. Auf das kleine Häuflein Kinder, die alle von ihren Eltern für eine Schullaufbahn auf dem Alten Gymnasium vorgesehen waren, ließ man eine junge Referendarin los. Ich frage mich bis heute, wer hier weniger motiviert war: sie oder wir?

Aus meinem Freundeskreis musste ich mir immer wieder anhören, was denn der ganze Aufwand solle. Und das alles für eine tote Sprache! Damit könne man doch rein gar nichts »anfangen«. Ich gestehe, dass ich damals auch keine Antwort darauf wusste. Die Tür zur Welt von Asterix jedenfalls schien der Lateinunterricht keinen Spalt weiter zu öffnen. Ohnehin hatten *Die drei ???* zwischenzeitlich Asterix in meiner Gunst auf den zweiten oder dritten Platz verdrängt.

1982 saß ich in der Aula des Alten Gymnasiums und

hörte die Begrüßungsrede des Direktors, der natürlich Altphilologe war. Ich weiß nicht mehr, ob die Redensart *per aspera ad astra* gefallen ist, sie hätte jedenfalls gepasst: Über die Qualen der zähen Nachmittagssitzungen mit Marcus und Cornelia hatte ich das Eintrittsticket ins Alte Gymnasium gelöst. Honorige Leute hatten dort ihr Abitur gemacht: Joachim Neander, der Schöpfer vieler ehedem bekannter Kirchenlieder, der Friedensnobelpreisträger Ludwig Quidde, der Dichter Rudolf Alexander Schröder und der damalige Bundespräsident Karl Carstens. Der Schulleiter sagte übrigens auch etwas von einer »subversiven Kraft«. Sie wohne den antiken Texten inne, die wir bald lesen würden. Es dauerte dann doch noch etliche Jahre, bis ich Sallust, Cicero oder gar Thukydides im Original lesen konnte und eine Ahnung davon bekam, was der Direktor mit diesem Satz meinte.

»Subversiv« fühlten wir uns allerdings schon damals. Wir besuchten eine Schule, die von den roten Mandarinen der Hansestadt allenfalls geduldet und keinesfalls geliebt wurde; und wir lernten eine Sprache, die als nutzlos galt, als bildungsbürgerliches Relikt und deshalb als elitär. Im sozialdemokratischen Bremen hegte man gegen alles, was nur entfernt nach Elite roch, noch stärkere Aversionen als im Rest der Republik. Unsere Eltern, die auf einer Schulversammlung gegen die drohende Schließung von Gymnasien protestierten, mussten sich vom Bildungssenator anhören, was sie denn dagegen hätten, wenn ihre Sprösslinge das Pausenbrot mit Arbeiterkindern teilten.

Der sozialdemokratische Bildungssenator ahnte 1982 vielleicht nicht, dass er mit seinen Reserven gegen klassische Bildung in einer Traditionslinie stand, die weit zurückreicht: mindestens mitten ins wilhelminische Kaiserreich, ins Jahr 1890. Wilhelm II., seit gerade zweieinhalb Jahren deutscher Kaiser und selbst Absolvent des altsprachlichen Gymnasiums in Kassel, wollte das preußische Schulsystem an Haut und Haaren reformieren und berief dazu einen Kongress nach Berlin ein. Zur sogenannten Dezember-Konferenz hatte der preußische Kultusminister von Goßler geladen, Wilhelm selbst hielt die Eröffnungsrede. Der Kaiser forderte darin, man müsse die »heranwachsende Generation so instruieren«, dass man »der Bewegung« – er meinte die Sozialdemokratie – »Herr werden könne«. Das gehe nur, wenn man »junge Deutsche« erziehe und nicht »junge Griechen und Römer«. Man müsse sich von seit dem Mittelalter tradierten Bildungswissen emanzipieren, in dem es auf Latein und »ein bißchen Griechisch dazu« angekommen sei. »Das ist nicht mehr maßgebend«, stellte der Kaiser kategorisch fest. Unterhalte man sich mit den »Philologen« darüber, was das Ziel des Schulunterrichts sein solle, dann würden die antworten, die »Hauptsache« sei die »Gymnastik des Geistes«. Dem stellte Wilhelm ein Bildungsideal entgegen, das ein ganz anderes Ziel verfolgte: dass nämlich »der junge Mensch doch einigermaßen praktisch für das Leben und seine Fragen vorgebildet werden solle«.

Über die Frage, wieviel Praxisnähe oder -ferne das Gymnasium verträgt, wird seither heftig gerungen. 2015 sorgte eine Kölner Gymnasiastin für Aufsehen, als sie twitterte: »Ich bin fast 18 und hab keine Ahnung von Steuern, Miete oder Versicherungen. Aber ich kann 'ne Gedichtanalyse schreiben. In 4 Sprachen.« Die sogenannte Naina-Debatte haute mitten in die Kerbe bildungspolitischer Diskussionen, die um einen stärkeren Anwendungsbezug gymnasialer Bildung kreist: Vermeintlich gestriger Stoff soll modernen Inhalten weichen, um die Schüler fit für die Probleme von morgen zu machen. Hinter Initiativen, mehr praxistaugliche Fächer wie ökonomische Bildung und Informatik im Abitur zu verankern, stehen mächtige Lobbyinteressen und viel Geld. Dass ein Mehr an Wirtschaft und MINT nur durch ein Weniger an Althergebrachtem erkauft werden kann, die alten Sprachen natürlich in vorderster Front, scheint sich von selbst zu verstehen. Schließlich gibt es eine Obergrenze für die Aufnahmefähigkeit von Schülerhirnen, das sehen auch die ehrgeizigsten Pädagogen ein. Deshalb ist das »Entrümpeln« von Lehrplänen zu einem Ceterum Censeo wirtschaftsnaher Bildungsakteure geworden, ungeachtet der Tatsache, dass die Metapher zu den »verbrannten Wörtern« gehört, wie *Welt*-Autor Matthias Heine die noch immer benutzten Begriffe aus dem NS-Wortschatz genannt hat.

Ich möchte die Tendenz, nicht unmittelbar anwendungsgerechtes Bildungswissen zu »Gerümpel« zu erklären und für die Schule mehr Praxisorientierung zu fordern, den produktivistischen Reflex nennen. Der Produktivismus zeichnet sich durch den festen Glauben an kurzfristige Kosten-Nutzen-Rechnungen aus. Alles, was sich nicht direkt im Bruttosozialprodukt niederschlägt, ist für ihn im Grunde ein teurer Luxus, der immer wieder auf den Prüfstand gehört. Der produktivistische Reflex fordert die humanistische Bildung, vereinfacht gesagt, von rechts heraus. Er ist viel älter als Wilhelms Ansprache vor der Dezember-Konferenz. Thomas Paine, ein radikaler Intellektueller und Gründervater der Vereinigten Staaten, hatte bereits Ende des 18. Jahrhunderts in der Schrift *The Age of Reason* seine Zeitgenossen für ihre Obsession mit der klassischen Antike getadelt. Paine meinte, man müsse nach vorne, anstatt rückwärts blicken und nahm die produktivistische Kritik vorweg, indem er feststellte, wahre Bildung bestehe nicht in der »Kenntnis von Sprachen, sondern in der Kenntnis der Dinge, denen Sprachen ihre Namen geben«. Neue Erkenntnisse seien vom Studium der alten Sprachen nicht zu erwarten.

Zur Herausforderung durch den produktivistischen Reflex tritt der in Deutschland traditionell starke elitenfeindliche Reflex, der hinter klassischer Bildung das Distinktionsmerkmal einer dünnen Schicht von Privilegierten wittert: eine Festung des Bildungsbürgertums, die es zu schleifen gilt. Als ab den 1960er Jahren Chancengleichheit vermehrt als Ziel von Bildungspolitik ausgerufen wurde, geriet vor allem der altsprachliche Unterricht ins Visier. 1972 bemerkte der damalige Berliner Bildungssenator Carl-Heinz Evers, ein Sozialdemokrat: »In Wirklichkeit ist Latein kaum etwas anderes als ein zusätzliches Element der sozialen Auslese.« Und auf einem Frankfurter GEW-Kongress, ebenfalls 1972, wurden Latein oder eine zweite Fremdsprache als »funktionslos gewordenes Herrschaftswissen« bezeichnet. Auch dieses Argument war alles andere als neu. Wieder war es Thomas Paine gewesen, der es zuerst gegen das Studium der alten Sprachen vorgebracht hatte: Latein und Griechisch seien nichts als sinnlose Statussymbole der Reichen und Mächtigen, die ihnen helfen, sich von der breiten Masse vermeintlich Unwissender abzuheben.

Der Vorwurf, die Beschäftigung mit der Antike sei ein reines Elitenprojekt, dessen primäre Funktion darin bestehe, systematisch alle weniger Privilegierten auszugrenzen, erlebt seit einigen Jahren ausgehend von den angelsächsischen Ländern eine bemerkenswerte Renaissance. Neu an der vor allem in den USA aufgeflammten Debatte ist, dass sie maßgeblich von universitären Vertretern der klassischen Disziplinen selbst befeuert wird. Variiert wird hier die identitätspolitische Agenda, die längst nicht nur amerikanische Universitäten fest im Griff hat, zur Fundamentalkritik an einer ganzen Disziplin. Die Classics gelten dies- und jenseits des Atlantik inzwischen weiten Teilen des akademischen Publikums als ähnlich »toxisch« wie die Männer, nach denen noch vor kurzem viele Universitätsgebäude benannt waren: Woodrow Wilson etwa in Princeton oder William Gladstone in Liverpool.

Dem Fach wird vorgeworfen, es sei eine der »rassisch homogensten Ecken« des Wissenschaftsbetriebs und es rechtfertige »imperiale Kontrollsysteme, Rassenhierarchien und oppressive ästhetische Ordnungen«. Diese Sätze schrieb 2017 Mathura Umachandran, damals Gräzistik-Doktorandin in Princeton, in dem von Donna Zuckerberg, der Schwester des Facebook-Moguls, herausgegebenen Online-Magazin *Eidolon*. Schärfer noch formulierte der aus der Dominikanischen Republik stammende und in Princeton lehrende Althistoriker Dan-el Padilla Peralta: Den Altertumswissenschaften wohne eine gefährliche Kraft inne, die benutzt worden sei, um zu morden, zu versklaven und zu unterwerfen, erklärte er 2018 auf der Jahrestagung der *Society of Classical Studies* in San Diego. Wenn es eine Fächergruppe gebe, die »scholars of color« systematisch delegitimiere, dann seien das die Classics. Einer solchen Disziplin weine er keine Träne nach, würde sie verschwinden.

Es ist nur eine Frage der Zeit, bis solche Sätze auch in Deutschland fallen werden. Schon jetzt sind Bestrebungen erkennbar, den schulischen Fächerkanon um die »Herkunftssprachen« zu erweitern, die Migranten nach Deutschland mitgebracht haben. Die Rede ist von Türkisch, Arabisch, Farsi, Polnisch und Griechisch - wobei Altgriechisch selbstverständlich nicht gemeint ist. So wolle man, erklären Bildungspolitiker, Schüler mit Migrationshintergrund besser fördern. Argumentiert wird damit, dass besser Deutsch lerne, wer seine Muttersprache richtig beherrsche. In der GEW erkenne man so aber auch an, dass die Sprachen für Deutschland eine Bereicherung seien. Wie immer man solche Sprachangebote begründet: Im Ergebnis laufen sie darauf hinaus, dass die Reste des gemeinsamen Bildungsfundaments, über die unsere Gesellschaft noch verfügt, pulverisiert werden. Genau das, die Atomisierung von Gesellschaft in kleine und kleinste Gruppen, ist in letzter Konsequenz das Ziel jeder Identitätspolitik, wie sie auch mit den Herkunftssprachen betrieben wird.

Die Berliner Bildungskonferenz von 1890 endete mit dem Beschluss, dass die humanistischen Gymnasien das Abiturprivileg behielten: Die meisten Fächer konnte nach wie vor nur studieren, wer zuvor das altsprachliche Gymnasium besucht hatte. Im Gegenzug erklärten sich die Vertreter der Gymnasien bereit, auf den lateinischen Abituraufsatz und einen Teil der Unterrichtsstunden für Latein zu verzichten. Zehn Jahre später, auf der Nachfolgekonferenz im Juni 1900, fiel das Abiturprivileg schließlich doch.

Seit Thomas Paine sind Produktivismus und Antielitismus die Strömungen, die alle unter Rechtfertigungsdruck setzen, die das Erbe von Griechen und Römern nach wie vor hochhalten möchten. Beide erheben im Kern denselben Vorwurf gegen die Bildung in humanistischer Tradition: sie sei rückwärtsgewandt und nutzlos. Viele Freunde der Antike haben auf die Herausforderung reagiert, indem sie wortreich den Verfall klassischer Bildungsideale beklagen und das Ende des Abendlandes immer dann nahe wähnen, wenn Besitzstände infrage gestellt werden. Das gilt heute wie damals, 1900, als der Deutsche Gymnasialverein mit der »Braunschweiger Erklärung« gegen das Ende des Abiturprivilegs wetterte. Klagen dieser Art haben immer einen weinerlichen Tonfall, und Larmoyanz macht selten sympathisch. Wer jammert, tut seinem Anliegen kaum einen Gefallen.

Andere haben mit Argumenten wider den Stachel des Zeitgeists gelöckt. Ihre Rechtfertigungsstrategien laufen meist darauf hinaus, dass sie gegen den von der Gegenseite erhobenen Nutzlosigkeitsvorwurf den praktischen Wert klassischer, vor allem auch altsprachlicher Bildung unter Beweis zu stellen suchen. Altphilologen weisen gerne darauf hin, dass die Kenntnis einer alten Sprache auch beim Erlernen moderner Fremdsprachen hilft. Zu Zeiten, da Grammatik und Stilistik im Deutschunterricht kaum noch gelehrt werden, sei der Lateinunterricht eine Schule auch für die Muttersprache geworden. »Jede Lateinstunde ist auch eine Deutschstunde«, pflegen Lateinlehrer zu sagen und haben damit im Großen und Ganzen recht. »Latein, des isch Sprache an sich«, lautete in meiner Studienzeit das griffigere, in breitem Badisch geäußerte Credo eines beliebten Dozenten an der Freiburger Universität. Tatsächlich begreift die Grundstrukturen von Sprache, wer sich die Mühe macht, der Consecutio Temporum und dem doppelten Objektsakkusativ intensiv auf den Grund zu gehen.

Das zweite Argument ist an das erste angelehnt, aber abstrakter. Ähnlich wie das mathematische Spielen mit Zahlen trainiere der Umgang mit vermeintlich toten Sprachen kognitive Fähigkeiten, denn schließlich funktioniert deren Erlernen anders als der zum Teil ja intuitive Erwerb einer modernen Fremdsprache. Auf einer tieferen Ebene, heißt es, fordern schwierige, teilweise arkane, fast immer aber durch den Abstand von Jahrtausenden sperrige Texte unseren hermeneutischen Scharfsinn heraus. Darin steckt sicher viel Wahres: Wer einen Aristoteles oder Vergil meistert, braucht sich vor Shakespeare oder Thomas Mann nicht zu fürchten.

Selbst wenn man nicht bereit sei, den kognitiven und hermeneutischen Mehrwert des Sich-Befassens mit goldener oder silberner Latinität zu akzeptieren, sprächen normative Gründe für die klassische Bildung, argumentieren deren Anhänger drittens. Schließlich sei die gesamte Kultur Europas auf der griechisch-römischen Antike aufgebaut: Literatur, Kunst, Architektur, Philosophie, politisches Denken, das Recht, selbst die Naturwissenschaften. So seien wir nicht nur durch die jahrhundertelange Rezeptionsgeschichte mit den alten Zivilisationen verklammert, sondern die Antike sei auch das gemeinsame Fundament aller europäischen Nationalkulturen. Wolle man den Europagedanken auf eine ideelle Grundlage stellen, dann sei die Antike dafür gewissermaßen der kleinste gemeinsame Nenner.

Auch diesem Argument ist Plausibilität nicht abzusprechen. Wer ein einiges Europa will, der braucht eine fundierende Erzählung, ein »Narrativ«, wie man heute sagt. Und dieses Narrativ benötigt einen Ankerpunkt in der Vergangenheit, als der sich die Antike in besonderer Weise eignet. Wie die übrigen Versuche, den Nutzlosigkeitsvorwurf zu kontern, haftet allerdings auch dem Europa-Argument etwas Defensives an. Man übernimmt den Nützlichkeitsbegriff der Gegenseite, behauptet aber schlicht das Gegenteil: Das Preis-Leistungs-Verhältnis klassischer Bildung stimme eben am Ende doch.

Was aber, wenn der größte Vorzug dieser Bildung sich nicht in Euro und Cent berechnen lässt und er sich Evaluierungen wie den Pisa-Studien (und wie sonst die Feldversuche von Bildungsforschern heißen mögen) entzieht? Wenn wir vielleicht den Schaden, der durch den Verzicht auf eine humanistische Bildung entsteht, erst ermessen können, wenn das Kind bereits in den Brunnen gefallen und eine mehrhundertjährige Tradition abgerissen ist? Ich möchte behaupten, dass wir ohne Wissen um die Antike unvollständig wären und es vermutlich noch nicht einmal bemerken würden, weil uns dann jede Voraussetzung dazu fehlte. Die Griechen und Römer, so denke ich, ebnen uns den Weg zu einem Verstehen von Geschichte und damit uns selbst, das uns ohne sie verschlossen bliebe.

Diesem Gedanken hat vor rund 50 Jahren zum ersten Mal der Althistoriker Christian Meier in einem bemerkenswerten Text mit dem Titel »Was soll uns heute noch die Alte Geschichte?« Ausdruck gegeben. Meier stellte seine Frage vor dem Hintergrund der Legitimitätskrise, in die seine Wissenschaft in den 1960er Jahren und vor allem mit dem Epochenjahr 1968 geschlittert war, und er spitzt sie zu auf die historische Wissenschaft von der Antike. Nicht mehr zeitgemäß, lautete auch damals schon das Verdikt über die Disziplin, beschäftige sie sich doch mit einer Geschichte, die lange vorbei war. Meiers Antwort ist nicht defensiv und nicht apologetisch, sondern in höchstem Maße kämpferisch, ja angriffslustig. Augenzwinkernd merkt Meier an, »daß der Reiz, die Liebenswürdigkeit dieser Zeit unbefangenster Weltkenntnis und freier Bewegung« – also im Grunde die ästhetische Faszination der Antike für den Kenner und Genießer – »kein schlechtes Motiv wäre, sich mit ihr zu beschäftigen.« Als Argument, die Alte Geschichte

»im Kanon der historischen Wissenschaften« zu belassen, reiche das freilich nicht hin.

Nein, letztlich zu Gunsten der Antike spreche nicht ihre Anmut, sondern ihre Andersartigkeit, ja Fremdheit. Meier beruft sich hier auf einen berühmten Satz des Altphilologen Uvo Hölscher: Die Antike sei »das nächste Fremde«. Weil sie so fremd sei, biete sie dem Historiker überhaupt erst die Möglichkeit, sich in eine ferne Realität zu versenken, die Welt aus einer anderen als der eigenen Perspektive zu betrachten und so dann etwa das Mittelalter, die Frühmoderne oder die Zeitgeschichte in ihrem Besonderssein erfassen zu können. Die Antike sei gewissermaßen das große Tertium Comparationis, an dem man andere Epochen, die eigene eingeschlossen, messen könne. Wer nur die jüngere Geschichte kenne, meint Meier, dem fehle der Blick für die historische »Mehrdimensionalität«, der »steht gleichsam nur auf einem Bein in der Geschichte«.

Meier hat mit seinem Argument, der erkenntnistheoretische Mehrwert der Antike liege gerade in ihrer Fremdheit, 150 Jahre humanistische Ideengeschichte vom Kopf auf die Füße gestellt. Vor Meier nämlich war stets für die Beschäftigung mit Griechen und Römern geltend gemacht worden, dass die »Alten« – in Deutschland vor allem die Griechen – uns so nahe, ja womöglich geistesverwandt seien. Bereits Wilhelm von Humboldt empfahl die Griechen zum Studium, weil die Deutschen »ein ungleich festeres und engeres Band an die Griechen als an irgendeine andere, auch bei weitem näherliegende Zeit oder Nation« knüpfe. Die Seelenverwandtschaft zwischen Deutschen und Griechen beschwor in dieser Tradition ein anderer Meyer, diesmal mit y: Eduard Meyer war der altertumswissenschaftliche Großordinarius schlechthin im Deutschland des frühen

20. Jahrhunderts. Gerade als Antwort auf einen Zeitgeist, der die humanistische Bildungsidee in den Hintergrund zu drängen und statt seiner mehr Gegenwartsbezüge zu fordern schien, kam Meyer immer wieder auf die Aktualität des Altertums zu sprechen. So lieferte er sich mit dem Volkswirt Karl Bücher eine erbitterte Kontroverse, in der er die von Bücher nachdrücklich bestrittene »Modernität« antiker Ökonomien nachzuweisen versuchte. In seiner Berliner Rektoratsrede vom Oktober 1919 zog der Althistoriker die für ihn naheliegende Parallele zwischen der Katastrophe Athens am Ende des Peloponnesischen Krieges und dem Zusammenbruch des deutschen Kaiserreiches, dessen Zeugen Meyer und seine Zuhörer gerade geworden waren. Christian Meier hat 1970 mit seiner Frage, was uns *heute* noch die Alte Geschichte solle, eigentlich einen Schlussstrich unter solch anachronistische Versuche wechselnder moderner Gegenwarten gezogen, sich die Antike per Aktualisierung anzueignen. Auch wenn das noch immer geschieht, zum Beispiel dadurch, dass jüngst vermehrt von »Globalisierung« statt von »Romanisierung« die Rede ist, ist doch die Fremdheit des griechisch-römischen Altertums mittlerweile allgemein akzeptiertes Gemeingut. Trotzdem ist sie für Meier nur das Andere und nicht das »ganz Andere«, das er durch Indien oder China repräsentiert sieht (Schwarzafrika oder Altamerika erwähnt Meier nicht). Bereits Hölscher hatte ja die Antike auf die Formel gebracht, sie sei das *nächste* Fremde. Anders als bei Indien oder China sei es bei Griechen und Römern immerhin möglich, »das Dortige auf uns zu beziehen«. Die Antike, lesen wir zwischen den Zeilen, ist uns bei aller Ferne eben doch immerhin so nahe, dass sie uns etwas angeht.

Dieser letzte Punkt ist heute präzisierungsbedürftig. Ist

es in einer globalisierten Welt, in der vor allem das Reich der Mitte auf dem besten Weg ist, dem Westen wirtschaftlich und militärisch den Rang abzulaufen und großen Teilen der Welt (Afrika etwa, aber mit Projekten wie der »neuen Seidenstraße« auch der europäischen Süd- und Ostperipherie) seinen Stempel aufzudrücken, überhaupt noch statthaft, die europäische Antike vor der Vergangenheit Indiens und Chinas zu privilegieren? Und ist uns nicht die Antike inzwischen noch ferner geworden als anno 1970? Wie viele Schüler absolvieren heute noch das humanistische Vollprogramm mit Latein ab Klasse fünf und Griechisch ab Klasse sieben? Der Gräzist Jonas Grethlein sagt es so: Mehr Kinder würden heute »mit Mangas als mit Gustav Schwabs ›Die schönsten Sagen des klassischen Altertums‹« großwerden. Grethlein wäre kein Altphilologe, würde er die Relevanz der Antike für uns nicht vor allem aus Texten herleiten. Und er wäre ein schlechter Gräzist, wenn ihm der Nachweis nicht gelänge, dass die Griechen uns in Gestalt der Tragödien und von Thukydides' »Geschichte des Peloponnesischen Krieges« Werke von paradigmatischer Zeitlosigkeit hinterlassen haben. Solche Texte haben Bedeutung als intellektuelles Welterbe, nicht weil sie mit uns Europäern durch ein besonders enges Band der Intimität verbunden wären.

Archäologen können mit vollem Recht auf die universelle Bedeutung des Parthenon oder der Laokoon-Gruppe, Philosophen auf den Grundlagencharakter der »Nikomachischen Ethik« oder der »Apologie des Sokrates« verweisen und sie können mit Leichtigkeit begründen, warum selbst noch ein postklassizistisches, posthumanistisches Zeitalter gut daran tut, sich mit solchen Meilensteinen der Architektur-, Kunst oder Ideengeschichte zu beschäftigen. Ohnehin stimmen jedes Jahr Millionen von Kulturreisenden mit den Füßen über die Relevanz von Orten wie Pergamon oder Pompeji ab.

Ich bin Althistoriker und beschäftige mich mit Geschichte. Die Geschichte ist ein abstraktes, vermeintlich dröges Ensemble von Ereignissen, Prozessen und Strukturen. Ihre Muse, Klio, hat es scheinbar schwerer als ihre für die schönen Künste oder die Philosophie zuständigen Kolleginnen, das geneigte Publikum zu verführen. Doch vermag auch sie Leidenschaft zu wecken. Leidenschaft entsteht da, wo sich unvermittelt verborgene Zusammenhänge offenbaren, wo sich auf einmal unter dem Wust der Zahlen und Fakten abzeichnet, wie unsere Welt geworden und was an ihr besonders ist. In einem Aufsatz mit dem etwas sperrigen Titel *Die ›Objektivität‹ sozialwissenschaftlicher und sozialpolitischer Erkenntnis* erklärt Max Weber, der Gründervater der Soziologie, warum wir ständig mit Kopfgeburten operieren, wenn wir versuchen, Geschichte oder Gesellschaft auf Begriffe zu bringen. Wir sagen »Sozialismus« und vergessen, dass sich hinter dem Begriff ganze Ungetüme von Definitionen und Theorien verbergen; wir sagen »Revolution« und sind uns meist kaum bewusst, dass der Begriff die Abstraktion von möglicherweise völlig unterschiedlichen realhistorischen Phänomenen ist. Weber beschreibt, wie wir die Wirklichkeit mit unseren Begriffen, die er »Idealtypen« nennt, ordnen, wie wir aber zugleich die Idealtypen aus der Abstraktion hundertfacher Wirklichkeiten gewinnen. Der Idealtypus, schreibt Weber, werde »gewonnen durch einseitige Steigerung eines oder einiger Gesichtspunkte und durch Zusammenschluß einer Fülle von diffus und diskret, hier mehr, dort weniger, stellenweise gar nicht, vorhandenen Einzelerscheinungen, die sich jenen einseitig herausgehobenen Gesichtspunkten fügen, zu einem in sich einheitlichen Gedankenbilde.«

Wer in der Lage ist, Idealtypen zu konstruieren, verliert seine Sprachlosigkeit im Angesicht der ehrfurchtgebietenden Komplexität der Welt. Er kann die unendliche, verwirrende Variationsvielfalt von Wirklichkeit auf Begriffe bringen und sortieren. Weber war als Idealtypenbildner in einer einzigartigen Position, denn er verschlang mit nie versiegender Neugier alles Historische: die jüngere Geschichte Europas ebenso wie sein Mittelalter und seine Antike, aber auch die Geschichten Persiens, Indiens, Chinas, des afrikanischen Kontinents, Amerikas und auch Geschichten, für die sich damals sonst niemand interessierte, wie die der Afroamerikaner. Max Weber wäre nie auf den Gedanken gekommen, Völker für »geschichtslos« zu halten, nur weil sie nicht europäisch waren. Die Geschichte der Welt und aller ihrer Teile war für ihn die unerschöpfliche Schatztruhe, aus der er seine Idealtypen herauszog.

Gerade weil Weber über ein auch in die Tiefe reichendes globalhistorisches Wissen verfügte, ließ ihn zeit seines Lebens der Sonderweg nicht los, der Europa seit der Antike vom Rest der Welt abgenabelt hatte. Nur hier war schließlich die Geschichte in die Moderne eingemündet. Das Anderssein des »Abendlandes«, wie Weber den Westen noch nennt, lässt sich für ihn auf wenige Faktoren reduzieren: die Emanzipation von theokratischen Ordnungen, das Fallen magisch-animistischer, die Gesellschaft spaltender »Tabuschranken« und die Verbrüderungsfähigkeit der antiken, besonders aber mittelalterlichen Stadtgemeinde. Herausgekommen sei dabei ein Gesellschaftsentwurf, in dem es keine von der Tradition verordneten Gewissheiten mehr gab: Über alles musste nachgedacht, über alles debattiert werden. Weber hat die »Konzeptionsstunde der Moderne« mitten in die Antike verlegt: Im »Tag von Antiochien« verdichtete sich für den Soziologen das Fallen der irrationalen Barrieren, die zuvor wie Gräben die Gesellschaft gespalten hatten. Der Apostel Paulus berichtet im Galaterbrief selbst von der Episode, die sich irgendwann um die Mitte des 1. Jahrhunderts n. Chr. im syrischen Antiocheia zugetragen haben soll: Hier hielten die Apostel Paulus und Petrus gemeinsam mit zum Christentum bekehrten Nichtjuden – sogenannten Heidenchristen – ein Mahl. Als plötzlich der Jesus-Bruder Jakobus auf der Bildfläche erschien, stand Petrus auf und beendete das Essen. Paulus hielt seinem Apostelbruder dafür eine Standpauke, die sich gewaschen hatte: Indem er die Speisegemeinschaft mit den Heidenchristen gebrochen habe, habe Petrus sich an Christus versündigt. Mit dem die Tischgemeinschaft verbietenden Gesetz sei, meint Weber leicht augenzwinkernd, die entscheidende Tabuschranke gefallen: Alle Menschen konnten jetzt Brüder werden.

Webers Suche nach den Ursprüngen, auf die sich die Moderne zurückführen lässt, weist den Weg zur Antwort auf unsere Frage, warum es sich lohnt, mehr Antike zu wagen. Erstens, da stimme ich mit Jonas Grethlein überein, hat das griechisch-römische Altertum womöglich mehr Paradigmatisches und daher die ganze Menschheit Angehendes hinterlassen als jede andere Zivilisation. Ein Grund dafür könnte sein, dass vieles (nicht unbedingt alles, was man ihnen früher zugeschrieben hat) von den Griechen überhaupt zum ersten Mal in der Geschichte ausprobiert worden ist. Bereits Wilhelm von Humboldt hat die Griechen eine »anfangende Nation« genannt. Ein britischer Archäologe hat über das archaische Griechenland geäußert, es sei ein »age of experiment«. Die Formel trifft eigentlich auf die gesamte griechische Antike zu. Damit ist nicht gesagt, dass Griechen und Römer das Monopol auf paradigmatisches Experimentieren hatten. Das taten selbstverständlich auch Chinesen, Azteken oder Zulus. Wer mehr Antike wagt, sollte auch mehr Globalgeschichte wagen. Es ist Unsinn, die eine Geschichte gegen die andere ausspielen zu wollen. Einzigartig ist die griechisch-römische Zivilisation aber insofern, dass wir mit ihr einen in sich geschlossenen historischen Zyklus vor uns haben, der von anfänglich kleinräumiger Fragmentiertheit in den »dunklen Jahrhunderten« von ca. 1200 bis 700 v. Chr. über eine den gesamten Mittelmeerraum durchdringende und um 150 n. Chr. ihren Höhepunkt erreichende engmaschige Verflechtung bis hin zur fast totalen Wiederentflechtung am Übergang von der Antike zum Mittelalter um 500 n. Chr. reicht. Das Briefcorpus des spätantiken Bischofs Sidonius Apollinaris führt die Dimensionen der Entflechtung binnen weniger Jahrzehnte eindrucksvoll vor Augen. An dem Kontinuum von rund 1700 Jahren lässt sich vieles lernen, vor allem Demut. Wer die Antike von ihrem Anfang bis zum Ende überblickt, ahnt nämlich, dass das Immer-Mehr an Wohlstand, Technologie, globaler Arbeitsteilung, Verflechtung und Vernetzung kein Automatismus ist, der stets nur in eine Richtung führen muss: nach oben. Fortschritt ist nicht irreversibel, und nirgends steht geschrieben, dass nicht irgendwann eine unsichtbare Hand den großen Resetknopf drückt.

Die antiken Zivilisationen sind, zweitens, nicht nur ein Welt-, sondern auch ein europäisches Erbe, weil hier von der Antike in die Gegenwart eine direkte Linie von anderthalb Jahrtausenden Rezeptionsgeschichte führt. So geht die Formensprache aller Architektur seit dem Mittelalter, verstärkt seit der Renaissance auf antike Komponenten zurück – und selbst noch in der radikalen Abwendung von diesem Vokabular durch das Bauhaus rezipiert die Moderne indirekt die Vorbilder des Altertums. In der Literatur gehen bis heute unzählige archetypische Stoffe auf die Antike zurück – man denke an die unlängst von Feridun Zaimoglu und Günter Senkel nachgedichtete *Antigone* des Sophokles. Selbst die politische Theorie der Moderne lebt, wie noch zu sehen sein wird, vom permanenten Rekurs auf antike Denker. Vom antiken Erbe haben übrigens längst nicht nur die Europäer gezehrt, sondern genauso die islamischen Kulturen und, mittelbar durch das British Empire, dessen nordamerikanische, südafrikanische und ozeanische Ableger. Deshalb ist die Rezeptionsgeschichte der Antike doch schon fast wieder eine globale Geschichte.

Drittens führen viel mehr direkte Linien von uns unmittelbar in die Antike, als man meinen könnte. So wie die von römischen Landvermessern und den Baumeistern des Limes geschaffenen Strukturen in der Landschaft immer wieder an die Oberfläche brechen, so jagen uns bis heute die Gespenster von Grenzverläufen, Gesellschaftsmodellen, religiösen Weltbildern und Konfliktkonstellationen, die bis auf die Jahrhunderte kurz vor und kurz nach Christi Geburt zurückgehen. Drei Großkonflikte mit je unzähligen Opfern haben meine Generation auf besondere Weise erschüttert: der Nahostkonflikt seit 1948, der post-jugoslawische Krieg von 1991 bis 2001 und der syrische Bürgerkrieg seit 2011. Keiner dieser Konflikte wird ohne Blick auf Strukturen verständlich, die sich nur in extrem langsamen Rhythmen wandeln und tief in der Vergangenheit wurzeln. In den Großkonflikten unserer Zeit zeigt sich der Tiefsinn von Goethes Versen aus dem *West-östlichen Divan:*

Wer nicht von dreytausend Jahren
Sich weiß Rechenschaft zu geben,
Bleib' im Dunkeln unerfahren,
Mag von Tag zu Tage leben.

Die folgenden Kapitel erzählen im Zeitraffer die Geschichte vom Zusammenbruch der bronzezeitlichen Großreiche um 1200 v. Chr. über das »Dunkle Zeitalter«, die griechische Archaik und Klassik, den Hellenismus, die römische Republik und Kaiserzeit bis zum Ende des römischen Imperiums im Westen kurz vor 500 n. Chr. Sie wollen aber mehr sein als ein Durchritt durch die griechische und römische Geschichte im Schweinsgalopp. Dieser Essay hat sein Ziel erreicht, wenn er das Bewusstsein schärft für die großen Bögen des Dramas, das sich um das antike Mittelmeerbecken entrollte, und wenn er zugleich in Erinnerung ruft, auf wie vielfältige Weise unsere Gegenwart mit der fernen Vergangenheit dieses einzigartigen Raumes verflochten ist. Die großen Werke antiker Kunst und Architektur, literarische Meilensteine wie Homers Ilias, die *Germania* des Tacitus und die Briefe des spätantiken Intellektuellen und Kirchenmanns Sidonius Apollinaris, aber auch das politische Denken von Griechen und Römern hat seinen festen Platz in der Geschichte des Westens, die ohne Antike ein Torso wäre.

ZWEI

Der Zorn des Achill. Griechenland lernt laufen

143 n. Chr., in Rom regierte der Kaiser Antoninus Pius im fünften Jahr, besuchte ein 25-jähriger Grieche die Tibermetropole. Es war der erste Aufenthalt des jungen Mannes in der Hauptstadt, die ihn zutiefst beeindruckte. Aelius Aristides war römischer Bürger und von Beruf Redner. Das war durchaus nichts Ungewöhnliches. Die griechische und die römische Antike war eine eminent rhetorische Kultur: Reden wurden zu jedem Anlass gehalten, Menschen mit dem kunstvoll gesprochenen Wort überzeugen, in den Bann ziehen oder auch nur erfreuen zu können, war eine wichtige Voraussetzung, um in der Politik reüssieren zu können.

Doch nur wenige beherrschten die Kunst der Rede in solcher Perfektion wie Aristides. In klaren, schnörkellosen Sätzen, die sich in das Gedächtnis der Zuhörer einbrannten, sprach der Grieche zu seinem Publikum. Und auch den Römern gab Aristides eine Kostprobe seines Könnens. Für sie hatte er sich etwas Besonderes ausgedacht: Er hielt, selbstverständlich in der Sprache der Gebildeten, auf Griechisch, eine Rede auf ihre Stadt, »Auf Rom«, *eis Rhōmēn*. Und als Hellene konzedierte Aristides den Römern bereitwillig, dass sie vieles bessergemacht hatten als seine Landsleute. Anders als das Alexanderreich und seine Nachfolgestaaten hätte das römische Imperium die von ihm unterworfenen

Völker nicht nur gut behandelt, sondern sogar schrittweise zu Römern gemacht. Aristides attestiert der Weltmacht und vor allem ihrer Hauptstadt eine kolossale Integrationsleistung: Wie ein Meer das Wasser von Flüssen, so habe sie Menschen aus aller Welt in sich aufgenommen. Im Reich hätten sich Frieden und Wohlstand, Recht und Ordnung ausgebreitet, römische Ingenieure hätten noch die entferntesten Gegenden mit Straßen, Brücken und Tunneln erschlossen. Die Römer würden den Globus so organisieren, als wäre er eine einzige Familie, und so das Homerwort wahrgemacht, nach dem die Erde allen gemeinsam ist. Am Ende richtet Aristides ein Gebet an die Götter: Sie mögen diesem Imperium, das allen die Zivilisation gebracht hat, ihre Gunst schenken und ihm Dauer verleihen.

Rund tausend Jahre vor Aristides, Mitte des 9. Jahrhunderts v. Chr., sah die Welt um das Mittelmeer herum noch völlig anders aus. In Griechenland, Kleinasien, Syrien, Mesopotamien und Ägypten lebten die Menschen, die meisten von ihnen Bauern, Hirten oder Fischer, inmitten der Ruinen einer monumentalen Vergangenheit: Überreste großer Reiche, von Palästen, Tempeln und Städten, die das Rückgrat einer Weltzivilisation gewesen war. Drei Imperien waren nochmals rund 350 Jahre zuvor in Schutt und Asche versunken: das Hethiterreich in der heutigen Türkei, das ägyptische Neue Reich im Niltal und das Mittelassyrische Reich im Zweistromland von Euphrat und Tigris, dazu Dutzende kleinerer Königreiche in Ägäis und Levante.

Große Metropolen wie die hethitische Hauptstadt Hattuscha, Mykene in Griechenland, Troia und die Handelsstadt Ugarit in Syrien, die für die Ewigkeit gebaut schienen, waren plötzlich, kurz nach 1200 v. Chr., nichts als rauchende Trümmer. Die Mächte der Spätbronzezeit, die historisch zum ersten Mal große Räume miteinander verflochten und die Mobilität von Menschen, Gütern und Ideen möglich gemacht hatten, waren in sich zusammengefallen wie Kartenhäuser. Hatte sie eine große Wanderungswelle ausgelöscht, eine Hungersnot oder gar ein Vulkanausbruch? Hatte eine neue Technologie, die Verhüttung von Eisen und die dadurch ausgelöste militärische Revolution, den Niedergang der großen Reiche eingeläutet? Möglicherweise spielten alle diese Faktoren eine gewisse Rolle, doch letztlich ging das Mächtesystem vor allem an seiner inneren Komplexität zugrunde: Kleine Krisen schaukelten sich zu einer – bezogen auf die Welt der Spätbronzezeit – globalen Katastrophe auf, die ein Reich nach dem anderen in den Abgrund riss.

Den Zeitgenossen demonstrierte das Jahr 1200 v. Chr. auf brutale Weise, dass Globalisierung umkehrbar war. Es sollte nicht das letzte Mal bleiben. Für die Zivilisation markiert der Epochenschnitt zwischen Bronze- und Eisenzeit eine Stunde Null. Doch nicht überall musste man wieder ganz von vorne anfangen. Vor allem in der Levante, im heutigen Israel und im Libanon, rettete man Wissen aus der Vergangenheit in die neue Zeit, bewahrte sich Fertigkeiten und wirkte zugleich innovativ: die Eisentechnologie und die Alphabetschrift setzten sich durch. Langsam begannen wagemutige Seefahrer, ins große Unbekannte vorzustoßen und in der Ferne Länder zu entdecken, mit denen man Handel treiben konnte: Zypern, Griechenland, Italien, Nordafrika, schließlich Spanien. Die Griechen nannten die Kaufleute, die sie bald regelmäßig besuchten, »Phönizier«, die Purpurroten. Der Name verdankte sich den purpurgefärbten Textilien, die niemand in besserer Qualität verkaufte als die Händler aus den Städten Tyros und Sidon. Die Phönizier verknüpften nicht nur als erste die seit 1200 v. Chr. isoliert vor sich hinvegetierenden Teile des Mittelmeers, viele von ihnen ließen sich auch in der Fremde nieder und gründeten Städte. Die berühmteste und erfolgreichste der phönizischen Niederlassungen in Übersee wurde Karthago: jene Metropole in Nordafrika, mit deren maritimem Reich viele Jahrhunderte später das aufstrebende Rom frontal zusammenstieß.

Dass ausgerechnet die Seefahrten der Phönizier am Anfang der Zeit stehen, die wir die »klassische« Antike nennen, wirft ein bezeichnendes Licht auf die Epoche. Die Antike, das ist mehr als Griechenland plus Rom. Untrennbar dazu gehörten auch Gesellschaften, die ganz anders sprachen und dachten als Griechen und Römer: außer Phöniziern und Karthagern die Kelten, Germanen, Juden und Perser sowie die unzähligen Stämme, die den Wüsten- und Steppengürtel am Süd- und Ostrand des Mittelmeers sowie nördlich des Schwarzen Meeres bevölkerten. Und das sind nur die unmittelbaren Nachbarn der beiden Brennpunkte Griechenland und Rom. Seit Alexander dem Großen rückten entfernte Weltgegenden dichter ans Mittelmeer heran: der Indische Ozean und der gleichnamige Subkontinent, indirekt auch China und selbst Afrika südlich der Sahara. Keine zeitgemäße Geschichte der Antike kann sich deshalb heute noch auf die beiden Mittelmeerhalbinseln des Balkan und Italiens beschränken. Eine modern deutende Altertumswissenschaft hat den gesamten afro-eurasischen Raum vom Atlantik bis zum Pazifik mitzudenken, mit dem Indischen Ozean als großer Drehscheibe, an die das Mittelmeer seit Alexander dem Großen angekoppelt war.

Diese semi-globale Antike war freilich noch ferne Zukunftsmusik, als phönizische Händler ab dem 9. Jahrhundert die Ägäis und damit auch Hellas erreichten. Dennoch war das Jahrhundert ein Wendepunkt. Der Wiederanschluss Griechenlands an den Fernhandel fiel dort mit einschneidenden Veränderungen der lange Zeit rein agrarischen Gesellschaft zusammen: Die Bevölkerung wuchs langsam, aber stetig. Zugleich wandelte sich das Siedlungsbild: Zentrale Orte entstanden, die allmählich anfingen, wie Städte auszusehen. Nicht länger arbeiteten alle Menschen in der Lebensmittelproduktion. Handwerk und Handel expandierten. Die Gesellschaft wurde auch sozial vielfältiger: Es gab oben und unten, Auf- und Absteiger. Im geometrischen Stil der Keramik deutete sich die Entwicklung an, die später die griechische Kunst nahm: mit klaren Konturen und einer standardisierten, auf wenige Formen reduzierten visuellen Sprache. Mit erst importierten, später auch lokal produzierten Luxusartikeln wurden den neuen Eliten Instrumente an die Hand gegeben, um ihren Status sichtbar zu machen. Und: Die Phönizier brachten außer Schmuck und Purpurstoffen mit der Alphabetschrift auch eine Innovation nach Griechenland, die es plötzlich möglich machte, die vielen Geschichten aufzuschreiben, die man sich seit Generationen erzählte.

Viele dieser Geschichten kreisten um einen Krieg, von dem es hieß, er habe in grauer Vorzeit die Ägäiswelt erschüttert und zehn Jahre gedauert: den Kampf um Troia. Doch wie stellt man die Grauen eines schier endlosen Krieges so dar, dass sie in ein Stück Weltliteratur passen? Homer, der Dichter am Anfang der abendländischen Literaturgeschichte, fand eine Lösung, die so innovativ ist, dass sie noch heute frappiert: Er schilderte nur einen insgesamt 51-tägigen Ausschnitt aus dem Kriegsgeschehen. In der Handlung strebt der Kampf zwischen der kleinasiatischen Stadt Troia und den belagernden Griechen seinem Höhepunkt zu, werden Krieger verletzt, getötet und von mächtigen Emotionen um den Verstand gebracht. Homer liefert in 24 Gesängen und 15 623 Versen großes Kino frei Haus. Dabei wissen wir noch nicht einmal, ob er wirklich gelebt hat.

Aber der Reihe nach: Die ersten fünf Verse der Ilias werfen uns mitten hinein ins Geschehen. Der Dichter ruft eine namenlose Göttin an, den »Zorn« des Peleussohnes Achill zu singen, der den Achäern schweres Leid verursacht und »viel tapfere Seelen« in den Hades befördert habe. Reihenweise seien griechische Helden den Hunden zur Beute und den Vögeln zum Fraß geworden. Wer waren die Achäer? Warum befanden sich ihre Helden im Krieg? Und was konnte Achill, ihren stärksten Heros, so erzürnen, dass er so vielen Kriegern zum Grab wurde?

Am Anfang auch dieser Geschichte ist ein Apfel. Ihn soll Paris, der Sohn des troischen Königs Priamos, der Siegerin eines olympischen Schönheitswettbewerbs reichen. Hera, Athena und Aphrodite sind nämlich in Streit darüber entbrannt, wer von ihnen die Schönste sei, und sie haben Paris um sein Urteil ersucht. Die drei wären keine griechischen Göttinnen, würden sie nicht versuchen, den Richter zu bestechen. Hera verspricht ihm Macht, Athena Weisheit und Aphrodite die Hand der schönsten Frau auf Erden: Helena. Paris wäre nicht Paris, würde er sich nicht für Helena entscheiden und Aphrodite den Apfel reichen.

Damit nimmt das Verhängnis seinen Lauf, denn Hera und Athena verfolgen Paris nun mit ihrer Rachsucht. Außerdem ist Helena die Gattin des spartanischen Königs Menelaos, doch mit Aphrodites Hilfe entführt der Königssohn die Königsfrau in seine Heimat: die Stadt Troia an der Küste Kleinasiens. Weil fast alle Könige Griechenlands einst ebenfalls um Helenas Hand angehalten und die Freier dem Brautvater einen heiligen Eid geschworen haben, die Entscheidung zu respektieren sowie notfalls mit ihrem Leben zu verteidigen, beschwört der Frauenraub einen gesamtgriechischen Casus Belli herauf. Ganz Hellas rüstet gegen die Stadt, die den Eingang zu den Dardanellen bewachte. Das Kommando übernimmt Agamemnon, der Stadtherr von Mykene und ältere Bruder des Menelaos.

Neun Jahre lang belagern die Achäer Troia, ohne dass eine Entscheidung fällt. Im zehnten Jahr erschüttert ein handfester Skandal das Lager der Griechen. Dort wütet plötzlich eine Seuche. Wie sich herausstellt, hat Apollon Pestpfeile ins Lager geschossen, weil Agamemnon Chryseis, die Tochter des Apollon-Priesters Chryses, geraubt und zu seiner Sexsklavin gemacht hat. Widerwillig muss Agamemnon auf den Rat des Sehers Kalchas die Priestertochter freilassen. Der Heerführer beruft sich aber auf seinen höheren Rang und hält sich bei Achill schadlos, der sich ebenfalls ein gefangenes Mädchen als Konkubine hält: die »schönwangige« Briseis. Solche schmückenden Beiworte hängt Homer an alle Figuren, damit die Verse ins Metrum des Hexameters passen. Achill ist »fußschnell«, Odysseus »listenreich«, Hera »kuhäugig«, Diomedes »im Rufen gut«. Viele dieser sogenannten Epitheta sind generisch, also frei von jeder Bedeutung, aber dass Briseis eine schöne Frau ist, dürfen wir wohl für bare Münze nehmen.

Der in seiner Ehre verletzte Achill tritt mit sofortiger Wirkung in den Streik und weigert sich, weiter an der Seite der Griechen zu kämpfen. Nur mit knapper Not kann ein Königsmord an Agamemnon verhindert werden, so in Rage ist der Heros. Durch den Verlust ihres kampfstärksten Kriegers geraten die bis dahin siegesgewissen Achäer ins Hintertreffen. Eine viertägige Schlacht entbrennt, in deren Verlauf die Troer eine Mauer um das gegnerische Lager ziehen und so die Belagerer zu Belagerten machen. Alle Versuche scheitern, Achill zur Rückkehr in den Kampf zu bewegen. Am dritten Tag zieht Patroklos, Achills bester Freund, mit dessen Rüstung in die Schlacht. Er kann den mit den Troern verbündeten Lykierkönig Sarpedon töten, fällt aber schließlich, durch Apollons Zutun, im Kampf gegen den stärksten Helden der Troer, Hektor. Hektor erbeutet auch die Rüstung des Patroklos.

Als Achill durch Nestors Sohn Antilochos vom Tod seines Freundes erfährt, umhüllt ihn zunächst »der Schwermut finstere Wolke«. Er streut Asche auf sein Haupt und klagt laut sein Leid. Achill gelobt, Patroklos zu rächen. Er bittet seine Mutter Thetis, für ihn bei dem göttlichen Schmied Hephaistos eine neue Rüstung in Auftrag zu geben. Achills Erscheinen auf dem Kampfplatz versetzt die Troer in Angst und Schrecken. Der griechische Held stimmt ein markerschütterndes Geheul an, worauf die Troer flüchten.

Hephaistos leistet unterdessen ganze Arbeit. Er schmiedet Rüstung und Waffen. Auf dem Schild sind – welch Kontrast zum blutigen Schlachtgeschehen! – Szenen aus dem Alltag der bäuerlichen Gesellschaft dargestellt, die das homerische Griechenland war und in deren Beschreibung sich das Epos verliert. Am nächsten Morgen ist die Rüstung fertig. Achill und Agamemon versöhnen sich, nachdem der König dem Helden das Mädchen Briseis zurückgegeben hat. Achill stößt nochmals eine Klage über den Tod des Freundes aus und stürzt sich dann ins Getümmel. Während der Kampf zwischen Griechen und Troern hin- und herwogt, findet auch zwischen den Göttern eine Schlacht statt. Viele von ihnen haben im Krieg Partei ergriffen: Aphrodite, Apollon, Ares und Artemis kämpfen auf troischer

Seite, während Athena, Hephaistos, Hera und Poseidon die Griechen unterstützen. Zeus hat eigentlich den Untergang Troias beschlossen, greift aber in der entscheidenden Schlacht gegen die Achäer ein. Obwohl Apollon ihn warnt, stellt sich Hektor Achill zum Zweikampf, ergreift dann aber doch die Flucht. Dreimal wird er von dem Achäer um die Stadt gehetzt. Während die beiden schließlich einander gegenüberstehen, wägen die Götter das Schicksal der beiden Helden. Die Waage neigt sich zu Achills Gunsten, der seinen Gegner tötet. Dreimal umrundet Hektor jetzt auch als Toter Troia, von Achills Streitwagen durch den Staub geschleift.

Nach siegreich bestandenem Kampf bestattet Achill seinen Freund und richtet Leichenspiele für Patroklos aus. Danach macht sich König Priamos auf den schweren Weg zu seinem Gegner und bittet, gegen Lösegeld, um die Herausgabe von Hektors Leichnam, in die Achill schließlich einwilligt. Die Ilias schließt mit Hektors Bestattung, das Ende des Krieges und die Einnahme Troias durch die Griechen bleiben im Epos unbehandelt. Dafür kreist die Geschichte um überzeitliche Fragen von Ehre, Liebe, Freundschaft, Loyalität und Anstand – auch und gerade im Angesicht eines besiegten Feindes, an dem man Rache genommen hat. Die Protagonisten der Ilias werden von Wertbegriffen und sozialen Normen geleitet, die uns fremd anmuten: dem legitimen Bedürfnis nach blutiger Rache etwa und dem hohen Stellenwert, den Gesichtswahrung und die Furcht vor sozialer Missbilligung genießen. Achill etwa hat, nachdem Agamemnon ihm Briseis genommen hat, keine Wahl, als sich aus dem Kampf zurückzuziehen. Erst der Tod des Patroklos ändert dies, weil sich das Rachegebot vor den Ehrverlust geschoben hat. Die Messlatte für richtig und falsch liegt nicht, wie in den protestantisch geprägten Kulturen des modernen Westens, im Handelnden selbst, sondern wird ihm erst durch die Reaktion der Mitmenschen bewusstgemacht. Die Kulturanthropologie spricht von »Schamkulturen«, die auch heute noch im Nahen und Fernen Osten prägend sind.

Doch sind uns eben die Protagonisten in ihrem Verhalten keineswegs nur fremd. Verblüffend vertraut wirkt in der selbstoptimierten Leistungsgesellschaft die fast schon ins Pathologische übersteigerte Wettbewerbsethik der Helden, die Homer in der von Achills Vater Peleus zweifach geäußerten Maxime zusammenfasst, es komme darauf an, »stets der Beste zu sein und hervorzuragen vor allen anderen«. Ganz und gar gegenwärtig mutet auch die Bearbeitung des Stoffes durch den Dichter an. Das Leitthema der Erzählung ist der Zorn des Helden, der sich schrittweise zur tödlichen Bedrohung für die Achäer auswächst. Dem Leser (oder besser: Hörer, denn die Verse wurden rezitiert) erschließt sich erst allmählich die Größenordnung des Geschehens, in dessen Mittelpunkt Achill steht. Dass der Handlungsbogen einem großen Plan folgt, ahnt man, obwohl er erst Stück für Stück enthüllt wird. Jedes gelöste Problem gebiert sogleich ein neues: Der Tod des Patroklos macht das Wiedereingreifen Achills in den Krieg zur Möglichkeit, doch zuvor muss der Konflikt mit Agamemnon beigelegt werden; Hektor und Achill stellen sich zum Zweikampf, doch zuerst wägen die Götter ihr Schicksal. Diese Erzähltechnik unterscheidet sich eigentlich in nichts von der Dramaturgie einer guten, spannungsgeladenen Netflix-Serie, deren Handlung ebenfalls immer neue, unerwartete Volten schlägt. Nicht umsonst haben die Serienmacher des Streamingdienstes und der BBC die Ilias bereits für sich entdeckt: Unter dem

1 Ehre und Anstand in der Ilias: Der Troerkönig Priamos bittet Achill um die Herausgabe des Leichnams seines Sohnes Hektor, Achill erfüllt den Wunsch und gibt Hektor frei – Skyphos, um 490 v. Chr.

Titel *Troy. Fall of a City* gibt es die Ilias seit 2018 auch für Serienfans.

Bis der Unternehmer und Hobbyarchäologe Heinrich Schliemann 1871 auf dem Hisarlık Tepe in Nordwestanatolien den Spaten ansetzte und auf bedeutende Siedlungsreste sowie schließlich auch auf Gold stieß, hielt alle Welt Homers Ilias für nur das: eine großartige Geschichte, die am Anfang der europäischen Literatur steht. Schliemann hingegen war sich sicher: Er hatte den Schatz des Priamos und damit auch Troia gefunden. War das Epos also ein Tatsachenbericht in Versform, ein verkapptes historisches Werk, das reales Geschehen für die Nachwelt festhielt? Die Antike hatte den Troianischen Krieg für historisch gehalten und ans Ende der Zeit verlegt, die wir die Spätbronzezeit nennen. Hatte im Mythos wirklich ein Stück Geschichte als wahrer Kern überdauert?

Stück für Stück brachte die Archäologie nach Schliemanns Entdeckungen Spuren einer Katastrophe ans Tageslicht, die um 1200 v. Chr. den gesamten Ostrand des Mittelmeers verwüstet hatte. Denkbar also, dass der Troianische Krieg winziger Ausschnitt aus einem viel größeren, bezogen auf diese Welt globalen Geschehen war, das die Paläste der Bronzezeit in Schutt und Asche versinken ließ und überall ein Dunkles Zeitalter einläutete, aus dem Griechenland erst wieder erwachte, als wohl kurz nach 700 v. Chr. Ilias und Odyssee entstanden.

Sicher ist, dass der Sagenstoff, aus dem die Ilias gemacht wurde, viel älter ist als ihre Niederschrift. In der allmählich aus dem Dunklen Zeitalter erwachenden griechischen Gesellschaft gehörte es zur aristokratischen Kultur, dass Männer sich bei Speis und Trank versammelten und reisenden Sängern lauschten, die mündlich überlieferte Dichtungen vortrugen. In solchen Gesängen mögen historische Ereignisse verarbeitet worden sein, die etliche Generationen zurücklagen. Auch eine Kluft von mehreren hundert Jahren mag die Erinnerung der mündlichen Gesellschaft des frühen Griechenland so überbrückt haben. Homer – oder wer immer die Epen niederschrieb – lebte im Morgengrauen eines neuen Zeitalters, das sich der Schrift bediente. Er fixierte eine oder besser: seine ganz persönliche Fassung des Stoffes um den Troianischen Krieg, die als Ilias der Nachwelt erhalten blieb.

Neue Nahrung erhielten Spekulationen um die Historizität des Mythos, als deutsche Archäologen um den Tübinger Prähistoriker Manfred Korfmann am Fuß des Hisarlık

Tepe auf Spuren einer ausgedehnten spätbronzezeitlichen Siedlung stießen, die sie als »Unterstadt« bezeichneten. Die Funde waren der Beweis, dass der Ort um 1200 v. Chr. eine bedeutende Siedlung war. Aber war er tatsächlich eine Metropole, die an der Schnittstelle zwischen Ägäis und Schwarzem Meer liegend den Fernhandel zwischen beiden Meeren dirigierte? Vor allem: Ist die Stadt am Hisarlık Tepe gleichzusetzen mit dem homerischen Troia?

Besonders die zweite Frage ist bis heute nicht befriedigend beantwortet. Sie war in den 2000er Jahren Gegenstand einer heftigen Kontroverse zwischen Korfmann und seinen Gegnern, die sich zu einem Disziplinenstreit zwischen Archäologie und Althistorie auswuchs und in den Medien breite Resonanz fand. Während Korfmann es geschickt verstand, seinen Forschungen in der Öffentlichkeit Sichtbarkeit zu verleihen, ätzte der die Gegenseite vertretende Althistoriker Frank Kolb, ein Tübinger Kollege Korfmanns, der Prähistoriker sei der »Däniken der Archäologie«.

Wieviel Realhistorie im Mythos um den Troianischen Krieg steckt, wird sich vermutlich nicht abschließend klären lassen. Archäologische Funde und Befunde lassen stets großen Spielraum für Interpretationen, und Texte erzählen Geschichten, die auf einer anderen Ebene angesiedelt sind als das, was steinerne Relikte der Vergangenheit zu berichten haben. Methodisch bewegt sich auf dünnem Eis, wer das eine mit dem anderen abzugleichen versucht. Der Wert der homerischen Epen hängt aber nicht an der Frage, ob sie Geschichtsbücher sind oder nicht. Ihr Verfasser, ob er Homer hieß oder nicht, schuf ein originelles, unvergängliches Werk, das als einsamer Monolith in der Literaturgeschichte aufragt. Doch auch für weniger schöngeistig veranlagte Historiker haben Ilias und Odyssee eine überragende Bedeutung: Sie zeigen uns, wie Menschen in Homers eigener Zeit, am Ende des Dunklen Zeitalters, lebten und dachten, an was sie glaubten, wie sie Krieg führten, wirtschafteten, sich politisch engagierten, liebten und starben. Die Ilias ist die Morgenröte, die Licht bringt in eine Welt, über die sich lange Dunkelheit gebreitet hatte. Sie ist ein Anfang, nicht nur für die alten Griechen.

DREI

Experimente. Die Griechen und die Welt

Das Hellas Homers war ein Land im Aufbruch. Vieles veränderte sich: die Gesellschaft, die Wirtschaft, das Bild, das man von sich selbst, von seiner näheren und ferneren Umwelt hatte. Die Bevölkerungsexplosion schuf Probleme, denn die Südspitze der Balkanhalbinsel ist ein karges Land, und so wurde es den Menschen in Griechenland bei anhaltendem demographischem Wachstum bald zu eng. Zwei Ventile ließen sich öffnen: Man konnte auswandern oder Nachbarn ihre Ressourcen wegnehmen - Nahrung, Herden, Ackerland. Kolonisation und Krieg waren die Antworten, die Hellas auf den Bevölkerungsdruck fand. Männer wurden ausgelost, die in die Fremde zu gehen und dort, an fernen Ufern, neue Städte zu gründen hatten. Ab Mitte des 8. Jahrhunderts v. Chr. siedelten sich Griechen vor allem auf Sizilien, in Süditalien und im Schwarzmeerraum an und verwandelten so, wie Platon Jahrhunderte später formulierte, das Mittelmeer nach und nach in einen »Teich«, um den sie wie »Frösche« saßen. Das Meer und das große Unbekannte, das dahinter wartete, verloren Stück für Stück ihre Rätselhaftigkeit und ihre Schrecknisse.

Die Gründung neuer Städte in Übersee stellte aber die Auswanderer vor ein neues Problem: Wie sollte man sich organisieren, wenn man von der Gesellschaft und den Traditionen der Mutterstadt abgekoppelt war? Regeln mussten formuliert, Macht musste verteilt werden. Die sogenannte Große Kolonisation brachte den Griechen zu Bewusstsein, dass Gesetze und Institutionen nicht vom Himmel fallen, sondern von Menschen gemacht werden. Die Idee des Bürgers war geboren und damit die Erkenntnis, dass Menschen nicht bloß Objekte von Herrschaft sind, also Untertanen, sondern ihre Subjekte und Gestalter: Bürger.

Die zweite Erfahrung der frühen Griechen, die zum Katalysator der Bürgeridee wurde, war der Krieg. Die Gesellschaften Griechenlands organisierten sich in Städten, die mit ihrem Umland souveräne politische Einheiten bildeten: Stadtstaaten oder, griechisch, Poleis, Polis im Singular. Um gegen ihre Nachbarn bestehen zu können, verpflichteten die Poleis alle Bürger, die sich die Ausrüstung leisten konnten, zum Kriegsdienst als Hopliten. Die Hopliten wurden einheitlich bewaffnet und gedrillt und kämpften in geschlossener Schlachtformation, der Phalanx. Jeder Hoplit deckte mit seinem Schild nicht sich selbst, sondern seinen Nachbarn.

In der Phalanx waren alle gleich, jeder wurde gebraucht. Sie war das waffenstarrende Spiegelbild der Bürgergesellschaft, die von ihr aber auch umgekehrt einen wichtigen Impuls erhielt: Wer sein Leben im Dienst der Polis einsetzte, der wollte Einfluss auf ihre Geschicke nehmen, und wer seinen Nebenmann auf dem Schlachtfeld mit dem eigenen Schild deckte, der forderte auch im zivilen Leben die unbedingte Solidarität der Gemeinschaft ein. Die Polis war ein Wehrverband der Freien und Gleichen. Wohl und Wehe der Gemeinschaft hing von ihrer Fähigkeit ab, sich militärisch gegen starke Nachbarn durchzusetzen. Die Polis war, wie der Soziologe Max Weber vor über 100 Jahren formulierte, eine »Kriegerzunft«.

Zu kristalliner Reinheit hatte dieses Gesellschaftsmodell Sparta auf der südlichen Peloponnes perfektioniert, das im 7. Jahrhundert v. Chr. in mehreren Anläufen die südwestlich gelegene und durch das Taygetos-Massiv von Sparta getrennte Landschaft Messenien unterwarf. Die Messenier wurden als Heloten in den Status von Leibeigenen gezwungen, die für die Spartaner zu arbeiten hatten. Befreit von der Sorge um ihren Lebensunterhalt, vermochten die spartanischen Hopliten, die sich *homoíoi*, »die Gleichen«, nannten, sämtliche Energien auf das zu konzentrieren, was sie am besten konnten: Krieg führen. Noch in archaischer Zeit stieg Sparta zur Hegemonialmacht der Peloponnes auf, Ende des 5. Jahrhunderts lieferte es sich ein episches Kräftemessen mit der zweiten hellenischen Großmacht: Athen – und siegte.

Athen stand innerhalb Griechenlands für ein in jeder Hinsicht gegensätzliches Modell: Die Stadt war schon aufgrund ihrer Lage zum Meer hin geöffnet und fand früh Anschluss an den Fernhandel. Ihr Landgebiet, die Halbinsel Attika, ernährte eine große und rasch wachsende Bevölkerung. Viele Athener fanden ihr Auskommen in Handel und Gewerbe. Die wirtschaftliche und demographische Dynamik des 7. Jahrhunderts ließ Athen um 600 v. Chr. geradewegs in die Krise rutschen: Ein Teil der Bauern verlor sein Land und sank in Schuldknechtschaft ab, während sich in den Händen einer neuen, unternehmerisch aktiven Oberschicht immer mehr Kapital ansammelte. Mächtige Männer scharten Anhänger um sich und strebten nach der ganzen, ungeteilten Macht. Weil die sich öffnende Schere die junge Polis zu sprengen drohte, suchte man nach einem Ausgleich. Der weltläufige Aristokrat Solon wurde beauftragt, den Athenern Gesetze zu geben, mit denen sie ihren inneren Hader überwinden konnten. Das Paket, das Solon selbst *eunomía* nannte, »Wohlgesetzlichkeit«, sah einen Schuldenschnitt vor und die nach Einkommensklassen gestaffelte politische Partizipation der Bürger. Großverdienern standen mehr Ämter offen als Habenichtsen, aber im Grundsatz war die Teilhabe aller Bürger in den Solonischen Gesetzen festgeschrieben.

Dennoch konnten sie den Zerfall der Polis nicht aufhalten. Der Kampf um die Macht, *stásis*, mündete in die Alleinherrschaft, *tyránnis*, eines einzelnen Mannes. Kurze Zeit nach Solons Weggang aus Athen setzte sich Peisistratos, wohl ein entfernter Verwandter Solons, an der Spitze einer bewaffneten Revolte durch, seine Familie behauptete die Tyrannis bis 510 v. Chr. Obwohl also Solons Eunomie gescheitert war und sich die Polis ein halbes Jahrhundert der Herrschaft eines Einzelnen beugen musste, war die Epoche von Krise, Stasis und Tyrannis die Inkubationszeit, in der ein neues Gemeinschaftsgefühl sich vorbereitete. Die Tyrannen errichteten prachtvolle Bauten auf der Akropolis, die Athens Selbstbewusstsein weithin sichtbar machten. Und mit der Überwindung der Tyrannis brach sich der radikale Gedanke Bahn, dass alle Bürger die gleichen Rechte haben sollten: Die Polis war die Summe ihrer Bürger, und jeder Einzelne sollte gleichen Anteil daran haben. Der Gedanke der Gleichgesetzlichkeit, *isonomía*, erhielt in der Ordnung Ausdruck, die der Aristokrat Kleisthenes kurz nach dem Stutz der Tyrannis den Athenern gab. Die Isonomie war noch keine Demokratie, wohl aber eine wichtige Etappe auf dem Weg dahin. Die kleisthenische Verfassung teilte die Bürgerschaft in künstliche »Stämme«, Phylen, und sprengte so die Kohäsion der Clans und Klüngel. Das neue System beraubte die starken Männer ihrer Basis: Die Tyrannis kehrte nicht zurück. Die Phylenordnung hegte den Ehrgeiz einzelner ein und sicherte so die Partizipation aller männlichen Bürger. Ausgenommen von jeder politischen Teilhabe blieben Frauen, Sklaven und ortsansässige Fremde, sogenannte Metöken.

Allerdings war im griechischen Maßstab Athens Weg zur Demokratie ebenso ein Sonderweg wie derjenige Spartas zum Militärstaat. Keine der beiden Großmächte war repräsentativ für das ganze Hellas. Die Griechen probierten in ihren Poleis eine enorme Vielfalt politischer Ordnungen aus: Oligarchien, in denen wenige, und Demokratien, in denen alle herrschten, jeweils in den unterschiedlichsten Schattierungen. Immer wieder gelang auch Tyrannen der Sprung an die Spitze, und sie errichteten, vor allem in Sizilien, monarchische Regimente.

Platon malte in seinem *Staat* ein utopisches System aus, in dem die Philosophen Könige sein sollten. Nicht einmal die Polis hatte sich in ganz Griechenland durchgesetzt. Im Westen und Norden des Landes, an den Rändern der Zivilisation, befanden sich Gesellschaften, die erst spät zur Sesshaftigkeit übergegangen waren. Hier organisierten sich Städte in Föderationen wie dem Aitolischen oder dem Boitischen Bund, koordinierten ihre Interessen untereinander und schufen so den Präzedenzfall für eine weniger kleinteilige Organisation von Herrschaft.

Ohnehin strebte in Griechenland alles zu größeren Zusammenschlüssen. Im Gesamtmaßstab der Region Vorderasien-östliches Mittelmeer war die Südspitze der Balkanhalbinsel nichts als die in winzige politische Einheiten zersplitterte Peripherie des Vorderen Orients, und von dort aus expandierte ab etwa 550 v. Chr. ein großes Reich mit Zentrum im Iran Richtung Westen, geradewegs auf die Ägäis zu: das Perserreich der Achaimeniden, dessen Großkönig Dareios 494 v. Chr. eine Rebellion der kleinasiatischen Griechenstädte militärisch niederschlug. Vier Jahre später marschierten Dareios' Soldaten im griechischen Mutterland ein. Ein großes persisches Heer landete in Attika, in der Bucht von Marathon an der Westküste der Halbinsel. Athen hatte den Aufstand der von Griechen bewohnten, aber unter persischer Herrschaft stehenden ionischen Städte unterstützt und sollte jetzt dafür büßen.

Der Angriff auf Griechenland scheiterte bei Marathon, wo die Phalanx der Athener einen sensationellen Sieg über das weit überlegene Heer des Großkönigs errang. Genau zehn Jahre später, 480 v. Chr., kamen die Perser zurück, diesmal mit einer noch viel größeren Flotte. Sie besetzten das von seinen Bewohnern verlassene Athen, wurden aber in der Meerenge von Salamis von den Athenern in der größten Seeschlacht des Altertums geschlagen. Ein Jahr später siegte der Hellenenbund, das antipersische Verteidigungsbündnis der Griechen, bei Plataiai und bei Mykale noch zweimal über die Perser. Xerxes, der Nachfolger des Dareios, zog daraus den Schluss, dass die militärische Eroberung Griechenlands zu kostspielig und unter dem Strich nicht lohnend war. Das Perserreich begnügte sich fortan damit, indirekt Einfluss auf die griechische Politik zu nehmen.

Der doppelte Sieg über die Perser binnen zehn Jahren machte Athen unvermittelt zur Großmacht. Die zahlreichen Poleis in der und um die Ägäis wandten sich an die Athener, weil sie von ihnen Schutz vor den Persern erhofften. Die Inselstädte Chios und Samos setzten durch, dass der Athener Aristeides den Oberbefehl über die Flotte des Hellenenbundes erhielt. Aristeides formte daraus ein neues Bündnis, den Delisch-Attischen Seebund, der sich rasch vom antipersischen Verteidigungsbündnis in ein Instrument athenischer Hegemonie verwandelte. Anstatt Schiffe zu dem maritimen Bündnis beizusteuern, gingen die Alliierten dazu über, Geld zu überweisen, mit dem Athen seine Flotte zu einem Projektionsinstrument von Macht ausbauen konnte, wie es in der der griechischen Welt kein zweites gab.

Nicht nur durch den Seebund strömte unaufhörlich Geld nach Athen. Auch Gewerbe, Hafen und Fernhandel machten die Stadt und ihre Bewohner reich. Das Geld wurde dazu verwendet, die zerstörte Akropolis wieder aufzubauen, schöner und prächtiger als zuvor. Es floss in Festivitäten und Theateraufführungen, die von Privatleuten finanziert wurden und den großen Tragödien- und Komödiendichtern der Epoche – Aischylos, Euripides, Sophokles, Aristophanes – eine Bühne boten. Und es diente dazu, dass bürgerschaftliches Engagement für die Polis vergütet werden konnte. Bis dahin hatten die Athener unentgeltlich Dienst als Richter, Magistrate oder Ratsmitglieder geleistet. Das konnte sich nur leisten, wer ökonomisch unabhängig war. Dank der Reformen war jedes Amt für jeden erreichbar, und um ganz gewiss niemanden zu diskriminieren, wurden die meisten Funktionen nicht durch Wahl besetzt, sondern durch das Los.

Zum endgültigen Durchbruch der Demokratie hatte auch der Seesieg von Salamis beigetragen, an dem die Ruderer der Flotte wesentlichen Anteil hatten. Die *thētes*, Theten, bildeten die breite Masse der Athener, die zu arm war, um sich eine Hoplitenausrüstung leisten zu können. Sie forderten nach dem Sieg von Salamis beharrlich die volle politische Gleichstellung mit den Besitzenden und fanden später in Perikles einen wortgewaltigen Bundesgenossen. Die Demokraten setzten durch, dass Richter zunächst eine,

Ratsmitglieder zwei Obolen pro Sitzungstag als Aufwandsentschädigung erhielten - Pfennigbeträge, die es aber einfachen Leuten ermöglichten, vor Gericht und in der Politik mitzumischen. Das demokratische Athen verwandelte sich immer mehr in eine wirtschaftliche Zugewinngemeinschaft, die das Recht, sich aus den Fleischtöpfen zu bedienen, entsprechend restriktiv handhabte. Obwohl er mit einer Nichtathenerin verheiratet war, setzte Perikles durch, dass nur Athener, die väter- und mütterlicherseits ihrerseits von Athenern abstammten, ihr Bürgerrecht behielten.

Die Demokratie, die volle politische Teilhabe aller Bürger garantierte, begünstigte vermeintlich die Besitzlosen, war aber tatsächlich ein politischer Formelkompromiss, weil sie die Tür offen ließ für den Ausgleich zwischen oben und unten: Die Mehrheit der Theten verzichtete auf Durchsetzung ihrer Forderungen mit Gewalt und darauf, die Minderheit der Reichen aus der Stadt zu jagen oder zu töten. Nur Individuen, die dem System gefährlich zu werden drohten, wurden verbannt: per alljährlichem »Scherbengericht«, *ostrakismós*. Verlierer dieser Abstimmung, bei der die Wähler Namen auf Tonscherben schrieben, war, wer die meisten Stimmen auf sich vereinte: Der Ostrakisierte musste binnen zehn Tagen die Polis für zehn Jahre verlassen. So wurde sichergestellt, dass niemand übermächtig wurde. Dennoch trug die Demokratie totalitäre Züge, weil sie jedem Bürger, ob er es wollte oder nicht, enormes öffentliches Engagement abverlangte. Die volle Teilhabe besitzloser Bürger schuf obendrein einen fruchtbaren Nährboden für Demagogen, die den Armen buchstäblich das Blaue vom Himmel versprachen und prompt die - wenigen, aber entscheidenden - Wahlämter besetzten.

Mangelnde politische Qualifikation und Verführbarkeit

der Masse sind die Kernpunkte einer Kritik, die bereits die Zeitgenossen an der Attischen Demokratie übten. Angehörige der durch den Trend zu immer breiterer Partizipation ihrer Privilegien beraubten Aristokratie sahen in der radikalen Volksherrschaft ein Übel, das geradewegs ins Chaos führen musste. In der Ende des 5. Jahrhunderts entstandenen *Politeia*, seinem staatsphilosphischen Hauptwerk, skizziert der Athener Platon zunächst, wie aus der Oligarchie durch den Ruf der besitzlosen Volksmasse nach mehr Partizipation die Demokratie wird und wie diese dann in die Anarchie abgleitet, weil sich das Volk keiner Autorität mehr beugen mag und stattdessen ihm schmeichelnden, die Neuverteilung des Besitzes fordernden Demagogen folgt. Aus Anarchie wiederum erwächst Tyrannis, weil die Demagogen versuchen werden, ihrer Macht gewaltsam Dauer zu verleihen.

Ein Demagoge steht im Mittelpunkt der Komödie *Die Ritter* des Atheners Aristophanes. Das Volk, verkörpert durch den senilen Herrn Demos, ist in dem Drama ein verwöhnter Fettsack, der sich von seinem Koch, dem intriganten Paphlagonier, regelmäßig seine Leibspeise vorsetzen lässt. Weil er sich beim Demos unentbehrlich gemacht hat, kann der Paphlagonier im Haushalt wie ein Despot schalten und walten. Ein Orakel verkündet, sein Sturz könne nur durch einen noch schlimmeren Halunken herbeigeführt werden. Als solcher entpuppt sich ein Wursthändler, der mit dem Paphlagonier in einen ruinösen Wettbewerb um die schwankende Gunst des Demos eintritt und dem es schließlich mit teuren Geschenken und dem Versprechen der Unsterblichkeit gelingt, den Rivalen auszustechen. Am Ende wird der Paphlagonier aus dem Haus gejagt und der Demos durch den Wursthändler so zusammengekocht, dass er sich doch noch in einen guten Hausherrn verwandelt.

Die Komödie ist eine bitterböse Satire auf die Demokratie, den Demos und seine politische Urteilskraft. Vorbild für den liebedienerischen Paphlagonier war Kleon, der zum Politiker mutierte Gerber, der in der Frühphase des Peloponnesischen Krieg durch sein demagogisches Wirken der Eskalation des Konflikts Vorschub leistete. Was ein Demagoge wie er anrichten konnte, zeigte sich, nachdem 431 v. Chr. der Peloponnesische Krieg zwischen Athen und Sparta ausgebrochen und Perikles zwei Jahre später an der Seuche gestorben war, die in den ersten Kriegsjahren in Athen gewütet hatte. In dieser Situation schwor der mit einem phänomenalen Redetalent begabte Kleon die Volksversammlung auf seinen kompromisslosen Kriegskurs ein und torpedierte so im letzten Moment den Frieden mit den Spartanern, der schon zum Greifen nahe schien. Der Krieg war, wie der Athener Geschichtsschreiber Thukydides treffend bemerkt, unvermeidlich geworden, weil Athens dramatischer Machtzuwachs in den fünfzig Jahren seit Salamis die Hegemoniefrage in Griechenland neu gestellt und Sparta im Grunde keine Wahl gelassen hatte, als über verschiedene kleine Zwischenfälle an der Peripherie Griechenlands den Krieg zu entfesseln.

Er endete, nach fast 30 Jahren, mit der totalen Niederlage Athens. Geschwächt war aber nicht nur die maritime Großmacht Athen, sondern auch das siegreiche Sparta, so dass das Kriegsende Griechenland keinen dauerhaften Frieden bescherte und stattdessen nur neuen Streit um die Hegemonie gebar. Die großen Poleis Theben, Sparta und Athen rivalisierten in stetig wechselnden Bündniskonstellationen, um die jeweils stärkste Macht des Trios einzuhegen: erst Sparta, dann Theben, und stets wirkte im Hintergrund die persische Diplomatie. Während Griechenland fast permanent im Kriegszustand verharrte, konnten die Perser ihre Aufmerksamkeit inneren Problemen widmen, unter denen ihr Imperium im 4. Jahrhundert v. Chr. vermehrt ächzte. Im Windschatten Persiens und der innergriechischen Kriege schickte sich im Norden ein von den Griechen als halbbarbarisch betrachtetes Königreich an, zur Vormacht im Süden des Balkans zu werden: Makedonien.

Dessen König Philipp II. einte sein auseinanderdriftendes Reich, reformierte das Heer und machte seine Phalanx zur modernsten Streitmacht der Mittelmeerwelt. Ihre furchterregende Hauptwaffe war die Sarisse, eine rund sechs Meter lange Lanze, die bei allen Gegnern Panik auslöste, sobald sich die makedonische Schlachtreihe auf sie zuwälzte. Kaum war er an der Macht, griff Philipp beherzt in die innergriechischen Querelen ein, eroberte wenige Jahre später Thrakien, schloss einen Nichtangriffspakt mit den Persern und schlug eine von Theben und Athen angeführte griechische Koalition bei Chaironeia. Jahrelang hatte der athenische Redner Demosthenes vor Philipps Machtgelüsten gewarnt, schließlich hatte sich die Polis dem Makedonen entgegengestellt – und verloren. Griechenland war reif für eine neue Ordnung: Philipp rief einen Allgemeinen Frieden aus und begründete den Korinthischen Bund, aber nicht als freiwilligen Zusammenschluss souveräner Poleis, sondern als Rückgrat makedonischer Hegemonie über Griechenland. Philipp selbst ließ sich zum Bundesfeldherrn ausrufen und den Auftrag erteilen, einen panhellenischen Krieg gegen die Perser anzuführen.

Zwei Jahre nach Chaironeia wurde der Makedonenkönig von seinem Leibwächter Pausanias ermordet. Wer hinter dem Komplott steckte, bleibt rätselhaft. War es Olympias, eine von Philipps Frauen, die den gemeinsamen Sohn Alexander per Königsmord auf den Thron manövrieren wollte? Jedenfalls war Alexander Hauptprofiteur des Anschlags und folgte seinem Vater in der Herrschaft über Makedonien nach. Er erbte damit auch Philipps großes Projekt: den Krieg gegen das Perserreich des Königs Dareios III., den Alexander zum großen Rachefeldzug für die Verheerungen der Perserkriege 150 Jahre zuvor erklärte. Im Mai 334 v. Chr. überschritt das griechisch-makedonische Heer den Hellespont, siegte am Granikos über ein persisches Heer und besetzte Kleinasien. Bei Issos kämpfte sich Alexander den Weg nach Syrien frei, er belagerte und eroberte Tyros und nahm schließlich Ägypten ein. Dort ließ er sich vom Zeus-Ammon-Orakel in der Oase Siwa beglaubigen, dass er ein Gott war wie einst die Pharaonen des Nillandes. Danach wandte er sich wieder nach Osten, wo er, den Tigris überschreitend, bei Gaugamela ein letztes Mal über Dareios siegte. Dem Großkönig gelang die Flucht, doch Alexander verfolgte ihn, Tag und Nacht reitend, bis ins iranische Hochland, wo Dareios von einem seiner Gefolgsleute erdolcht wurde.

Spätestens zu diesem Zeitpunkt verwandelte sich Alexanders Perserkrieg in einen Zug zur Erringung der Weltherrschaft. Der, den sie *mégas* nannten, »der Große«, hatte allerdings keine Ahnung, wie groß die Welt wirklich war. Und so marschierten seine Soldaten immer weiter nach Osten, durch den Iran, Zentralasien, über den Hindukusch und durch Indien, ohne dass sie den erwarteten Okeanos erreichten. Immer sagte man ihnen, im Osten kämen noch weitere, große Länder. Deshalb erzwang das überforderte Heer die Kehrtwende: Man bog nach Süden ab, folgte dem Lauf des Indus und erreichte schließlich doch den Ozean, wenn auch nur den des Südens, den Indischen. Der König feierte das als den ersehnten Erfolg und sich selbst als Weltherrscher, der jetzt getrost den beschwerlichen Weg zurück nach Babylon antreten konnte.

Alexander hatte ein Reich zerstört, aber keines errichtet. Auf dem Zug quer durch Asien zerfiel seine Herrschaft wieder zu Staub, sobald er einem Land den Rücken zugekehrt hatte. Alexanders Macht war dort am größten, wo er selbst sich gerade befand. Als er am 10. Juni 323 nach einem kurzen, aber intensiven Leben in Babylon starb, hinterließ er seinen Nachfolgern wohl ein kolossales Erbe, aber eines, das es erst noch zu festigen, ja zu erobern galt. Nicht einmal, wer erben sollte, stand fest. Darum stritten sich jahrzehntelang seine Freunde und Generäle, bis sich drei große Reiche und ein paar kleinere Territorien aus der Erbmasse herausschälten: das Antigonidenreich in Makedonien, das Ptolemaierreich in Ägypten und, bei weitem der größte Brocken, das Seleukidenreich in Vorderasien.

Wie ein Schatten schwebte Alexanders Geist über der Epoche, die der Historiker Johann Gustav Droysen den »Hellenismus« genannt und die er als das Christentum vorbereitende große Synthese zwischen Orient und Okzident verstanden hat. Für die Herrscher der neuen Zeit war Alexander das stets unerreichte Vorbild, das sie geradezu zwanghaft sich in immer neue, ihre Reiche überfordernde kriegerische Abenteuer stürzen und an ihren Höfen noch nie gesehenen Prunk entfalten ließ. Der Horizont des bis dahin recht engen Hellas erweiterte sich immens: Den Griechen und ihrer Bildung erschloss sich ein Raum, der vom Atlantik bis zum Indus reichte. Die Imperien steckten auch eine Wohlstandssphäre ab, deren zahlungskräftige Eliten den Fernhandel nicht zuletzt mit exotischen Luxusgütern stimulierte. Der Monsun im Indischen Ozean lieferte den

Rückenwind für die Handelsflotten, die an die Westküste Indiens aufbrachen und dort Elfenbein, Edelsteine, Gewürze und Seide einkauften.

Den Griechen und Makedonen, die ihrer engen, recht armseligen Heimat entkommen wollten, bot sich im Osten die Chance, wohlhabend zu werden. Bereits im 4. Jahrhundert v. Chr. hatte der Redner Isokrates einen großen Plan entworfen: Die Griechen sollten das Perserreich unterwerfen, sich seine Ressourcen unter den Nagel reißen und die Bevölkerung zu Sklaven machen – womit sie sich das alles nach geltendem Rechtsverständnis buchstäblich aneignen würden. Dieser Traum wurde jetzt Wirklichkeit für viele Auswanderer und ehemalige Soldaten, die sich in den Weiten des Seleukidenreichs oder im ptolemaiischen Ägypten niederließen. Die Geschichte der Synthese von Ost und West war auch eine Geschichte der Unterjochung und Ausbeutung durch eine griechisch-makedonische Elite, die freilich nur eine zweitausendjährige imperiale Tradition im Vorderen Orient fortsetzte. Für die meisten Menschen zwischen Mittelmeer und Hindukusch änderte sich durch die Ankunft der neuen Herren – nichts.

Die Geschichte nach Alexander eröffnete allerdings auch völlig neue Spielräume für die griechische Leidenschaft des Experimentierens und Neuerfindens. Vorher nicht gekannte Reichtümer konzentrierten sich in den Händen einer politisch wie wirtschaftlich ungeheuer potenten Elite; der Kontakt mit großen, zuvor fast unbekannten Weltgegenden konfrontierte die Griechen mit neuem Denken; und drei große sowie ein rundes Dutzend kleiner Könige wetteiferten im Ehrgeiz miteinander, die Städte in ihren Reichen und Sprengelchen mit architektonischen Wahrzeichen auszustatten.

Eine der Städte, die von diesem Wettstreit ums nackte Prestige profitierte, war Magnesia am Mäander an der Westküste Kleinasiens. Wohl kurz nach 200 v. Chr. konnte die Stadt, die stets im Schatten ihrer Nachbarinnen Ephesos und Milet gestanden hatte, es sich leisten, Hermogenes von Priene, einen der Stararchitekten seiner Generation, mit dem Bau eines großen, prächtigen und vor allem innovativen Tempels für die Göttin Artemis Leukophryene zu beauftragen. Vordergründig griff Hermogenes auf das in Jahrhunderten erprobte Inventar griechischer Sakralarchitektur zurück: Das in drei Räume gegliederte Herzstück des Heiligtums, die Cella, war von einem Kranz ionischer Säulen umgeben, auf denen der Architrav ruhte, der wiederum einen umlaufenden figürlich dekorierten Fries trug. Darauf setzte das Gesims (Geison) auf und darauf wiederum die Traufleiste (Sima), die das dreieckige Zierfeld des Giebels (Tympanon) einrahmte.

Soweit hatte Hermogenes sich ans Schema F griechischer Sakralbaukunst gehalten. Doch wie er dieses Schema variierte, nötigte den Kritikern bereits in der Antike höchsten Respekt ab: Als Erster überhaupt habe der Architekt aus Priene das Maßverhältnis zwischen Säulen, Tempelhöhe und Säulenabstand – Interkolumnium genannt – so festgelegt, dass ein an Harmonie nicht mehr zu übertreffender Gesamteindruck entstanden sei, lobt der unter Augustus schreibende Fachschriftsteller Vitruv: Das Interkolumnium müsse exakt das Zweieinviertelfache des Säulendurchmessers betragen und der wiederum ein Neuneinhalbtel der Säulenhöhe von der Basis bis zum Kapitell. Außerdem hatte Hermogenes das mittlere Interkolumnium der Tempelfront sichtbar geweitet, so dass der Cella-Eingang zur Gänze sichtbar war. Als besonderen Clou hatte er auf die zweite

2 Hermogenes von Priene schuf mit dem Artemision in Magnesia ein an Formschönheit unerreichtes Meisterwerk – Rekonstruktionszeichnung, vor 1936.

Säulenreihe verzichtet, die normalerweise bei Tempeln dieser Abmessungen um die Cella herumlief. So entstand der Eindruck einer weiten, luftigen Halle, deren Bedachung fast zu schweben schien. Für den Geographen Strabon war das Artemision, das größenmäßig nur Platz drei der kleinasiatischen Heiligtümer belegte, der bei weitem schönste Tempel Anatoliens.

Hermogenes hatte mit dem Meisterwerk von Magnesia vorgeführt, wie man die Baukastenelemente der griechischen Sakralarchitektur so zusammenfügen konnte, dass etwas völlig Neues entstand. Bereits in der Antike wurde er eifrig kopiert. Bei Griechen und Römern galt das nicht als Plagiat, sondern als größtes Kompliment, das man einem

Künstler machen konnte. Als besonders gelehrige und zugleich kreative Schüler erwiesen sich die Bewohner der syrischen Handels- und Oasenstadt Palmyra: Sie errichteten im Wüstensand eine fast baugleiche Kopie des Artemisions, doch kam es auch hier wiederum auf die Details an: Sie wählten dem regionalen Geschmack entsprechend korinthische statt der ionischen Säulen des Hermogenes; sie fassten sie, Ausdruck verschwenderischen Luxus, mit Metall ein; und sie gaben dem Tempel statt des griechischen Sattel- ein zinnenbewehrtes Flachdach, auf das man hinaufsteigen konnte. So passten sie den Entwurf des hellenistischen Architekten rund 200 Jahre später ihren eigenen kultischen Bedürfnissen an. Der modulare Aufbau griechischer Architektur lieferte ihnen dafür das passende Rüstzeug.

Dass man mit Säulenordnungen, Architraven, Gesimsen und Dekorelementen ganz nach Gusto experimentieren und sie zu immer neuen Gesamtheiten zusammensetzen konnte, ohne dass die nach dem vitruvischen Regelwerk errichteten Bauwerke ihre Wiederkennbarkeit, ihre harmonischen Proportionen und ihre Klassizität einbüßten, wussten von Brunelleschi bis zu den Architekten des Neoklassizismus (einschließlich seiner sozialistischen Spielart, des sogenannten Stalinbarock) unzählige Baumeister zu schätzen. Im Prinzip knüpft selbst noch das Bauhaus gerade durch seine radikale Abwendung von der traditionellen Formensprache an der Antike an. Ob es damit die Formel für die Zukunft gefunden hat, mag man bezweifeln, denn wie wir es auch anstellen: Wir kommen nicht vom Kanon los, den antike Baumeister vor über 2000 Jahren ausformuliert haben. Den besten Beweis dafür treten heute die Menschen an, die bereit sind, horrende Preise für Wohnungen in den Gründerzeit- und Jugendstilquartieren unserer Städte zu bezahlen. Die Abstimmung mit den Füßen geht bei denen, die es sich leisten können, klar zugunsten von Vitruv aus – und gegen Le Corbusier.

VIER

Die Wölfin erwacht. Rom erobert das Mittelmeer

Um 200 v. Chr., die großen und mittelgroßen Bruchstücke des Alexanderreichs hatten sich seit rund zwei Generationen in den Kämpfen um die Nachfolge konsolidiert, lag ihr Zenit bereits hinter den hellenistischen Mächten. Neue Kräfte drängten auf den Schauplatz des Mittelmeers und des Nahen Ostens: im Osten die Parther, ein iranischer Stamm, der vom Südrand des Kaspischen Meeres aus zur Reichsbildung ansetzte, und im Westen die italische Landmacht Rom, die 241 v. Chr., nach 23 Jahren Krieg, das Seereich Karthagos ein erstes Mal besiegt und rund 40 Jahre später die Rivalin nach einem abermaligen Kräftemessen um die Hegemonie im westlichen Mittelmeerraum in die Knie gezwungen, wenn auch noch nicht ausgelöscht hatte.

Roms Anfänge verlieren sich im Dunkel der Geschichte Italiens. Die der Sage nach 753 v. Chr. durch Romulus gegründete Stadt erlebte aber im 6. Jahrhundert einen größeren Aufschwung, den sie ihrer Lage am unteren Tiber verdankte: genau in der Überlappungszone zwischen dem Siedlungsgebiet der Griechen in Unter- und dem der Etrusker in Norditalien.

Nach rund 250 Jahren jagten die Römer die Könige, die so lange über sie geherrscht hatten, aus der Stadt und gaben sich eine republikanische Verfassung, in der Ämter ausnahmslos zeitlich befristet und unter mehreren Inhabern kollegial aufzuteilen waren.

Weil die Römer selbst nicht genau wussten, wie es zum Sturz der Monarchie gekommen war, strickten sie sich eine schöne Legende, mit der sie die Leerstelle füllten: Lucius Iunius war der Neffe des letzten römischen Königs, des tyrannischen Tarquinius Superbus (»der Arrogante«). Weil Tarquinius bereits Säuberungsaktionen im Kreis der näheren Angehörigen durchgeführt hatte, stellte Lucius sich harmlos und markierte den Stumpfsinnigen, lateinisch: *brutus*. So verdiente er sich seinen Beinamen und wurde fortan Lucius Iunius Brutus genannt. Brutus begleitete die beiden Söhne des Tarquinius, als sie nach Delphi fuhren. Sie wollten das Orakel befragen, wer von ihnen die Nachfolge antreten würde. Wie immer sprach die Apollon-Priesterin in Rätseln: Derjenige werde herrschen, der zuerst seine Mutter küsse. Die beiden Königssöhne blickten einander ratlos an, doch der nur vermeintlich dumme Brutus verstand die Botschaft und küsste die Erde, die Mutter aller Menschen.

Jahre später erfüllte sich die Prophezeiung. Sextus, einer der beiden Prinzen, vergewaltigte Lucretia, die Gattin des Aristokraten Collatinus, die sich als ehrbare Matrone das Leben nahm. Brutus sah die lang ersehnte Gelegenheit zum Sturz der Monarchie gekommen: Er machte den Skandal öffentlich und brachte das Volk von Rom dazu, Tarquinius und seine Söhne aus der Stadt zu jagen. Die Monarchie wurde abgeschafft, und Brutus einer der beiden Konsuln der neu gegründeten Republik, die ihn seither als Freiheitshelden verehrte. Die Episode ist zu schön und vor allem zu anachronistisch, um wahr zu sein. Dem Familienclan des Brutus, den Iuniern, spielte die Legende ganz besonders in die Hände: Ihre Geschichte wurde durch die Figur des scheinbar einfältigen armen Verwandten auf unentwirrbare Weise mit der Gründung der Republik verwoben. Zwei Iunier spielten auch in ihrer Schlussphase eine Schlüsselrolle.

Kaum war die Republik etabliert, wurde die Herrschaft eines Einzelnen, die Monarchie, per Tabu geächtet. Trotzdem war die *res publica*, die »öffentliche Sache«, vorerst keine Angelegenheit aller Bürger. Die Angehörigen der großen Geschlechter, die Patrizier, machten vielmehr unter sich aus, wer die Magistraturen besetzte und anschließend in das wichtigste Entscheidungsgremium einzog: den Senat. Weil inzwischen etliche Nichtpatrizier, Angehörige der Plebs, zu Wohlstand gelangt waren und ihren Beitrag zur Wehrkraft der Republik leisteten, drängten auch sie zu politischer Teilhabe. In einem mehr als zweihundertjährigen Prozess des Interessenausgleichs, den Ständekämpfen, formierte sich aus der alten patrizischen und der neuen plebejischen Elite eine politische Führungsschicht, die Nobilität, deren Mitglieder den Zugang zu den höchsten Ämtern bald wieder monopolartig verwalteten. Außenstehende gelangten auf der vierstufigen Ämterlaubahn selten über die Magistratur der Ädilität (Stufe zwei) hinaus. Dass sie die vierte und höchste Stufe, den Konsulat, erklommen, geschah so gut wie nie und gelang in der späten Republik, als die Abschließung der Nobilität nahezu vollkommen geworden war, nur Ausnahmetalenten wie dem Heerführer Marius oder dem begnadeten Redner Cicero.

Anders als im klassischen Athen stimmten in der Volksversammlung in Rom nicht einfach Bürger ab. Der Bürger als Individuum war in vielfältige soziale Zusammenhänge eingebettet, die nur als Kollektive funktionierten: in die nach Einkommensklassen abgestuften Wahlabteilungen (Zenturien) oder horizontale Gliederungen (Tribus), vor allem aber in gesellschaftliche Netzwerke, die niemanden aussparten. Mächtige Senatoren waren einander in Freundschaft zugetan oder durch den Graben inniger Abneigung voneinander getrennt – und stets hatten die privaten Gefühle von Nähe oder Ferne eine politische Dimension, wurden gar von Generation zu Generation vererbt. Einfache Bürger waren mit mächtigen Senatoren durch die vertikale Klammer der Klientel verbunden: Wer oben stand, spendete Schutz, wer unten war, schuldete im Gegenzug Gefolgschaft. Über die Netzwerke von Freundschaft, *amicitia*, und Klientel, *patrocinium*, ließen sich, wenn Wahlen anstanden, große Wählerblöcke mobilisieren und Mehrheiten organisieren.

Obwohl, oder gerade weil, das politische Geschäft eine Domäne der Wenigen war, waren Wahlen hochkompetitiv. Ehre war die Schlüsselressource schlechthin für die römische Elite, und Gradmesser für Ehre waren die Ämter, die allesamt durch Volkswahl zu erringen waren. Als qualifiziert für eine politische Laufbahn galt zunächst, wer über Ahnen verfügte, die etwas vorzuweisen hatten: wichtige Gesetze, die sie durchgesetzt, schöne Bauten, die sie errichtet, und vor allem große Schlachten, die sie gewonnen hatten. Je weiter eine Karriere fortschritt, desto wichtiger wurde individuelle Leistung auf diesen Gebieten. Die Ethik der Nobilität war auf Bewährung abgestellt: Zu beweisen galt es *virtus*, die männliche, vor allem soldatische Tugend schlechthin. Dem wählenden Volk kam gegenüber den rivalisierenden Vertretern der Nobilität die Funktion des Schiedsrichters zu. Der *populus* durfte darüber entscheiden, von welchen Vertretern der senatorischen Elite er regiert werden wollte. Nicht zu befinden hatte er über politische Inhalte. Den Kurs, den das Gemeinwesen steuerte, legten Roms Senatoren hinter den verschlossenen Türen der Kurie fest. Wenn in der Öffentlichkeit des Forums abgestimmt wurde, stand längst fest, wohin die Reise ging.

Die Wettbewerbsethik seiner Elite verlieh Rom erhebliches Aggressionspotential. Kaum hatte sich mit einem Sieg der alte Bewährungsraum geschlossen, drangen ehrgeizige Nobiles auf die Öffnung eines neuen. So unterwarf die Tiberrepublik innerhalb von nur rund hundert Jahren ganz Italien vom Po bis zum Ionischen Meer, ein Projekt, das 272 v. Chr. durch die endgültige Eroberung der süditalischen Griechenstadt Tarent abgeschlossen wurde. Nur acht Jahre später streckte Rom die Finger nach Übersee aus: Es eroberte im Ersten Punischen Krieg Sizilien, errang im Zweiten Punischen Krieg die Hegemonie im mediterranen Westen, setzte sich im Zweiten Makedonischen Krieg als Schutzmacht in Griechenland fest, wurde durch den Doppelschlag der Schlacht von Pydna und der Demütigung des Seleukidenkönigs Antiochos IV. am »Tag von Eleusis« zur Vormacht auch in der Osthälfte des Mittelmeers und vernichtete schließlich die Rivalin Karthago im Dritten Punischen Krieg vollständig. Ab 146 v. Chr. gab es im weiten Umkreis keine Kraft mehr, die Rom gefährlich werden konnte.

Die Frage, warum Rom und nicht eine der vielen anderen Mächte rund ums Mittelmeer den Durchmarsch zur Hegemonie absolviert hatte, trieb im 2. Jahrhundert v. Chr. den Griechen Polybios um. Der aus Megalopolis auf der Peloponnes stammende Politiker und Intellektuelle war nach der Schlacht von Pydna als Geisel nach Rom deportiert worden und hatte dann gastliche Aufnahme im Haus des Lucius Aemilius Paullus Macedonicus gefunden. Dort hatte er Freundschaft mit dessen Sohn Scipio Aemilianus geschlossen, der im Dritten Punischen Krieg als Feldherr den endgültigen Sieg über Karthago davontrug und die Stadt dem Erdboden gleichmachen ließ.

Des Rätsels Lösung lag für Polybios im politischen System der römischen Republik. Weil er Grieche war, näherte er sich seinem Gegenstand im 6. Buch des Geschichtswerks, das im Wesentlichen Roms Siegeszug im Mittelmeer zwischen dem Ersten und dem Dritten Punischen Krieg zum Thema hat, von einer hauptsächlich theoretischen Warte. Sein Ausgangspunkt ist die Staatsphilosophie der griechischen Klassik. Seit Platon hatte es sich eingebürgert, die politischen Ordnungen in drei Grundtypen zu unterteilen: Monarchien, in denen einer herrscht, Aristokratien, in denen wenige herrschen, im Idealfall die Besten, und Demokratien, in denen das Volk, der Demos, herrscht – also alle.

Für Polybios bestand das Besondere der römischen Verfassung darin, dass er hier alle drei Grundtypen miteinander kombiniert fand. Als was der Staat der Römer erscheine, hänge davon ab, worauf der Betrachter sein Augenmerk richte. Blicke er auf die Magistrate, vor allem die Konsuln, so sehe er aus wie eine Monarchie, denn die Imperiumsträger hätten praktisch die unumschränkte Gewalt. Stehe er vor dem Senat, dann sei die Republik eine Aristokratie, denn hier gäben Wenige den politischen Kurs vor. Wende er den Blick hingegen auf die Volksversammlung, wo die Magistrate gewählt und Gesetze beschlossen würden, dann erscheine Rom als vollendete Demokratie. Dessen Stärke, schlussfolgert Polybios, bestehe in seiner »Mischverfassung«, in der keines der Elemente übermächtig sei und alle drei sich gegenseitig kontrollierten. Die Gründerväter der Vereinigten Staaten hätten von »checks and balances« gesprochen.

Bereits Platon und in seiner Nachfolge Aristoteles waren davon ausgegangen, dass jede der drei Verfassungs-Grundformen anfällig für Verfall sei: Aus der Monarchie drohe Tyrannis zu werden, aus der Aristokratie eine Oligarchie mit die Macht unter sich verteilenden Klüngeln und aus der Demokratie die Pöbelherrschaft dessen, was Polybios später Ochlokratie (»Herrschaft der Masse«) nannte. Polybios sprach angesichts des immerwährenden Zyklus aus Verfall und Erneuerung von einem »Kreislauf«, *anakýklosis*, der Verfassungen. Die Idee, dass alle Geschichte fortwährender Verfall sei, war antikem Denken tief eingeprägt. Bereits der Dichter Hesiod hatte im 7. Jahrhundert v. Chr. eine Weltalterlehre formuliert, nach der auf ein ideales goldenes ein von den Göttern neu geschaffenes silbernes Geschlecht folge. Am Ende der Geschichte stehe ein eisernes Geschlecht: die Gegenwart mit ihren Kriegen und Krisen. Hesiod erwartete danach die Vernichtung der Menschheit durch Zeus, doch gab es auch Stimmen, die behaupteten, nach dem eisernen Geschlecht würde sich die Welt erneuern und abermals eine goldene Zeit anbrechen. Für Polybios war die Mischverfassung der Grund dafür, dass Rom bis jetzt der sozialen Verfallsdynamik getrotzt hatte und sich scheinbar durch nichts zu erschütternder politischer Stabilität erfreute.

Aber Klio, die stets einen gesunden Sinn für Ironie hat, wollte es so, dass die vermeintlich so stabile Ordnung, die Polybios anpries, rund zehn Jahre, nachdem der Grieche sein Werk vollendet hatte, mitten hinein in die Krise rutschte: mit Tiberius Gracchus und seinem umstrittenen Ackergesetz. Gerade die präzedenzlose Erfolgsgeschichte der Republik hatte ihre Institutionen überfordert und die Römer blind für die ersten sich zeigenden Risse im Konsens der Nobilität gemacht. Doch auch die großartige Analyse des Polybios hatte einen blinden Fleck: Der Grieche konzentrierte sich, der Tradition der klassischen Staatsphilosophie folgend, auf die an der Oberfläche sichtbaren, weil rechtlich definierten, Institutionen der Republik: Magistraturen, Senat, Volksversammlung. Dass unter der Oberfläche dieser im Ensemble die Verfassung ausmachenden Einrichtungen noch ganz andere Kräfte wirksam waren, ignorierte der Grieche oder wollte es nicht wissen.

Anders als in der griechischen Polis waren die politisch Handelnden in Rom nie Individuen, sondern stets durch Nahverhältnisse gegenseitiger Solidarität verklammerte Kollektive: erstens die Freundeskreise der Nobiles, die sich in den Hinterzimmern von Privathäusern trafen und dort auskungelten, wer Wahlen gewinnen und welche Gesetzte Wirksamkeit erlangen sollten; zweitens die an mächtige Männer gebundenen Gefolgschaftsgruppen der Klienten, deren Stimmverhalten von den Patronen regelrecht programmiert werden konnte; und drittens die Akkumulation von sozialem und symbolischem Kapital in den großen Familien, die dafür sorgte, dass Aufsteiger kaum eine Chance hatten, in den erlauchten Kreis der Nobilität aufzurücken.

Die politische Wirklichkeit in diesem System nur anhand der rechtlich greifbaren, aber im Endeffekt blutleeren Institutionen zu beschreiben, wie Polybios dies getan hat, ist ähnlich fruchtlos wie der Versuch, das Funktionieren von Politik in einem afrikanischen Failed State, in dem Stämme um die Vorherrschaft kämpfen, oder im modernen, von Mafiafamilien unterwanderten Süditalien zu analysieren, indem man die Verfassungen dieser Länder einer gründlichen Lektüre unterzieht. Vor knapp 40 Jahren löste es eine mittlere Forschungskontroverse aus, als der britische Althistoriker Fergus Millar formulierte: »Polybius was right and his

3 Militärdiplome wie dieses aus Judäa sicherten Veteranen den rechtlichen Status eines römischen Bürgers – Bronzetafel, 90 n. Chr.

modern critics are wrong.« Millar wollte damit sagen, das politische System der römischen Republik habe tatsächlich, wie der Grieche meinte, eine bedeutende demokratische Komponente enthalten. Inzwischen kann der Streit als entschieden gelten: Eine Demokratie war Rom nicht, das Mitspracherecht des Volkes beschränkte sich darauf, dass es zwischen Personalangeboten wählen konnte, die ihm die Nobilität vorsetzte. Dennoch hat Millar mit seiner Kritik auf einen wichtigen Sachverhalt aufmerksam gemacht: Die Schiedsrichterrolle, die so dem Volk gegenüber der Nobilität zuwuchs, war entscheidend: so wichtig, dass die Vertreter der Nobilität in der politischen Arena mit geschliffener Rhetorik überzeugen mussten, um sich im Kampf um die Spitzenämter durchsetzen zu können.

Obwohl jeder römische Aristokrat im Geist einer hochkompetitiven Ethik aufgewachsen war und ehrgeizige Politiker entsprechend häufig auf Kriege drängten, war die

Republik nicht unbedingt angriffslustiger als die sie umgebenden Mächte. Auch die führten schließlich fast permanent Krieg. Die hellenistischen Könige strebten, genau wie die Angehörigen der Nobilität, nach Sieghaftigkeit und nach Bewährung im Krieg. Entscheidend war, dass die römischen Feldzeichen meist über die der Gegner triumphierten und dass Roms Legionen, selbst wenn sie einmal als Verlierer vom Schlachtfeld gingen, den Krieg stets bis zum bitteren, für die Tiberstadt dann aber siegreichen Ende fortsetzten. Dass die Römer das konnten, verdankten sie einem wachsenden Ungleichgewicht der Ressourcen. Vor allem waren sie verglichen mit ihren Gegnern schlicht in der Überzahl. Auf lange Sicht nämlich zahlte sich aus, dass die Republik, anders als die griechischen Poleis, ihr Bürgerrecht stets inklusiv gehandhabt hatte. Aus Unterworfenen waren so mittelfristig Alliierte geworden, die sich an den kriegerischen Unternehmungen Roms beteiligten, weil sie an der Dividende teilhatten. Langfristig wurden aus ihnen selbst Römer, die sich in ihrem tiefsten Innern mit der römischen Sache identifizierten, selbst wenn sie, wie meist im Osten, nicht Latein, sondern Griechisch sprachen und an ihrer angestammten Kultur festhielten. In der Kaiserzeit, ungefähr ab der Zeitenwende, wurde die Fähigkeit, Fremde zu assimilieren, zu einem Identifikationsangebot perfektioniert, mit dessen Hilfe das Imperium die Welt zwischen Atlantik und Zweistromland buchstäblich »romanisierte«: rechtlich durch Verleihung des römischen Bürgerrechts (wie es etwa die nichtrömischen Soldaten der Auxiliarkohorten nach Ableistung ihrer 25-jährigen Dienstzeit erhielten) und, konkreter, das Versprechen einer sozialen Aufstiegsperspektive; materiell durch die Segnungen der römischen Zivilisation wie Straßen, Brücken, Aquädukte, Kanalisation oder Glasfenster; ideell durch große Erzählungen, in denen alle, Individuen und Kollektive, ihren Platz finden konnten. Solch ein Narrativ war vor allem der Mythos, der von den Griechen konzipierte und von den Römern weitergesponnene Schatz von Geschichten, die man sich in immer neuen Variationen erzählte und die vor allem die existentiellen Fragen des Lebens beantwortete: Wer bin ich? Woher komme ich? Was ist meine Bestimmung?

FÜNF

Vox populi. Republik ohne Republikaner

Moribus antiquis res stat Romana virisque, reimte der Dichter Ennius: »Die römische Sache steht und fällt mit den alten Sitten und Männern«. Gemeinsam mit seinem süditalischen Landsmann Naevius war der an der Wende vom 3. zum 2. Jahrhundert v. Chr. schreibende Quintus Ennius der älteste Poet lateinischer Zunge. Ein Römer von altem Schrot und Korn, wie ihn Ennius besungen hatte, war der ältere Cato gewesen. Zu allem Neumodischen hatte er größtmögliche Distanz gewahrt. Eine Gesandtschaft griechischer Philosophen hatte er aus der Stadt werfen lassen, weil ihr radikaler Werterelativismus angeblich geeignet war, die römische Jugend vom rechten Weg abzubringen. Griechisches Denken und griechische Lebensart, die zu seiner Zeit in Italien intensiv rezipiert wurden, behagten ihm ganz und gar nicht. Auch dass Karthago sich nach der Niederlage des Zweiten Punischen Krieges wirtschaftlich erstaunlich schnell erholte, beunruhigte den zweimaligen Konsul. »Im Übrigen bin ich der Meinung, dass Karthago zerstört werden muss« – mit diesem Satz beendete er jede seiner Senatsreden. Sein Wunsch sollte in Erfüllung gehen, wenn auch erst nach seinem Tod.

In einem Punkt allerdings ging Cato mit der Zeit. Als römischer Senator gehörte er zu einer exklusiven Schicht schwerreicher Agrarunternehmer, die ihr Einkommen aus Großgrundbesitz bezogen. Ob das investierte Kapital viel oder wenig abwarf, hing entscheidend davon ab, wie der Betrieb gemanagt wurde. Cato gehörte nicht nur zu denen, die auf diesem Gebiet aufgeschlossen waren für Innovationen, er verfasste sogar ein Handbuch »Über den Landbau«, *De agri cultura*. Das älteste erhaltene Prosawerk in lateinischer Sprache vermittelte angehenden Landwirten alles Wissenswerte über Getreideanbau, Baumkunde, Viehzucht, Lage und Größe des Gutes sowie Personalführung.

Männer wie Cato, Charakterköpfe und sehr wohl vom Ehrgeiz zerfressen, prägten das Gesicht der Republik auf Jahrhunderte. Ihre Standesethik schrieb ihnen vor, dass sie in entscheidenden Momenten nicht allein ihrer Ehre lebten, sondern die eigenen Belange hinter denen des Kollektivs, der Nobilität, zurückstellten. Das bedeutete auch, nach getaner Arbeit auf dem Schlachtfeld zurück ins Glied der Senatoren zu treten, mochten die Verdienste auch noch so groß sein.

Bevor das Römische Reich die Schicksalsgemeinschaft werden konnte, zu der es ungefähr ab der Zeitenwende wurde, musste erst die Republik abdanken und einer neuen politischen Ordnung platzmachen, die nicht auf die Stadt Rom zugeschnitten war, sondern auf das Weltreich, das sie jetzt beherrschte. Die Republik kollabierte in Etappen, und die Ursachen waren vielfältig. Erstens öffnete sich, bedingt durch die langen Kriege und das in ihrer Folge nach Rom strömende Kapital, die soziale Schere: Während breite Schichten in Besitzlosigkeit absanken, wurden wenige Reiche immer reicher. Zweitens verlor die Nobilität, die in Jahrhunderten bewährte Führungsschicht, ihren bei aller Rivalität stets bewahrten Zusammenhalt. Immer gewaltigere Bewährungsräume machten auf immer mehr Schlachtfeldern immer größere Prestigeressourcen abrufbar, die bald den Ehrhaushalt der Republik zu sprengen drohten. Immer weniger große Männer waren deshalb bereit, sich der Standesdisziplin unterzuordnen.

Schon Scipio Africanus, der Sieger über Hannibal bei Zama, war den Verhältnissen in Rom entwachsen, kaum war er mit Mitte 30 im Triumph nach Italien zurückgekehrt. Er konnte noch die Zensur und einen zweiten Konsulat bekleiden, *princeps Senatus* werden und so in dem hehren Gremium als Erster das Wort ergreifen. Das aber war es dann auch schon. Die Republik hatte einem wie Scipio im Grunde nichts mehr zu bieten. Sie forderte nur gebieterisch, dass er zurück ins Glied der übrigen Senatoren trat. Die Standesgenossen halfen nach, indem sie Scipio und seinem Bruder einen Finanzskandal anhängten. So einfach ließen sich erfolgreiche Kriegsherren späterer Generationen nicht mehr ins Kollektiv der Nobilität zurückzwingen: Marius, der die Gefahr durch die germanischen Stämme von Kimbern und Teutonen abwehrte, Sulla, der mit dem König Mithradates von Pontos Frieden schloss, Pompeius, der die Seeräuber bändigte und den Ostrand des Mittelmeers dem römischen Imperium einverleibte, und schließlich Caesar, der Eroberer Galliens. Keiner dieser Männer war bereit, seine persönlichen Ambitionen hinter dem politischen Kodex der römischen Führungsschicht zurückzustellen.

Nicht nur von oben war die Republik Gefährdungen ausgesetzt. Roms Eroberungskriege kosteten unzählige Menschenleben, auch die von römischen Soldaten. Kehrte der Ernährer nicht heim, drohten einer Bauernfamilie Verlust ihres Besitzes und Armut, viele wanderten in die Hauptstadt und verstärkten dort das Heer der Hungernden. An diese Menschen wandte sich Tiberius Gracchus, ein ehrgeiziger Nobilis, dessen Karriere durch einen schmachvollen Frieden in Spanien, an dem er als junger Offizier beteiligt gewesen war, das Aus drohte. Gracchus wurde 133 v. Chr. zum Volkstribun gewählt, ein Amt, das ihm weitreichende Befugnisse vor allem bei der Gesetzgebung in die Hand gab. Ohne sich mit ihren Senatorenkollegen abzustimmen, wandten sich Gracchus und seine politischen Freunde mit einem Gesetzespaket an das Volk, das die Verteilung von Großgrundbesitz an landlose Bauern vorsah. Damit eroberte er sich die Herzen der landlosen Massen im Sturm, aber er entfremdete sich der Senatsmehrheit, die es als anstößig, ja für den sozialen Zusammenhalt als gefährlich empfand, wie Gracchus politische Rivalität mit politischen Parolen austrug. Eine neue, eine »populare« Methode des Machterwerbs war geboren. Sie erinnerte nicht von ungefähr an das Demagogentum der Demokratie in Athen.

Mit römischem Politikverständnis war dieser Stil unvereinbar, und so schlossen seine Gegner im Senat ihre Reihen gegen Gracchus. Sie versuchten, ihn auszumanövrieren – und schlugen ihn schließlich tot. Eisern hielt die Mehrheit der senatorischen Elite, die sich später die »Rechtschaffenen«, Optimaten, nannte, am Konsensmodell fest, doch immer häufiger tanzten einzelne Nobiles aus der Reihe und machten mit popularer Politik Karriere: Zuerst Tiberius' Bruder Gaius Gracchus, der außer seiner Laufbahn auch noch eine Rache-Agenda verfolgte, dann Marius, der siebenmalige Konsul, und, in seinem Kielwasser, der radikale Volkstribun Saturninus sowie Sullas Intimfeind Cinna, schließlich Caesar und dessen Gefolgsmann Publius Clodius Pulcher. Keiner dieser Männer, Marius ausgenommen, starb eines natürlichen Todes.

Zum persönlichen Ehrgeiz einzelner Politiker kam ein

Faktor, der sich untrennbar mit Marius' Namen verbindet: In der Kimbern-und-Teutonen-Krise reformierte der Konsul das Militär von Grund auf. Aus der traditionellen, den militärischen Herausforderungen eines Imperiums nicht länger gewachsenen Bürgermiliz wurde eine hochprofessionelle Berufsarmee mit professionellen Soldaten, die sich auf viele Jahre verpflichteten und denen nach ehrenvoller Entlassung, zusätzlich zu ihrem Sold, eine großzügige Abfindung in Form von Land winkte. Der Eintritt in diese Armee war gleichbedeutend mit sozialem Aufstieg, vorausgesetzt, man überlebte die mindestens 15-jährige Dienstzeit. Marius löste mit dem Berufsheer das Rekrutierungsproblem der Streitkräfte, setzte damit aber zugleich ein neues Problem in die Welt, denn die Schicksalsfäden der einfachen Soldaten waren jetzt untrennbar mit der Fortune ihrer senatorischen Generäle verwoben. Die neue Armee schuf analog der traditionellen Klientel neue Formen der Abhängigkeit: Das Militär wurde politisiert und damit zugleich die Politik militarisiert.

Als erster bewies mit Sulla ausgerechnet ein Vertreter der optimatischen Senatsmehrheit, wie nützlich Soldaten in der Innenpolitik sein können. Seine Gegner Cinna und Marius sorgten 88 v. Chr. dafür, dass ihm per Volksbeschluss der Oberbefehl im Prestigefeldzug gegen Mithradates entzogen wurde. Prompt marschierte der Konsul an der Spitze seiner Soldaten in Rom ein und nahm sich mit Gewalt, was die Gegenpartei ihm entwinden wollte. Nach der Rückkehr aus dem Krieg stürzte Sulla das Popularenregiment in Rom abermals durch die handstreichartige Besetzung der Hauptstadt. Er erklärte sich zum Diktator und versuchte durch gesetzgeberische Maßnahmen, den Bürgerkrieg zu beenden, den er selbst entfesselt hatte. Immerhin ließ er nach vollbrachter Tat aus freien Stücken von der Macht und trat zurück. Dafür sollte sich Caesar später über ihn als einen »politischen Analphabeten« lustig machen.

Caesar zog daraus seine Lehren und wiederholte Sullas Streich in viel größerem Maßstab: Er hatte sich 59 v. Chr. mit seinen innenpolitischen Rivalen Pompeius und Crassus auf einen Pakt geeinigt, der vorsah, dass nichts in der Republik geschehen solle, was ihren Interessen zuwiderlaufe. Der größte Heerführer (Pompeius), der reichste Mann (Crassus) und der gewissenloseste politische Abenteurer Roms (Caesar) setzten so ganz nebenbei die Rivalität um Einfluss und Ehre außer Kraft, die bis dahin den Kern des politischen Systems der Republik ausgemacht hatte. Caesar erhielt nach Ablauf seines Konsulats den Bewährungsraum Gallien, das er in einem fast zehnjährigen, brutalen Eroberungskrieg unterwarf.

Caesars Sieg über einen alten Angstgegner der Römer machte aus den Bundesgenossen Pompeius und Caesar – Crassus war mittlerweile im Orient gefallen – wieder Rivalen. Die Senatsmehrheit, der sich Pompeius abermals angenähert hatte, forderte von Caesar, er solle sein Heer entlassen, um in Rom seinen Triumph zu feiern. Für den Sieger über Gallien war das ein miserabler Deal. Er überschritt den Grenzfluss Rubico und marschierte mit seinem Heer in das eigentlich entmilitarisierte Italien ein. Den Auftakt zu einer neuen Runde des Bürgerkriegs kommentierte der Bildungsrömer Caesar, indem er auf Griechisch den Komödiendichter Menander zitierte: »Der Würfel sei geworfen«. Er gewann das Würfelspiel um die Macht, siegte über Pompeius und dessen Anhänger und griff, wie einst Sulla, nach der ganzen, ungeteilten Macht im Staat. Auch er kleidete sie in das Amt der eigentlich längst obsoleten Diktatur.

Ein Mann von altem Schrot und Korn war, wie sein Urgroßvater, Marcus Porcius Cato *minor*. Wie der Verfasser der Schrift *De agri cultura* war der jüngere Cato ein Aristokrat von ehernen Prinzipien und ein unbeugsamer Verteidiger republikanischer Traditionen. Schon als Halbwüchsiger soll er dem Diktator Sulla in dessen eigenem Haus auf den Kopf zugesagt haben, er werde ihn umbringen, um Rom von seiner Tyrannei zu befreien. Anders als der ältere Cato begeisterte er sich aber für die Philosophie der Griechen. Er hing der stoischen Schule an und versuchte ein Leben lang, die Synthese aus Politik und Gerechtigkeit vorzuleben. 64 v. Chr. erklomm er mit der Quästur die erste Stufe der senatorischen Ämterlaufbahn und versah das Amt mit mustergültiger Integrität. Ein Jahr später klagte er den designierten Konsul Murena wegen unlauterer Machenschaften bei seiner Wahl an. Cato verlor den Prozess, auch weil Cicero die Gegenseite vertrat, aber er machte sich einen Namen als unbestechlicher Verfechter republikanischer Werte.

Obwohl noch jung an Jahren, wurde Cato bald Wortführer der Optimaten im Senat. Nachdem Cicero als Konsul 63 v. Chr. die Verschwörung des politischen Desperados Catilina aufgedeckt hatte, forderte er in flammender Rede das Todesurteil für die Mitverschworenen. Im folgenden Jahr bekleidete er den Volkstribunat und setzte sich für großzügige Lebensmittelspenden an die städtischen Armen ein. Selbst ein eingefleischter Konservativer wie Cato brachte eine soziale Ader zum Vorschein, wenn es hieß, den Popularen den Wind aus den Segeln zu nehmen. Weniger klug war, dass er sich standhaft weigerte, den mächtigen Steuerpächtern entgegenzukommen. Die sogenannten Publikanen waren private Steuereintreiber, die ganze Provinzen pachteten, um deren Steuerlast vorzustrecken und sich später bei der Eintreibung an ihnen schadlos zu halten. Die Publikanen hatten gefordert, die Pachtsumme für die reiche Provinz Asia herabzusetzen, damit sie noch größere Profite einstreichen konnten. Cato verweigerte sich diesem Ansinnen aus Prinzip – und zog sich so den unversöhnlichen Hass der Geschäftsleute zu. Noch schwerer wog, dass er sich Pompeius zum Feind machte, der um seine Freundschaft und die Hand einer seiner Nichten warb, den er aber brüsk zurückwies. Cato gelang es zwar, den Senat auf eine kompromisslose Haltung gegenüber Pompeius festzulegen, doch sorgte er gerade durch seine Prinzipientreue dafür, dass sich der Sieger über Mithradates mit Caesar und Crassus verständigte und so den Senat politisch ausschaltete.

Solange das Bündnis funktionierte, war Cato mit den übrigen Protagonisten der Senatsmehrheit de facto kaltgestellt. Er wurde mit der Annexion der Insel Zypern betraut und verbrachte Jahre fern der Hauptstadt. Immerhin wählte man ihn für das Jahr 54 v. Chr. zum Prätor. Außerdem kritisierte er Caesar für seine völkerrechtswidrige Kriegführung in Gallien. Wirkliche Handlungsoptionen eröffneten sich ihm aber erst wieder, als sich Pompeius mit Caesar überwarf und sich die beiden starken Männer auf unterschiedlichen Seiten des Bürgerkriegs wiederfanden. Ein Riss ging durch die Republik, und Cato zögerte keinen Moment, Partei für seinen alten Gegner Pompeius zu ergreifen. Gegenüber Caesar schien der politisch unbedarfte Haudegen das kleinere Übel zu sein. Während Caesar Italien eroberte, setzte sich Pompeius über die Straße von Otranto auf den Balkan ab. Cato übernahm das Kommando auf Sizilien, das er aber nicht gegen Caesar verteidigen konnte – auch deshalb, weil er nicht wahrhaben wollte, wie sehr die Zivilbevölkerung unter dem Bürgerkrieg litt. Er setzte sich zuerst zu Pompeius ab und flüchtete mit dem Rest der Senatsflotte in die Provinz Africa, nachdem Pompeius bei Pharsalos von Caesar geschlagen worden war.

In Raum des untergegangenen Karthago, im heutigen Tunesien, wartete zwar ein großes republikanisches Heer, aber auch der optimatische Politiker Quintus Metellus Scipio, mit dem sich Cato prompt um das Oberkommando stritt. Die Querelen verhinderten die effektive Verteidigung Africas gegen den herannahenden Caesar, und am 6. April 46 v. Chr. erlitten Scipios Truppen bei Thapsus eine vollständige Niederlage. Cato, der sich im rund 200 Kilometer entfernten Utica befand, erfuhr drei Tage später von der Katastrophe. Er rief die in der Stadt anwesenden römischen Senatoren und andere prominente Bürger zusammen und beriet mit ihnen, was zu tun sei. Für den Fall, dass sie den Kampf gegen Caesar fortsetzen wollten, bot er sich als Befehlshaber an. Die wohlbefestigte Stadt war für einen langen Abwehrkampf bestens gerüstet. Die Senatoren wollten kämpfen und die Sklaven bewaffnen – doch einen solchen Eingriff ins Privateigentum mochte der prinzipienfeste Cato nicht verantworten. Der Kampfgeist in der Stadt verflüchtigte sich rapide. Schließlich beschloss man, die Tore zu öffnen und sich Caesar auf Gnade oder Ungnade zu unterwerfen.

Caesar war bekannt dafür, dass er seinen Gegnern verzieh, wenn sie ihn darum baten. So waren Cicero und viele andere mit dem Leben davongekommen. Für Cato war dieser Weg keine Option. Er lehnte es ab, in der Schuld seines Feindes zu stehen und sämtliche politischen und philosophischen Prinzipien zu verraten, um sein Leben zu retten. Lieber setzte er ihm selbst ein Ende und rammte sich ein Schwert in die Brust. Catos Rechtschaffenheit und Gerechtigkeitssinn machten ihn zu einer Identifikationsfigur weit über die Antike hinaus. So unterschiedliche Denker wie Dante, Montaigne und Rousseau verehrten den geradlinigen Politiker, und mit den Briten Thomas Gordon und John Trenchard benutzten zwei Vordenker des Liberalismus Anfang des 18. Jahrhunderts Catos Namen als Pseudonym, mit dem sie eine Serie von Artikeln zum Thema »Freiheit« zeichneten. Immer wieder wurde Cato als Patron für den Kampf für Freiheit und gegen Tyrannei in Haftung genommen. Selbst Robespierre sah in Cato ein Vorbild. Heute trägt das libertäre Cato Institute in Washington ebenso seinen Namen wie ein rechtskonservatives »Magazin für neue Sachlichkeit« in Deutschland.

Caesar hatte mit den Siegen von Thapsus und Munda die letzten verbliebenen Gegner vom Feld genommen, aber zwei eng miteinander verknüpfte Probleme vermochte er nicht zu lösen. Erstens klaffte in der politischen Tradition der Republik genau an der Stelle eine Lücke, wo Caesar seine Allmacht etabliert hatte. Die Monarchie war nicht vorgesehen. Seine Diktatur war ein Notbehelf, keine Dauerlösung, und alle wussten es. Caesar gelang es nicht, die Macht, die sich in seinen Händen ballte, zu Herrschaft zu verfestigen. Zweitens deckelte Caesars Position die Ehrambitionen anderer Nobiles, auch die seiner Verbündeten. Nach seinem Sieg im Bürgerkrieg konnte jeder andere römische Aristokrat bestenfalls zweiter Mann hinter Caesar werden, und als der sich auch noch zum Diktator auf Lebenszeit, *perpetuo*, ausrufen ließ, schwand jede Hoffnung, daran möge sich beizeiten etwas ändern. Drittens stand Caesar, so sahen es jedenfalls viele seiner Zeitgenossen, mit den alten Sitten auf Kriegsfuß. Konnte man ihm glauben, dass er nicht nach dem Königtum strebte, wie er bekannte? War die Diktatur nicht ein allzu fadenscheiniges Mäntelchen, das er seiner Alleinherrschaft umhängte?

Manche Senatoren waren nicht bereit, diesen Zustand auf Dauer hinzunehmen. Sie verschworen sich gegen den Diktator und erdolchten ihn, während der Senat sich im Pompeius-Theater versammelte. Von 23 Dolchstichen tödlich getroffen, starb Caesar. Man schrieb den 15. März 44 v. Chr.: die Iden des März. Zwei der Dolchstecher hörten, wie der legendäre Gründer der Republik, auf den Namen Iunius Brutus: Marcus Iunius Brutus, dessen Mutter Servilia die Halbschwester des jüngeren Cato und zugleich mit Caesar liiert war; und Decimus Iunius Brutus, dessen entfernter Verwandter und langjähriger Gefolgsmann Caesars. Der wichtigere der beiden war Marcus, der von seinem Onkel Cato erzogen und in der stoischen Philosophie unterwiesen wurde. In zweiter Ehe heiratete er Porcia, Catos Tochter. Wie sein Zieh- und Schwiegervater ergriff er im Bürgerkrieg die Partei des Pompeius, doch anders als Cato bat Brutus nach Caesars Sieg um Gnade und erhielt sie. Seine politische Karriere setzte sich bruchlos fort: Caesar machte den einstigen Gegner zum Statthalter der Gallia Cisalpina, des heutigen Norditalien, und noch 44 v. Chr. zum Prätor.

Der Schlüsselmoment, der Brutus wieder zum Gegner Caesars werden ließ, war dessen Griff nach der Diktatur auf Lebenszeit. Caesar hatte unmissverständlich klargemacht, dass er nicht von der Allmacht lassen wollte wie einst Sulla. Ob Brutus sich dem bereits seit längerem anwachsenden Verschwörerkreis aus Idealismus anschloss oder weil er sich um seine politischen Ambitionen gebracht sah (oder ob beides eine Rolle spielte), verraten die Quellen nicht. Berühmt sind hingegen die angeblich letzten, an Brutus gerichteten Worte des sterbenden Caesar, die vorwurfsvolle Frage: »Auch du, mein Sohn?«

1800 Jahre nach diesen Ereignissen waren die Namen Brutus und Cato zum Programm geworden. Die politische Elite der jungen Vereinigten Staaten hatte sich über die Frage verkracht, welche Form ihr Staatswesen künftig haben sollte. Fast alle diese Männer waren zutiefst in der klassischen Bildung verwurzelt, die auch in der neuen Welt zum guten Ton gehörte. Mit »Brutus« und »Cassius« – Gaius Cassius Longinus war ein weiteres Mitglied der Verschwörergruppe gegen Caesar – war eine Serie von Artikeln signiert, die zwischen dem 25. September 1787 und April 1788 in verschiedenen Zeitungen erschienen und deren Verfasser die Union, die den Befürwortern eines starken Bundesstaates vorschwebte, als Ausgeburt einer zentralistischen, ja tyrannischen Hölle brandmarkten. Statt der versprochenen Freiheit drohe nun neue Knechtung durch den Bundesstaat.

Die Kolonien an der Ostküste hatten 1781 in der Schlacht von Yorktown über das British Empire gesiegt, das im Frieden von Paris zwei Jahre später ihre Unabhängigkeit anerkannt hatte. Die Staaten schlossen sich daraufhin in einer lockeren Konföderation zusammen. Im Kongress, dem Legislativorgan, saßen Delegationen der 13 Staaten, die Exekutive war lediglich für die Bereiche Krieg, Äußeres und Finanzen zuständig. Arbeitsgrundlage und rudimentäre Verfassung waren die 1781 verabschiedeten »Articles of Confederation«. Politisch spielte die Musik in den Einzelstaaten, die eifersüchtig auf ihre Souveränität pochten.

Diese Konstruktion erwies sich als zu kurz gedacht. Der Konföderation waren die Hände gebunden: Weder konnte sie im erforderlichen Umfang gesetzgeberisch tätig werden noch Steuern erheben. So wuchsen sich die Kriegsschulden zum unlösbaren Problem aus: Im Prinzip war der Staatenbund pleite. Deshalb ergriffen einige prominente Köpfe um James Madison, Abgeordneter in Virginia, die Initiative und riefen einen Verfassungskonvent zusammen, der die Konföderation zum Bundesstaat, einer Föderation, umbauen und mit entsprechenden Befugnissen ausstatten sollte. Am 12. September 1787 präsentierte der Konvent eine vorläufige Version des Textes, der später zur Verfassung der Vereinigten Staaten werden sollte. Es war dieser Entwurf, gegen den »Brutus« und »Cassius« so heftig opponierten.

Die Rom-Reminiszenzen der selbstproklamierten »Anti-Föderalisten« lassen ahnen, wie der politische Mythos von Freiheit und Tyrannensturz die Antike überdauerte und im neuzeitlichen England wieder virulent wurde, wo man erfolgreich den absolutistischen Ambitionen der Monarchen Grenzen setzte. Über den Atlantik gelangte er in die Vereinigten Staaten, wo ihn die Anti-Föderalisten uminterpretierten und gegen den Kreis derer wandten, die im Konvent eine bundesstaatliche Verfassung ventiliert hatten. Bei den Föderalisten konterte man »Brutus« und »Cassius« mit »Publius«: Unter diesem Pseudonym verfassten John Jay, Alexander Hamilton und James Madison insgesamt 85 Artikel, in denen sie sich für die Ratifizierung des Verfassungsentwurfs durch die Legislativorgane der Einzelstaaten aussprachen. Die *Federalist Papers* sind ein Klassiker der politischen Literatur. Und wie die Pamphlete der Gegenseite atmen sie die tiefe Verwurzelung ihrer Verfasser in staatsphilosophischen Debatten, die allesamt ihren Ursprung in der klassischen Antike haben.

Das kollektive Pseudonym »Publius« erinnert an Publius Valerius, genannt Publicola, der nach der Vertreibung des letzten Königs durch Brutus diverse Angriffe erst der Nachbarstadt Clusium und dann der Sabiner auf Rom zurückgeschlagen und der trotz seiner militärischen Meriten als armer Mann gestorben sein soll. Auch Madison und seine Mitstreiter prahlten mit einer ideengeschichtlichen Ahnengalerie, die in der römischen Republik und ihrem Freiheitspathos wurzelte. Cicero war der intellektuelle Hausgott nicht nur Madisons und Hamiltons, sondern auch für Thomas Jefferson, der während der Verfassungsdebatte als Botschafter in Paris weilte, und John Adams empfahl seinem Sohn die Lektüre des Geschichtsschreibers Sallust.

So überrascht nicht, dass die Verfassungsdebatte in den Vereinigten Staaten ihre Paradigmen aus der Epoche der römischen Republik schöpfte. Jefferson meinte, auch wenn es richtig sei, dass es in der römischen Antike Bösewichte wie Tarquinius, Catilina und Caligula gegeben habe, so seien ihre Untaten eben doch unter dem Markenzeichen (»under the brand«) eines Livius, Sallust oder Tacitus überliefert worden. Und schließlich hätten alle folgenden Generationen deren Verdikt bestätigt.

In der Verfassungsdebatte stellte sich die Frage nach der politischen Organisation des Gebildes, das die Gründerväter aus der Taufe heben wollten. Nie zuvor in der Neuzeit war das Experiment gewagt worden, eine Staatsordnung fast aus dem Nichts zu schaffen. Deshalb war das Nachlesen bei den Griechen, die schließlich genau das vorgemacht hatten, für die Intellektuellen der Epoche nicht nur eine Frage der Bildung, sondern auch der politischen Vernunft. Ein Knackpunkt war die Frage nach der praktischen Umsetzung der Volkssouveränität, die als solche nicht zur Debatte stand. Hoch umstritten war nicht das Ob, sondern das Wie: Sollte das Volk seinen Willen direkt in Versammlungen artikulieren? Oder war dem Repräsentationsprinzip der Vorzug zu geben, wie es sich im britischen Mutterland mit dem Westminster-System etabliert hatte?

Unter dem Titel »The Utility of the Union as a Safeguard Against Domestic Faction and Insurrection« widmete sich Madison dieser Frage in *Federalist Paper* No. 10, und er bezog eindeutig Position: Thema der Schrift sind Parteien (»factions«), die, egal, ob sie die Mehrheit oder eine Minderheit repräsentieren, den Staat zur Geisel ihrer Partikularinteressen machen. Hauptquelle für die Parteienbildung sei die Ungleichheit in den Besitzverhältnissen, aber im Grunde sei die Ursache »sown in the nature of man«. Sie liege tief begründet in menschlicher Leidenschaft und menschlichem Egoismus. Deshalb sei es für die Union das Beste, wenn nicht die Vielen politische Entscheidungen träfen, sondern ein repräsentatives Gremium, bestehend aus Wenigen, »fit characters«. Wenn solch ein Gremium sich an die Öffentlichkeit wende, dann sei es von Weisheit und Gemeinsinn, »the true interest of their country«, geleitet, nicht von partikularen Interessen wie Volkes Stimme. Außerdem bringe das Repräsentationsprinzip die Vorteile einer großen Nation zum Tragen, weil die Volksvertreter aus vielen qualifizierten Bürgern gewählt werden könnten.

Madisons Analyse fußte auf einem gründlichen Studium verschiedener politischer Systeme, vor allem der Schweizer Eidgenossenschaft und der Attischen Demokratie. Keines hielt er für geeignet, um den Vereinigten Staaten als Vorbild zu dienen. Territorium und Bevölkerung seien in Amerika viel zu groß, um Demokratie zu praktizieren. Vor allem bedürfe es einer moralischen und intellektuellen Elite, um politische Entscheidungen zu generieren, die vom Gemeinwohl und nicht von Parteiinteressen geleitet seien. Madison nennt das im Verfassungsentwurf vorgesehene Repräsentativsystem eine »Republik«, in der verschiedene Kräfte und Prinzipien miteinander im Gleichgewicht stünden: Föderation und Gliedstaaten, aber auch Volksouveränität, Legislative und Exekutive. In einer Demokratie ohne solche »checks and balances« hingegen sei das Volk schutzlos den vom Ehrgeiz getriebenen Intrigen von Einzelnen in der Exekutive ausgeliefert, schreibt Madison in *Federalist Paper* No. 48. Der Weg von der römischen Republik zu den amerikanischen Verfassungsvätern und zurück von Madison zu Polybios verlief um erstaunlich wenige Ecken.

Polybios und seine Mischverfassungstheorie wirken, genau wie der Verfassungsstreit in den USA und die Debatte um Demokratie und Demagogentum in Athen, bemerkenswert gegenwärtig, auch wenn sich die Begriffe und ihre Bedeutungen verschoben haben. Der gemeinsame Nenner ist, dass das klassische Athen, das republikanische Rom und die Gründergeneration der Vereinigten Staaten gleichermaßen vor der Frage standen, wie weit der Kreis der Teilhaber gezogen sein und wer dazugehören soll. Vor genau dieser Frage stehen die Gesellschaften des Westens heute wieder. Gewiss: Was den Griechen als Demokratie galt, würden wir im 21. Jahrhundert als eine Zumutung betrachten. Eine Gesellschaft, in der viele selbst die Impfpflicht für einen übergriffigen Eingriff des Staates in die Privatsphäre seiner Bürger halten, könnte sich nicht mit dem fast schon totalitären Anspruch der Attischen Demokratie arrangieren, ihre Bürger zum Mitmachen in der Polis zu zwingen. Umgekehrt haben wir uns gewöhnt, das Delegieren von Macht durch Wahlen für demokratisch zu halten, auch wenn eine Grundbedingung der Attischen Demokratie durch sie unerfüllt bleibt: gleiche Partizipationsrechte für alle Bürger.

Sie sind heute noch am ehesten durch plebiszitäre Systeme verbrieft, die eine außerordentlich hohe Mobilisierung der Öffentlichkeit erreichen - wie die direkte Demokratie der Schweizer Eidgenossenschaft.

Die Argumente für und wider direktdemokratische Bürgerbeteiligung sind aber heute nicht wesentlich andere als vor 250 Jahren in den jungen USA und als in der griechischen und römischen Antike. Befürworter verweisen auf die Risiken, die der Professionalisierung von Politik innewohnen, auf die Macht der Apparate und darauf, dass es völlig unzureichend ist, wenn Bürger alle paar Jahre über Wahlen Einfluss auf den politischen Kurs ihres Gemeinwesens nehmen können. Defizitär ist die parlamentarische Demokratie in puncto Elitenkontrolle: Das Wahlvolk hat kaum eine Chance, seinen Abgeordneten effektiv auf die Finger zu sehen. Eine Kontrollfunktion leisten die Medien, die aber selbst durch die Bürger nur schwer zu kontrollieren sind. Das Athener Scherbengericht war ein effizientes Instrument, um Eliten in ihre Schranken zu weisen, wäre heute aber kaum durchsetzbar.

Die Unzulänglichkeiten der Parteiendemokratie sind hundertfach analysiert worden, ebenso der Graben, der zwischen Anspruch und Wirklichkeit einer Elitenselektion durch Wahlen klafft. Anhänger einer »Demarchie« wie der belgische Historiker David Van Reybrouck fordern, Wahl- durch Losverfahren zu ersetzen, um Volksvertretern vollständige Freiheit und Unabhängigkeit zu geben. Genau diese Freiheit war den Anhängern der Basisdemokratie ein Dorn im Auge, die in den 1970er und 1980er Jahren ebenfalls die eingespielten Formen des Parlamentarismus ablehnten. Sie forderten ein sogenanntes imperatives Mandat, wie es in der Frühzeit des sowjetischen Rätesystems bestanden hatte: Das Abstimmungsverhalten von Parlamentariern solle strikt dem Willen der Vertretenen unterworfen sein; erst so sei gewährleistet, dass die Abgeordneten nicht ihr eigenes Süppchen kochen.

Die Gegner direktdemokratischer Verfahren wenden dagegen ein, es mangele der Allgemeinheit schlicht an Urteilsvermögen, eben an »Weisheit«, um politische Richtungsentscheidungen zu treffen. Immer wieder wird das Beispiel von der Todesstrafe angeführt, die längst Realität wäre, gäbe es Plebiszite auf nationaler Ebene. Auch vor Demagogen wird gern gewarnt. Theodor Heuss zum Beispiel hielt Plebiszite für eine »Prämie für jeden Demagogen«. So äußerte sich der emeritierte Bundespräsident in einem Interview 1960, als in der Bundesrepublik Forderungen nach mehr direktdemokratischen Elementen laut geworden waren.

Heute wird die parlamentarische Demokratie vom Populismus linker oder (in Deutschland vor allem) rechter Prägung herausgefordert. Er zieht die Legitimität der von Volksvertretern getroffenen Entscheidungen in Zweifel und behauptet, selbst den Volkswillen zu verkörpern. Die politischen Eliten reagieren darauf ähnlich wie in Rom die Senatsmehrheit: Sie schließen sich zusammen, grenzen die Populisten aus und denunzieren sie mit Parolen, die kaum anders klingen als die Beschimpfungen, die Cicero gegen die Popularen schleuderte: Die unwillkommenen Neulinge auf dem politischen Parkett werden als »niederträchtig« (der ehemalige sächsische Ministerpräsident Stanislaw Tillich über die AfD), »politische Abenteurer« (die RTL-Korrespondentin Antonia Rados über Donald Trump), »Halunken« (der Schweizer Soziologe Jean Ziegler über die rechtspopulistischen Regierungen in Polen, Ungarn und der Slowakei), gern auch als »Hetzer« oder »Menschenfeinde«

geschmäht. In den Niederlanden, in Frankreich, aber auch in manch ostdeutschem Bundesland formieren sich Allparteienkoalitionen, um die Schmuddelkinder an den Rändern von den Schalthebeln exekutiver Macht fernzuhalten.

Gern übersehen wird erstens, dass der Populismusvorwurf oft selbst ein Mittel des politischen Kampfes ist und auf den zurückfällt, der ihn erhebt. Wer erst einmal als Populist in der Ecke steht, wird für breite Schichten unwählbar und tendiert dann zur weiteren Radikalisierung. Ralf Dahrendorf warnte schon 2003 davor, der Populismusvorwurf sei oft selbst populistisch, er sei dann »ein demagogischer Ersatz für Argumente«. Für Dahrendorf hat Populismus nichts mit einer bestimmten politischen Richtung und nichts mit Inhalten von Politik zu tun, sondern lediglich mit der Methode des Machterwerbs: Der Populist, so der deutsch-britische Soziologe, bediene sich der Vereinfachung komplexer Zusammenhänge. Darin liege »sein Reiz und sein Erfolgsrezept«.

Zweitens verdanken Parteien, die in Dahrendorfs Sinn populistisch sind, ihren kometenhaften Aufstieg oft der Tatsache, dass die Konkurrenz ganze Politikfelder brach liegen lässt. Wo sich eine »Repräsentationslücke« (der Politikwissenschaftler Werner J. Patzelt) auftut, weil sich namhafte Bevölkerungsteile nicht mehr von den etablierten Parteien angesprochen fühlen, da füllen neue Kräfte, oft vom Rand her, das Vakuum. In Anlehnung an Émile Durkheim hat der amerikanische Politikwissenschaftler John P. McCormick den Populismus den »Schmerzensschrei« derjenigen genannt, deren Stimme in der parlamentarischen Demokratie sonst nicht gehört wird. Weil Parteien eine Türsteherfunktion bei der Auswahl des politischen Personals hätten und außerdem politische Chancen zumindest in den USA an die Verfügbarkeit großer finanzieller Mittel gekoppelt seien, sei Populismus die »Kehrseite« der Wahldemokratie. McCormick leitet aus diesem Dilemma die Forderung ab, den populistischen Schmerzensschrei ernstzunehmen, ihm nicht länger jede Legitimität abzusprechen und endlich wirkungsvolle Elemente der Elitenkontrolle in den Parlamentarismus einzubauen.

Die Debatte um Zukunft und Gefährdung der liberalen Demokratie wird mit Argumenten geführt, die 2500 Jahre alt sind. Die intellektuelle Kritik an der Attischen Demokratie von aristokratischer Seite hat viel tiefere Spuren hinterlassen als das von Perikles und seinen Zeitgenossen geformte politische System selbst. Das Misstrauen gegenüber dem Volk als Souverän zieht sich wie ein roter Faden von Platon und Aristoteles über Cicero und die amerikanischen Verfassungsväter bis zu Theodor Heuss; das daraus erwachsende Unbehagen an plebiszitären Elementen oder Losverfahren lässt sich nicht scharf vom Machtinstinkt einer politischen Klasse trennen, die im modernen Parlamentarismus mindestens ebenso sehr von der Politik wie für die Politik lebt. Die ideengeschichtliche Rückschau überrascht mit dem Befund, dass unsere parlamentarische Demokratie – wie von Madison gewünscht – dem Modell der römischen Republik viel näher ist als der Attischen Demokratie, auf die sich Europa doch stets so gerne beruft. Vielleicht sollten wir, um der politischen Kultur willen, doch etwas mehr Athen wagen.

Der historische Brutus feierte nach vollbrachter Tat mit den übrigen Caesarmördern die Freiheit. Der Diktator war tot, doch Caesars Mörder hatten sich keine Gedanken darüber gemacht, was nun geschehen sollte. So verloren sie die Initiative an zwei Männer, die wussten, was zu tun war: Marcus Antonius, Caesars Stellvertreter, und Gaius Octavius, sein erst 18-jähriger Großneffe sowie, wie sich bei Eröffnung des Testaments herausstellte, Adoptivsohn und Universalerbe. Ursprünglich Rivalen um die Nachfolge, rauften sich die beiden bald über die Köpfe der republikanischen Senatsmehrheit zusammen. Sie holten einen Dritten, Lepidus, ins Boot und verteilten die Macht im Staat nach ähnlichem Muster, wie es Caesar, Pompeius und Crassus rund 20 Jahre zuvor getan hatten. Außerdem veranstalteten sie eine »Nacht der langen Messer« und töteten ihre Gegner, darunter Cicero. Brutus und die anderen Caesarmörder waren da schon längst politisch ins Abseits geraten. In Makedonien, bei Philippi, unterlagen sie Antonius und Octavius im Herbst 42 v. Chr. Brutus und Cassius nahmen sich das Leben. Octavius nannte sich jetzt wie sein Adoptivvater Gaius Iulius Caesar, mit dem Zusatz *Divi filius*, Sohn des Vergöttlichten. Das klang gut.

Das »Triumvirat« genannte Bündnis zwischen dem jungen Caesar, Antonius und Lepidus war brüchig, aber es stellte sicher, dass nach und nach alle weiteren Spieler aus dem Machtpoker aussteigen mussten. Schließlich blieben allein Antonius und der junge Caesar übrig. Die beiden Rivalen machten das Endspiel unter sich aus. Der junge Caesar siegte über Antonius in der Seeschlacht von Actium und verfolgte ihn und die ägyptische Königin Kleopatra, mit der Caesars alter General liiert war, bis nach Alexandreia. Dort begingen die beiden, in die Enge getrieben, im August 30 v. Chr. Selbstmord.

SECHS

Pax Romana. Wie man ein Imperium beherrscht

Der junge Caesar stand damit vor demselben Dilemma wie einst sein Adoptivvater. Er hatte die ganze Macht errungen und musste sie zu etwas Dauerhaftem umformen, zu Herrschaft. Doch wie? Er entschloss sich zu einer großen Geste: Am 13. Januar 27 v. Chr. legte er die gesamten Befugnisse, die er aufgrund des Triumvirats hatte, in die Hände des Senats zurück. Drei Tage später verlieh der Senat dem jungen Caesar die für sämtliche Provinzen geltende Befehlsgewalt, *imperium*, eines Prokonsuls. Damit erhielt seine faktische Kontrolle über das Heer ein rechtliches Fundament. Außerdem durfte er fortan den Ehrennamen *Augustus* führen, »der Erhabene«. Augustus selbst schrieb später, seit diesem Tag habe er nur so viele rechtliche Vollmachten gehabt wie jeder andere, der mit ihm Magistrat war, an Autorität, *auctoritas*, aber habe er alle anderen überragt.

Die Autorität dessen, der Rom nach Jahrzehnten des Haders und der Bürgerkriege den Frieden zurückgebracht und die Gesellschaft versöhnt hatte, war in der Tat eine von zwei Hauptquellen seiner Macht. Die Selbstdarstellung des Herrschers kreiste fortan um den »augusteischen Frieden«, *pax Augusta*, den er nach innen wie außen garantierte. Ihm, dem Frieden, widmete er eine ganze Topographie auf dem bis dahin noch weitgehend unerschlossenen Marsfeld im

Norden, deren Herzstück die 13 v.Chr. aus Anlass seiner glücklichen Rückkehr aus Spanien vom Senat in Auftrag gegebene *Ara Pacis Augustae* war: ein Altar für den augusteischen Frieden. Normalerweise standen Altäre vor Tempeln: Hier, nicht im Innern der Heiligtümer, fand die Opferhandlung als entscheidendes Element der Kommunikation mit den Göttern statt. Die Ara Pacis kam ohne Tempel aus, überzeugte dafür aber mit einem ausgefeilten Bildprogramm, das antike wie moderne Betrachter gleichermaßen in seinen Bann gezogen hat.

Die Bilderwelt der Republik war unbarmherzig gewesen. Ehrenstatuen und Grabplastiken zeigten die großen und weniger großen Männer (und Frauen) Roms genau so, wie sie aussahen. Falten, zahnlose Münder, Haarausfall (wie bei Caesar, dem Diktator), aufgeschwemmte Gesichtszüge als Folgewirkung zu opulenten Wohllebens: All das formten die Steinmetze der späten Republik lebensecht in ihrem Material nach. Wie die Wachsbilder der Verstorbenen, die man in den mächtigen Häusern verwahrte und die bei Leichenbegängnissen von Schauspielern getragen wurden, sollten die Porträts dem Original so ähnlich sehen wie möglich.

Augustus vollzog, kaum hatte er die alleinige Macht errungen, eine radikale Abwendung von den republikanischen Bildtraditionen. Die Porträts des Mannes, der sich jetzt Princeps, »Erster«, nannte, zeigten makellos-ebenmäßige Züge: ein edel-klassisches Antlitz, so erhaben wie der Titel, den der Senat ihm verliehen hatte. Wie wichtig es dem Herrscher war, welchen visuellen Eindruck die Untertanen landauf, landab von ihm hatten, äußerte sich in der brachialen Vereinheitlichung des Porträts. Egal, wer die Aufstellung einer Statue oder Büste in Auftrag gab und finanzierte: Stets war das Herrscherbild identisch.

4 Die Ara Pacis, ursprünglich auf dem Marsfeld in Rom errichtet, zeigt wie kein zweites Bauwerk in augusteischer Zeit den Führungsanspruch des Princeps und seiner Familie – gefertigt aus Carraramarmor, 9 v. Chr.

Die Ara Pacis markiert gleichsam den Höhepunkt einer Ikonographie, die Augustus der Welt der Sterblichen entrückt und ihn zugleich als gütigen, dem Imperium zugewandten Friedensfürsten inszeniert. Der Altar, wie er sich heute präsentiert, ist aus Fragmenten zusammengesetzt; die Rekonstruktion ist nicht über jeden Zweifel erhaben, und das Bildprogramm wirft noch immer zahlreiche Fragen auf. Dennoch wird sofort deutlich, dass hier die Legitimierung des augusteischen Prinzipats ihren zentralen Ankerpunkt in der Hauptstadt Rom hat.

Den Altar betritt man durch zwei Durchgänge im Osten und Westen der Umfassungsmauer. Der Kern des visuellen Programms ist der Bildfries auf der Außenseite dieser Mauer: Links und rechts der Türen befinden sich Reliefplatten, die für das augusteische Herrschaftsverständnis zentrale Figuren der Mythologie darstellen: den Ur-Gründerheros Aeneas, Romulus und Remus, die Rom verkörpernde Roma und eine Personifikation von Wohlstand und Fruchtbarkeit, die mit dem augusteischen Zeitalter Einzug halten.

Noch bedeutsamer ist der Figurenfries auf der Süd- und Nordseite der Altareinfassung. Hier erkennt der Betrachter einen Prozessionszug vorwiegend aus togatragenden Männern sowie einigen Frauen und Kindern. An der Spitze des Zuges schreiten Liktoren, die mit ihren Rutenbündeln, den *fasces*, die Würde eines hohen Magistraten verkörpern. Ihnen folgt, bekränzt und verhüllten Hauptes, die bruchstückhaft erhaltene Gestalt des Princeps und ihr wiederum die zahlreichen Angehörigen seiner weitverzweigten Familie. Die steinerne Prozession verewigt einen denkwürdigen Tag: Pax, die Friedensgöttin und eigentliche Adressatin des Altars, ist auf wundersame Weise abwesend, durchdringt aber gerade deshalb die Szenerie. Auf ihr vor allem gründet sich der Anspruch auf Herrschaft, und zwar keineswegs für Augustus allein: Zum Herrschen berufen ist seine Familie, die dem von Augustus geschaffenen System Dauer verleiht.

Der Frieden und die Familie sind zwei Quellen der Macht, die Augustus an die Spitze des römischen Imperiums brachte und über 40 Jahre dort hielt. Die dritte Quelle war die vollständige Gewalt über das Militär, die er der Adoption durch Caesar verdankte und die durch das *imperium proconsulare* rechtlich abgesichert war. Im Januar 27 v. Chr. hatte Augustus Pflöcke eingerammt für das politische System, das in Rom, allen Wandlungen zum Trotz, 500 Jahre Geltung haben sollte. Faktisch eine Monarchie, kleidete sich der Prinzipat in einen Kompromiss zwischen dem neuen Machthaber und der alten senatorischen Elite. Der »erste Mann« hatte die ganze, ungeteilte Macht, und jeder wusste es, doch niemand, und das war das Entscheidende, sprach es aus. Ein »Kaiser«, wie wir ihn heute meist nennen, war er genau genommen nicht, denn die Macht des Herrschers beruhte nicht auf einem Amt, nicht auf Insignien, sondern auf einem Sammelsurium unterschiedlichster Befugnisse. Vor allem vermied Augustus sorgsam jede Anmutung von Monarchie: Er verkehrte mit den Senatoren nicht als Herr über Untertanen, sondern als Gleicher unter Gleichen. So weit ging die öffentlich inszenierte Standesgenossenschaft, dass der Princeps die Geschicke des Imperiums von einem Privathaus auf dem Palatin lenkte.

Der Kompromiss mit den Senatoren bestimmte noch rund 200 Jahre lang das Erscheinungsbild des Prinzipats, auch wenn das politische und gesellschaftliche Gewicht des Senatorenstands mit der Zeit abnahm und einzelne Herrscher, vor allem Caligula und Domitian, dem Herrschaftssystem eine neue, autokratische Geschäftsordnung schreiben wollten. Immer wichtiger als politischer Faktor wurde das Militär, das an den langen, von Rom aus gesehen fernen Grenzen für Sicherheit sorgte und den Bestand des Imperiums sowie das politische Überleben jedes einzelnen Princeps gewährleistete. Dass es nicht nur entlang der rund 7500 Kilometer langen Außengrenzen des Imperiums, sondern auch in den Provinzen durchaus etwas zu tun gab für die Legionen, lehrte der Jüdische Krieg 66 bis 70 n. Chr. Aufstände erschütterten immer wieder römische Provinzen. Oft brach sich die Unzufriedenheit ein bis zwei Generationen nach der Eroberung durch Rom Bahn: in Spanien nach der Vertreibung der Karthager 206 v. Chr., in Germanien bei den Revolten des Arminius und der Bataver, in Britannien mit dem Aufstand der Boudicca. Dann aber kehrte stets wieder Ruhe ein. Nicht so in Judäa: Das kleine Land am

Ostrand des Mittelmeers blieb jahrzehntelang eine Unruheprovinz, in der sich die Pax Romana nur mit enormem Kraftaufwand durchsetzen ließ.

Im September 1996 weilte der Premier unter Tage. Nach 25-jähriger Grabungstätigkeit weihte Benjamin Netanjahu einen über 300 Meter langen Tunnel entlang der Westmauer des Tempelbergs ein, durch den Besucher Einblick in den Untergrund der heiligen Stätte nehmen können. Der Tunnel führt zu einer unterirdischen Wasserleitung, zum »Warren-Tor«, einem nach dem hier im 19. Jahrhundert tätigen britischen Archäologen Charles Warren benannten antiken Bogen, zum »Weststein«, dem mit über 500 Tonnen Gewicht größten Block der alten Umfassungsmauer des Tempelberges, und zu Resten einer römischen Straße, die hier 2007 gefunden wurden. Der Tunnel hat für gläubige Juden mehr als antiquarische Bedeutung, denn nirgendwo können sie dem Allerheiligsten des 70 n. Chr. durch Titus zerstörten Tempels näherkommen.

Der Tempelberg ist allerdings auch den Muslimen heilig, weil hier ihr Prophet Mohammed der Legende nach in den Himmel auffuhr. Das »edle Heiligtum«, al-Haram al-Scharif, bestehend aus Felsendom und al-Aqsa-Moschee, ist die drittwichtigste heilige Stätte des Islam nach der Großen Moschee in Mekka und der Prophetenmoschee in Medina. Während oben auf dem Tempelberg die Muslime beten, tun das zu seinen Füßen, an der West- oder Klagemauer die Juden. Im Erdreich unter dem Felsendom und hinter der Klagemauer überkreuzen sich gewissermaßen die religiösen Interessen zweier Weltreligionen. Und hier fangen die Probleme an: Weil Religion, zumal im religiös hochsensiblen Nahen Osten, stets auch politisch ist, wird jeder Kubikmeter Erdreich, der an der Stätte des alten Tempels bewegt wird, ebenfalls zum Politikum.

So blieb auch die Tunneleröffnung nicht ohne Folgen. Sie löste im Gaza-Streifen und im Westjordanland schwere Gefechte aus, bei denen fast 80 Menschen ums Leben kamen. Argumentiert wird stets, archäologische Grabungen würden die Ruhe, ja womöglich gar die Stabilität der heiligen Stätten gefährden. Tatsächlich geht es um handfeste geschichtspolitische Interessen. Seit mit Ost-Jerusalem die historische Altstadt mit dem Tempelberg als Folge des Sechstagekrieges in israelische Hand geraten ist, übt sich die arabische Seite darin, die historische jüdische Präsenz im Herzen Jerusalems rundweg zu leugnen.

Material, das genau diese Präsenz in der Zeit belegt, die von den Juden der »zweite Tempel« genannt wird und die für uns die hellenistisch-römische Epoche ist, passt da nicht ins Konzept. Der Waqf, die Aufsichtsbehörde des Haram al-Scharif, tut deshalb alles, um archäologische Feldforschung auf dem Gelände zu unterbinden. Im Oktober 1999 ließ man für den Bau einer neuen Moschee sogar rund 9000 Kubikmeter Erdreich vom Plateau des Tempelberges abtragen: Material, das in großen Mengen archäologisches Fundgut enthält und seit 2004 von israelischen Archäologen im Rahmen des »Temple Mount Sifting Project« untersucht wird. Dennoch ist der Schaden immens, den der Waqf durch die Zerstörung des gewachsenen archäologischen Horizonts angerichtet hat.

Im Aushub der Moschee-Baugrube fanden sich bis dato Tausende von Münzen aus unterschiedlichen Epochen, darunter etliche Stücke des Typs »Freiheit für Zion«, den Juden während der Belagerung Jerusalems durch die Römer 67 bis 70 n. Chr. prägten. Außerdem Fragmente des von dem jüdischen Geschichtsschreiber Flavius Josephus beschriebenen Fußbodens im Herodes-Tempel, Inschriften, Reste von Wandgemälden und Steingefäße, wie sie für die frühe Römerzeit in Judäa charakteristisch waren. Älteren Datums waren Pfeilspitzen sowie Siegel und Siegelabdrücke aus der Eisenzeit, darunter das Siegel einer mutmaßlichen jüdischen Priesterfamilie.

So wie für die arabische Seite die Verhinderung archäologischer Forschung politisch motiviert ist, so hat umgekehrt für Israel jedes noch so winzige Bruchstück eine geschichtspolitische Bedeutung. Mauerreste, Scherben und Münzen dokumentieren die jüdische Vergangenheit des Ortes und damit den Anspruch des jüdischen Staates auf das Land, aus dem alle Juden nach den beiden antiken Katastrophen des Jüdischen Aufstands und des Bar-Kochba-Aufstands vertrieben worden waren und das seither vielfach den Besitzer gewechselt hat. Für die jüdischen Siedler im Westjordanland, das in Israel »Judäa und Samaria« heißt, begründen sie außerdem die historische Zugehörigkeit dieser Landschaften zu Israel. Der Nahostkonflikt beginnt tief unten im Erdreich und er endet, wenn überhaupt, im Himmel, wo alle Weltreligionen Erlösung erwarten.

Das Verhältnis zwischen den Juden und ihrem Land, Eretz Israel, ist problemgeladen, seit es Juden gibt. Immer wieder wurden Juden deportiert und landeten in der »Zerstreuung«: griechisch Diaspora, hebräisch Galuth. Weil in der Diaspora Identität verwundbar ist und nur ein gemeinsames Bewusstsein von Geschichte Identität begründen kann, verwandte das Judentum so viel Zeit und Mühe auf die Selbstvergewisserung über seine eigene Vergangenheit. Die Bindung zwischen dem Volk und dem Land Israel auf der einen Seite, der Bund zwischen den Juden und ihrem

Gott Jahwe auf der anderen sind die Kernthemen der jüdischen Beschäftigung mit Geschichte, die zum ersten Mal in ihre akute Phase eintrat, nachdem der neubabylonische König Nebukadnezar II. in drei Feldzügen das Südreich Juda erobert, Jerusalem zerstört und die Elite der Juden ins »babylonische Exil« deportiert hatte.

Das Exil warf das Problem auf, wie Juden ihr Zusammengehörigkeitsgefühl, ihre Lebensweise, kurz: ihre Identität bewahren konnten, wenn sie doch mitten unter Fremden lebten. Neben sozialen Regeln, die man sich selbst auferlegte, war ein gemeinsames Verständnis der Geschichte von elementarer Bedeutung. In der Exilzeit entstand daher der Kern der älteren historischen Bücher des Alten Testaments, die von der Zeit vom Tod Moses (Buch Josua) bis über den Fall Jerusalems hinaus (Bücher Könige) reichen. Sie schildern die Landnahme nach der Rückkehr des Volkes Israel aus Ägypten, die verschiedenen Phasen der Reichsgründung bis zum Königreich Davids und Salomos und schließlich den Zerfall des Reiches in die Teilstaaten Israel und Juda aus heilsgeschichtlicher Perspektive: Im Hintergrund aller Geschichte wirkt stets der eine Gott der Juden. Außerdem trägt die Darstellung alle Züge eines aitiologischen Mythos, der erklärt, wie sich die Gegenwart aus der Vergangenheit entwickelt hat.

Ähnlich wie bei Homer haben wir in den Büchern des Alten Testaments, der hebräischen Bibel, die verschriftliche Endstufe einer über viele Generationen mündlich tradierten Überlieferung vor uns, die in diesem Fall aber noch mehrere Etappen der Redaktion durchlaufen hat. Und genau wie bei Ilias und Odyssee ist auch bei den Geschichtsbüchern der Bibel kaum sauber zu trennen, welche Teile des Mythos einen historischen Kern haben und was alles frei erfunden ist. Es gibt gewisse Indizien, die darauf hindeuten, dass die Landnahme durch eine Gruppe, die »Hebräer« genannt wurde, um 1200 v. Chr. eine historische Grundlage hat. Vermutlich stand die Sesshaftwerdung nomadischer Stämme im Zusammenhang mit der großen Katastrophe, die zu dieser Zeit die großen Reiche am Ostrand des Mittelmeers stürzen ließ. Ob Episoden wie die Auseinandersetzung mit den Philistern (David gegen Goliath), die Errichtung des Königtums durch David und der Tempelbau durch Salomo Geschichte, Mythos oder eine Mischung aus beidem sind, ist in der Forschung heftig umstritten. Denkbar ist, dass es den Ersten, durch Salomo errichteten Tempel nie gab und dass der Zweite, durch Herodes vollendete tatsächlich der erste Jahwe-Tempel war. Als gesichert gilt inzwischen, dass der Jahwe-Kult erst allmählich die Exklusivität entwickelte, die er später hatte, und dass der Monotheismus das Ergebnis eines längeren Prozesses war, der erst in der Exilzeit abgeschlossen war.

Das Exil endete nach rund 50 Jahren mit der Eroberung Babylons durch den persischen Großkönig Kyros. Er erließ 538 ein Edikt, das den Juden die Rückkehr nach Palästina erlaubte. Damit hatten sich die Probleme der Juden aber keineswegs erledigt. Erstens waren sie weiterhin den Imperien tributpflichtig, unter deren Herrschaft sich die Levante befand: zunächst den Persern, dann dem Alexanderreich, in seiner Nachfolge den Ptolemaiern und den Seleukiden sowie schließlich, ab 63 v. Chr., den Römern. Die Frage, wie man mit Fremden koexistieren sollte, stellte sich also auch weiterhin. Zweitens trennte ein unüberwindlicher und stetig tiefer werdender Graben Arm und Reich und sorgte für Spannungen in der jüdischen Gesellschaft. Und drittens waren die Juden untereinander alles andere als einig, wie mit diesen Herausforderungen umzugehen sei. Während gerade Angehörige der Oberschicht in nichtjüdische Familien einheirateten und sich kulturell an den neuen Herren in Persepolis, Alexandreia oder Antiocheia orientierten, stieß jede Art von Assimilationsneigung bei den nicht so Privilegierten auf wenig Gegenliebe.

Die Konflikte eskalierten schließlich im sogenannten Makkabäeraufstand. Judäa befand sich unter seleukidischer Herrschaft, die höchste Autorität nach innen besaß der Hohepriester des Jahwe-Kultes, dessen Stellung erblich war. Tatsächlich war es gängige Praxis geworden, dass Kandidaten das Amt beim finanziell stets klammen Seleukidenkönig Antiochos IV. höchstbietend kauften. So war 172 v. Chr. ein hellenisierter Jude namens Menelaos Hohepriester geworden und hatte damit Jason ausgebootet, auch er ein Angehöriger der assimilierten Oberschicht. 168 v. Chr. versuchte seinerseits Jason, gewaltsam das Priesteramt zurückzugewinnen. Ein Bürgerkrieg brach aus, in den Antiochos intervenierte, der schließlich den Jahwe-Kult per Edikt untersagte. Der ursprünglich innerjüdische Konflikt wurde dadurch nur weiter angeheizt und wuchs sich zur Revolte gegen die seleukidische Herrschaft aus, an deren Spitze sich die Makkabäer setzten. Der Krieg schwelte über Jahrzehnte, brachte aber schließlich den Juden die ersehnte Autonomie und den Makkabäern, die sich jetzt Hasmonäer nannten, das Hohepriesteramt.

Der Autonomie im untergehenden Seleukidenreich setzte die Eroberung des Nahen Ostens durch Pompeius ein jähes Ende. Pompeius richtete die neue Provinz Syria ein, von der aus die Römer einen Kranz autonomer Klientelstaaten fernzusteuern gedachten, darunter auch Judäa. Kaum hatte Pompeius die neuen Grenzen festgelegt, wurde er auch schon in den frisch aufflammenden Konflikt zwischen zwei rivalisierenden Brüdern der Hasmonäerdynastie hineingezogen. Er wusste dem römischen Frieden nicht anders Geltung zu verleihen als mit Gewalt, besetzte Jerusalem und beging prompt den Fauxpas, als Nichtjude das nur dem Hohepriester vorbehaltene Allerheiligste des Tempels zu betreten. Damit war der Grundstein für eine jahrhundertelange Geschichte der Missverständnisse und des Misstrauens gelegt. Beides entlud sich periodisch in brutaler Gewalt. Dass es trotz der in Rom wütenden Bürgerkriege in Judäa zunächst relativ friedlich blieb, war allein der Person des Königs Herodes zu danken, den nach dem politischen Bankrott der Hasmonäer Marcus Antonius als »befreundeten und verbündeten« Klientelkönig, *rex amicus et socius*, in Judäa installierte. Herodes besaß nicht nur genug politischen Instinkt, um in der schnelllebigen römischen Politik auf das richtige Pferd – und das hieß: auf den jungen Caesar, den späteren Augustus – zu setzen, er war auch kaltblütig und einfallsreich genug, um das notorisch unregierbare Judäa unter Kontrolle zu halten. Mit einer Mischung aus sorgsam dosiertem Terror und landesväterlicher Zuwendung hielt er politische Opponenten und religiöse Fanatiker kurz, vor denen es zwischen Mittelmeer und Jordan nur so wimmelte. Vor allem als Bauherr brillierte er, längst nicht nur, aber vor allem in Judäa. Eindrucksvoll sind die Residenzen Herodeion und Masada, die er sich, gut geschützt auf Berggipfeln, anlegen ließ. Unter seiner Ägide wurde endlich der bereits in der Perserzeit begonnene Jahwe-Tempel in Jerusalem fertig.

4 v. Chr. starb Herodes. Unter seinen Söhnen war keiner, der ihm politisch das Wasser reichen konnte, und das Land zwischen Mittelmeer und Jordan glitt erneut in die Anarchie. Die jüdische Gesellschaft befand sich in

einem rasanten Zerfallsprozess, der immer neue und stetig radikaler werdende Gruppen entstehen ließ: in Opposition zur weitgehend hellenisierten priesterlichen Oberschicht der Sadduzäer (die ihren Namen von Zadok, dem Priester, ableiteten) standen zunächst die Pharisäer (aus dem Aramäischen für »abgesondert«), die fremde Einflüsse ebenso ablehnten wie das Königtum und die heiligen Schriften wieder zum Ausgangspunkt jeder Theologie machen wollten; zum gewaltsamen Vorgehen gegen die als Fremdherrschaft empfundene Präsenz Roms riefen die Zeloten (»Eiferer«) auf, deren radikaler Flügel auch vor Terrorakten gegen Juden nicht zurückschreckte. Die deshalb Sikarier (»Messerstecher«) genannten religiösen Fundamentalisten mischten sich auf belebten Straßen unters Volk und erdolchten wahllos Passanten, um Angst und Schrecken zu verbreiten und die Provinz kalkuliert ins Chaos stürzen zu lassen.

Dass es so nicht weitergehen konnte, sahen bald auch die Römer ein, die Judäa ihrer direkten Verwaltung unterstellten, aber mit dieser Lösung nicht recht glücklich wurden. Weil sie kein Rezept hatten, um die Unruheprovinz zu befrieden, versuchten Sie es mit Trial and Error: Judäa wurde römischen Präfekten unterstellt, die den Statthaltern in Syria verantwortlich waren; Kaiser Claudius probierte es erneut mit indirekter Herrschaft und setzte Herodes Agrippa als König ein; nach dessen frühem Tod führten wieder römische Beamte das Regiment. Bei der Auswahl dieses Personals ließen die Verantwortlichen wenig Sorgfalt walten. Flavius Josephus, der wichtigste Zeitzeuge, informiert uns, dass von den nach Jerusalem geschickten Statthaltern einer korrupter und unfähiger war als der andere. Der Prokurator Lucceius Albinus habe Geld an sich gerafft, wo immer es möglich war. Er habe sogar Schwerverbrecher gegen Bares freigelassen, und so hätten sich »die Gefängnisse geleert, die Straßen hingegen mit Kriminellen gefüllt«. Doch habe sich Albinus gegen seinen Nachfolger Gessius Florus rückblickend wie ein Heiliger ausgenommen, denn Florus habe seine noch viel schlimmeren Untaten nicht heimlich, sondern in aller Öffentlichkeit begangen. Durch seine Ruchlosigkeit und Gier seien ganze Landstriche verwüstet worden.

Mit solchem Personal ließ sich der grassierenden, auch durch religiösen Fanatismus befeuerten Gewalt nicht Herr werden. Im Gegenteil: Die Sicherheitslage in der Provinz wurde immer prekärer, und 66 n. Chr. brach der schon lange in der Luft liegende Aufstand aus. Auslöser war ein an sich unbedeutender Streit über ein paar Werkstätten, die den Zuweg zu einer Synagoge in der von Juden und Nichtjuden bewohnten Stadt Caesarea versperrten. Doch aufgeheizt, wie die Stimmung war, wurde aus dem Strohfeuer sogleich ein Flächenbrand, der auf Galiläa und die Hauptstadt Jerusalem übergriff. Die römische Garnison dort war zu schwach, um die Rebellion zu ersticken, und ein eilends aus Syrien herangeführtes Heer, mit dem der dortige Statthalter versuchte, die Lage wieder unter zu Kontrolle zu bringen, scheiterte an der Belagerung des gut befestigten Jerusalem und musste sich unter schweren Verlusten zurückziehen.

Dem in Rom herrschenden Nero blieb keine Wahl, als seinen fähigsten Militär, Flavius Vespasianus, in die Schlacht zu schicken. Vespasian und sein Sohn Titus widmeten sich der Niederschlagung des Aufstands mit militärischem Sachverstand und Fortune: Mit drei Legionen eroberten sie Stadt um Stadt in Galiläa, wo Flavius Josephus auf jüdischer Seite das Kommando führte, und rückten allmählich auf Jerusalem vor. Im Juni 68 n. Chr. stürzte Nero und am 15. Januar 69 dessen Nachfolger Galba. In dieser existentiellen Krise des Prinzipats warf Vespasian seinen Hut in den Ring und damit das Prestige eines siegreichen Schlachtenlenkers in die Waagschale: Er sicherte sich die Unterstützung der Donaulegionen und reklamierte erfolgreich den kaiserlichen Purpur für sich. Während Vespasian Ende 69 in Rom Einzug hielt, übernahm sein Sohn Titus die Aufgabe, die Reste des Jüdischen Aufstands zu ersticken.

Vor allem galt es, Jerusalem zu erobern, das von römischen Truppen fast vollständig eingekesselt, aber stark befestigt war. Nach vier Jahren Krieg schloss sich der Belagerungsring. Während Titus mit dem ganzen Arsenal der römischen Belagerungstechnik die Mauern bestürmte, tobte im Innern der Stadt ein bizarrer Bürgerkrieg. Drei rivalisierende Führer radikaler jüdischer Sekten hatten sich in verschiedenen Vierteln der dicht bebauten Stadt verschanzt und hielten sich gegenseitig in Schach: Den Tempelberg hielt Johannes von Gischala besetzt, der durch eine List aus Galiläa entkommen war; zunächst mit ihm paktiert hatte Eleazar ben Simon, ein Zelot, der gestützt auf in der Stadt ansässige Idumäer ein Terrorregiment in Jerusalem errichtete und etliche Angehörige der Priesteraristokratie über die Klinge springen ließ. Weil sie sich von Eleazar und Johannes unzureichend vertreten fühlten, fielen die Idumäer von ihnen ab und schlossen sich den noch radikaleren Sikariern um Simon bar Giora an, die sich der gesamten Stadt mit Ausnahme des Tempelberges bemächtigten. Während die Römer Jerusalem eingeschlossen hielten, belagerten die Sikarier Eleazer und Johannes im Tempel, die sich dort wiederum einen zähen Kleinkrieg lieferten. Sechs Monate dauerte dieser verrückte Zustand an, bis die Römer sich im Herbst den Zugang in die ausgehungerte und von Krieg und Bürgerkrieg erschöpfte Stadt erkämpften. Obwohl die Verteidiger am Ende ihrer Kräfte waren, mussten die römischen Legionäre die Stadt Viertel für Viertel im Häuserkampf erobern. Der Tempel ging, vermutlich als Kollateralschaden der Kämpfe, in Flammen auf, Jerusalem wurde nahezu dem Erdboden gleichgemacht, alles jüdische Land vom römischen Staat konfisziert.

Damit war der Jüdische Aufstand so gut wie niedergeschlagen. Titus kehrte nach Italien zurück und feierte in Rom den verdienten Triumph, von dem noch heute der Titusbogen kündet. Auf seinen Reliefs sind die Kultgeräte aus dem Tempel dargestellt, die man als Trophäen dem Volk von Rom präsentierte und schließlich im eigens errichteten Templum Pacis deponierte, dem »Friedenstempel« am Rand des Forum Romanum. Dennoch wurde in Judäa noch weitergekämpft. Gruppen von Sikariern hatten sich südlich von Jerusalem in den Bergfestungen Herodeion, Machairous und Masada verschanzt, die einst Herodes hatte errichten lassen, und unternahmen von hier Raubzüge in die Umgebung. Vor allem die Belagerung von Masada verlangte der Ingenieurskunst der römischen Pioniere einiges ab. Bevor die Festung sturmreif war, mussten Unterkünfte für die belagernden Truppen angelegt und eine Rampe errichtet werden, über die schweres Kriegsgerät herangeschafft werden konnte. Als die Soldaten schließlich in die Bergfestung eindrangen, hatten sich die überlebenden Aufständischen mit ihren Frauen und Kindern gegenseitig getötet, um den Römern nicht lebendig in die Hände zu fallen. Noch heute ist der Mythos von Masada lebendig: Bis 1991 vereidigte die israelische Armee auf dem Gipfelplateau ihre Rekruten, und selbst heute dient Masada als Allegorie für das kleine, von Feinden umzingelte und in vermeintlich auswegloser Lage kämpfende Israel.

Für das Judentum markiert die Niederlage eine tiefe Zäsur. Die traditionell tonangebende Gruppe der Sadduzäer war dezimiert worden und spielte auch deshalb keine Rolle mehr, weil ihr Gravitationszentrum, der Tempel, aufgehört hatte zu existieren. Die Sikarier und Zeloten hatten einen so hohen Blutzoll entrichtet, dass auch sie künftig bedeutungslos waren. Intakt waren aus dem Gemetzel nur die Pharisäer hervorgegangen, deren intellektuelle Vordenker sich jetzt für die geistig-moralische Erneuerung des Judentums starkmachten. Diese Männer, die sich »Meister«, *rabbi*, nannten, bildeten »Verbindungen« (*chaburot*) und scharten »Schülerkreise« (*jeschibot*) um sich. Ihr Ziel war es, das Judentum auch ohne zentralen Kult überlebensfähig zu machen.

Eine große Bedeutung für ihre Lehren hatte, ähnlich wie schon zu Zeiten des Babylonischen Exils, die »Reinheit« des Judentums: Die Juden, die allein schon die Not in Judäa wieder vermehrt in die Diaspora trieb, sollten davon abgehalten werden, sich mit anderen zu vermischen und so ihre Identität aufzugeben. Deshalb erhielten Speisevorschriften und sekundär auch Bekleidungsregeln einen so hohen Stellenwert in der jüdischen Religion. Sie wurde damit zum Vorbild für andere Konfessionen, die ebenfalls in der Diaspora nach Bewahrung ihrer exklusiven Identität streben, besonders den Islam.

Trotzdem waren Juden in den vielen Städten der römischen Welt, in denen sie neue Wurzeln schlugen, von Ägypten bis zum Rhein, wesentlich besser integriert als es den Rabbinen lieb sein konnte. Sie nahmen am öffentlichen und kulturellen Leben teil, bekleideten politische Ämter und besuchten auch Gymnasien, die Fitnessstudios der Epoche. Jahrzehnte vor dem Jüdischen Aufstand hatte sich der jüdische Philosoph Philon von Alexandreia Gedanken darüber gemacht, wieviel Teilhabe am Leben der Anderen Juden erlaubt war. Seine Antwort lautete: erstaunlich viel. Seither oszilliert jüdische Existenz in der Diaspora zwischen den Polen Assimilation und Abgrenzung.

Trotzdem gerieten die Juden noch zweimal mit dem römischen Imperium in Konflikt: im Diasporaaufstand und in der Bar-Kochba-Revolte. Vor allem der nach seinem Anführer Simon Bar Kochba benannte Aufstand brachte die römische Herrschaft in Judäa an den Rand des Zusammenbruchs und erforderte die Konzentration sämtlicher Ressourcen, bevor er schließlich unterdrückt werden konnte, mit verheerenden Folgen für die Juden: Wer noch in Judäa ansässig war, wurde vertrieben, die Provinz zum Sperrgebiet für Juden erklärt, Jerusalem als römische Kolonie Aelia Capitolina neu gegründet.

Jetzt zahlte es sich aus, dass die Rabbinen das Judentum diasporatauglich gemacht hatten. Die Religion erwies sich als Klammer, die stark genug war, um das Überleben jüdischer Identität in der Fremde über Jahrhunderte zu sichern – bis heute. Diaspora wurde, zumindest bis zur Gründung des Staates Israel 1948, zur Lebensform par excellence für Juden, das Judentum zur archetypischen Diasporareligion. Die Religionswissenschaftler Jonathan und Daniel Boyarin haben die diasporische Identität der Juden auf die Formel gebracht: »Wir rufen uns in Erinnerung, wer wir sind, indem wir uns in Erinnerung rufen, was uns fehlt.« Das sei die »Macht der Diaspora«: Der Mensch sei darin durch seine Ahnen definiert, zugleich sei alles jederzeit in Gefahr. Genealogie und Kontingenz seien deshalb die diasporische Grunderfahrungen.

Die Boyarin-Brüder haben sich immer wieder gegen eine einseitig negative Diaspora-Wahrnehmung im Judentum und jenseits davon gewandt: Galt längst nicht nur den Zionisten Diaspora als ein zu überwindender Zustand, haben sie dagegen die positiven Seiten herausgekehrt: Diaspora sei eine Ressource, die es erlaube, überkommene Modelle der politischen Organisation zu überdenken, namentlich den Nationalstaat. Er ist wiederum das Erbe der Amerikanischen und Französischen Revolution, deren Kerngedanke von der »einen und unteilbaren Nation«, so offenkundig er eine Fiktion ist, seither jedem Nationalstaat, ob explizit oder implizit, zugrunde liegt. Der Jugoslawienkrieg hat Ende des 20. Jahrhunderts die zerstörerische Wirkung dieser Idee in einer Umwelt offenbar gemacht, die ethnisch, kulturell und religiös so zerklüftet ist wie der Westbalkan.

Der Gedanke der beiden Boyarins, dass die jüdische Diaspora der Welt etwas zu lehren habe, hat also manches für sich, doch birgt er auch Risiken. Die allgemeine Diaspora-Euphorie, die gut mit dem von vielen im Westen vertretenen Multikulturalismus harmoniert, übersieht gern, dass der Nationalstaat, bei allen evidenten Schwächen, die einzige politische Organisationsform ist, die je auf Dauer eine demokratische Öffentlichkeit geschaffen hat – sieht man von den noch deutlich kompakteren Stadtstaaten vom Typus der griechischen Polis einmal ab. Vielsprachige kontinentale Staatenbünde wie die EU, Imperien wie Russland oder China und Stammesgesellschaften wie im Nahen Osten oder in Afrika haben das bis jetzt nicht vermocht. Deshalb sollten wir darüber nachdenken, ob es nicht voreilig ist, die Schöpfung der beiden großen atlantischen Revolutionen auf dem Altar des Multikulturalismus oder zugunsten eines europäischen Superstaates zu opfern. Imperien wie das römische konnten, wie zu sehen war, kulturelle Differenz bis zu einem hohen Grad aushalten, Nationalstaaten können das nicht. Diaspora in all ihren Spielarten ist deshalb eine Herausforderung für sie. Es könnte eine Überlegung wert sein, wie wir ihr begegnen wollen.

Krisen wie der Jüdische Krieg, der Diaspora-Aufstand und die Bar-Kochba-Revolte beglaubigten die Schlüsselrolle, die dem Militär für die Existenz des Imperiums zukam. Erstmals wurde die Macht der Soldaten deutlich, als mit Nero die von Augustus begründete Dynastie abgewirtschaftet und der Mann im Purpur jegliche Autorität verloren hatte. Mitten in der Krise erhoben sich die Legionen an der Grenze und marschierten auf Rom, um ihrem Befehlshaber, dem sie vorher als Imperator akklamiert hatten, die Anerkennung als Princeps zu verschaffen. Das ging nur mit Gewalt, weil es zuerst den Amtsinhaber aus dem Weg zu räumen galt. Die Usurpation mit immer gleichem Drehbuch – erst Akklamation, dann Bürgerkrieg – etablierte sich als wichtigste und geradezu typisch römische Variante des blutigen Herrscherwechsels: In der Krise nach Neros Sturz erschütterten gleich vier gewaltsame Umstürze das Imperium, im Fünfkaiserjahr 193 n. Chr. waren es noch einmal vier.

Das Imperium konnte sich solche blutigen Bürgerkriege leisten, weil es zwischen Augustus und Severus Alexander inmitten eines einzigartigen geostrategischen Biotops operierte. Darin gab es keinen Gegner, der den Römern auch nur ansatzweise das Wasser reichen konnte. Die Stämme Germaniens konnten zwar durch ihren Sieg über den Feldherrn Varus ihre Freiheit behaupten, aber ernsthaft gefährlich werden konnten sie dem Imperium nicht. Das galt auch für die Beduinen der Sahara und die Nomaden der Arabischen Halbinsel, und selbst das Partherreich, Roms östlicher Nachbar und ebenfalls auf dem Fundament des Hellenismus errichtet, war zu einer offensiven Politik an seiner Westgrenze dauerhaft nicht in der Lage, auch wenn immer wieder Konflikte vor allem um das Königreich Armenien zu Grenzkriegen eskalierten – die Rom stets siegreich bestand. Der von Augustus geschaffene Prinzipat war bei näherer Betrachtung eine Schönwettermonarchie.

Das Tempo der römischen Expansion ließ allmählich nach: Augustus eroberte Ägypten, den Alpenraum, Pannonien (das heutige Ungarn) und den Nordwesten Spaniens, seine Nachfolger Britannien, Mauretanien, Moesien (Bulgarien), Dakien (Rumänien), die ungefähr mit dem modernen Jordanien identische Provinz Arabien und schließlich noch das nördliche Mesopotamien bis zum Tigris. Zugleich wurde die Konsolidierung des Erreichten immer wichtiger: Die Herrscher befestigten die Grenzen mit Anlagen wie dem obergermanisch-rätischen Limes in Deutschland oder dem Hadrianswall in Britannien; sie vergrößerten das Heer und verbesserten seine Kampfkraft; sie nahmen große Infrastrukturprojekte wie Straßen, Brücken und Wasserleitungen in Angriff; sie ließen ihre Statthalter noch im hintersten Winkel des Reiches Recht sprechen und standen, wenigstens für römische Bürger, selbst als oberste Appellationsinstanz zur Verfügung; sie verklammerten schließlich das Imperium, seine vielen Sprachen, Kulturen und Traditionen, mit ihrer Person, die überall zu sehen war, nicht zuletzt in Form ihrer Porträts, die sämtliche Münzen des Reiches zierten.

Manche Imperatoren, wie Claudius und Hadrian, trieben bewusst die Verwandlung des Imperiums in eine Schicksalsgemeinschaft voran, der sich die rund 60 Millionen Einwohner des Reiches unabhängig von ihrer geographischen oder ethnischen Herkunft auch innerlich verbunden fühlten. Das Reich, über das Augustus, Claudius, Hadrian und Mark Aurel herrschten, war nicht nur ein Rechts-, Wirtschafts-, Sicherheits- und Wohlstandsraum, es war auch auf dem besten Weg, ein Identitätsraum zu werden: kein Nationalstaat zwar, wie ihn erst die Amerikanische und Französische Revolution schufen, wohl aber eine Art Vorstufe dazu und gewiss dem Modell des Nationalstaats ähnlicher als die meisten anderen Imperien der Weltgeschichte, vielleicht mit Ausnahme Chinas und Russlands.

Allen Errungenschaften zum Trotz blickten manche Zeitgenossen mit Skepsis auf den Weg, den die römische Gesellschaft zurückgelegt hatte. So mancher römische Senator trauerte insgeheim der republikanischen Freiheit nach und den Tagen, in denen Roms Legionen, anstatt befestigte Grenzen zu bewachen, den Feinden des Reiches immer mehr Land abgerungen hatten. Waren die Römer nicht träge und dekadent geworden? Hatten sie sich womöglich zu behaglich im goldenen Käfig eingerichtet, den Augustus ihnen mit dem Prinzipat errichtet hatte?

Einer dieser Skeptiker war Tacitus, Senator, Konsul und Verfasser eines Geschichtswerks, das durch stilistische Brillanz und politischen Scharfsinn gleichermaßen besticht. Mit einem gewissen Neid blickte er in die raue, unzivilisierte Welt jenseits der römischen Provinzen: ins freie Germanien, dem er eine kleine, aber feine Monographie widmete. Das Schicksal des Büchleins illustriert lehrbuchartig, auf welch verschlungenen Pfaden manches, aber allzu weniges vom literarischen Schaffen der Antike die große Zäsur am Ende der Epoche überlebt hat.

An einem Dezembertag des Jahres 1425 setzte sich der Florentiner Poggio Bracciolini, apostolischer Sekretär an der Kurie, an seinen Schreibtisch in Rom und schrieb einen Brief an seinen Landsmann Niccolò Niccoli, einen Kaufmann und Humanisten. Bracciolini schrieb von allerlei Belanglosigkeiten, um dann mit einer echten Sensation aufzuwarten: Ein Mönch aus Deutschland habe ihm berichtet, er sei in einem Kloster fündig geworden und habe dort neben einem Text des Iulius Frontinus über Aquädukte auch verschiedene Werke des Historiographen Cornelius Tacitus entdeckt.

Poggio unterhielt beste Beziehungen nach Deutschland, wo seine Agenten unermüdlich Klosterbibliotheken nach Schätzen der antiken Literatur durchwühlten. In dem Brief hüllt er sich in Schweigen über die Titel und den Gewährsmann. Doch wissen wir, dass es sich bei letzterem um Heinrich von Grebenstein handelt, einen Mönch aus Hersfeld, den sein Abt in den 1420er Jahren diverse Male nach Rom auf diplomatische Mission schickte. Offenbar betätigte sich Heinrich nebenbei als Verkäufer von Büchern, die in der Hersfelder Bibliothek vor sich hinschlummerten. Dass eines der Werke, um die es ging, die *Germania* des Tacitus war, wissen wir aus dem Brief eines anderen Humanisten, des in Bologna lebenden Dichters Antonio Beccadelli, genannt Panormita. Heinrich hatte also die Bände gleich mehreren zahlungskräftigen Interessenten im buchbegeisterten Italien angeboten.

Dort kam der Codex aber nicht an, jedenfalls noch nicht. Mehrere Jahre jagte Poggio seinem Tacitus hinterher, vergeblich. Tacitus (»der Schweigsame«) schweige »inmitten der Deutschen«, schrieb er seinem Freund Niccoli im Herbst 1428. Auch der begab sich daraufhin auf die Suche, die ebenfalls ergebnislos endete. Das Kunststück, das Manuskript in Deutschland aufzutreiben und nach Rom zu bringen, gelang erst knapp 30 Jahre später, 1455, dem Humanisten Enoch von Ascoli, der als persönlicher Beauftragter Papst Nikolaus' V. für die Suche von Handschriften fungierte. Doch Enoch starb bereits 1457, und wieder gab das Buch Anlass zum Rätselraten. Denn der Beauftragte des Papstes hatte eine der im Codex enthaltenen kleinen Schriften des Tacitus verkauft, die Biographie seines Schwiegervaters Agricola, die beiden anderen, außer der *Germania* auch der *Dialog über die Redner*, blieben verschollen. Wenig später muss Enea Silvio Piccolomini, Kardinal von Siena und der künftige Papst Pius II., dem Codex auf die Spur gekommen sein, denn 1458, kurz vor seiner Papstwahl, schrieb er den Traktat *De ritu, situ, moribus et conditione Germaniae* (»Über Religion, Lage, Sitten und Zustand Germaniens«), in dem er seine Kenntnis des taciteischen Werkes verrät.

Nach dem Ende des römischen Imperiums im Westen hatte sich Vergessen über das kolossale Erbe der griechischen und lateinischen Literatur gebreitet. Analphabetismus machte sich breit, Bücher landeten auf dem Müllhaufen oder gingen gar in Flammen auf, weil ihr Inhalt den christlichen Moralhütern nicht passte. Rund 90 Prozent aller Text gingen so verloren: Nur von 253 griechischen Autoren von insgesamt 2000 namentlich bekannten sind Werke erhalten, und nur von 144 lateinischen Autoren von immerhin 772, von denen wir Kunde haben, gibt es noch Schriften. Die Spätantike und mehr noch das frühe Mittelalter waren eine Zeit der großen kulturellen Amnesie.

Wenn überhaupt eine doch immerhin stattliche Zahl lateinischer Texte überliefert ist, dann ist das der monastischen Bewegung zu verdanken, die sich am Übergang von der Antike zum Mittelalter überall im westlichen Europa ausbreitete. Den oft zitierten Grundsatz *ora et labora*, »bete und arbeite«, legten sich die Benediktiner zwar erst im Spätmittelalter zu, doch lehrte die Mönche der Heilige Benedikt schon im 5. Jahrhundert, ihre Arbeitskraft mit nützlichen Werken in den Dienst der Gesellschaft zu stellen. Ein wichtiger Teil der Arbeit, die Mönche leisteten, entfiel auf das Kopieren von Texten in den Skriptorien, den Schreibstuben der Klöster. Vorrang genossen christliche Texte wie die Bibel und die Werke der Kirchenväter, doch waren immer wieder auch Schriften von Autoren wie Cicero, Seneca und eben Tacitus unter den geretteten Texten. Papyrusrollen wurden auf Pergament umgeschrieben, das zu Büchern, Codices, gebunden wurde und in dieser Form die Zeiten bedeutend besser überdauerte.

Im Osten, in Byzanz, war die Zäsur am Ende der Antike weniger einschneidend. Hier überlebten trotz mannigfacher Zerstörungen zunächst viele Bibliotheken. Bildung und damit auch klassische Texte erfreuten sich größerer Wertschätzung als im lateinischen Westen. Auch im von den Arabern eroberten Vorderasien und Nordafrika standen die Zeichen auf Kontinuität: Arabische Gelehrte sammelten und übersetzten die Schriften griechischer Autoren. Viele Texte gerieten erst in Vergessenheit, als Byzanz ab dem 11. Jahrhundert als Ziel von Kreuz- und Eroberungszügen selbst in schweres Fahrwasser geriet. Dennoch waren noch große Bestände antiker Werke vorhanden, als Konstantinopel 1453 von den Türken erobert wurde. Zahlreiche Intellektuelle flüchteten vom Bosporus in das lateinische Europa, vor allem nach Italien, so dass griechische Gelehrsamkeit – zusammen mit der Sprache – im Westen buchstäblich eine Renaissance erlebte. Im lateinischen Mittelalter hatte gegolten: *Graeca non leguntur*, »Griechisch liest man nicht«. Jetzt wurde es möglich, Aristoteles und Homer im Original zu studieren.

In Italien herrschte deshalb eine regelrechte Antikeeuphorie, als man Mitte des 15. Jahrhunderts plötzlich auf die *Germania* das Tacitus stieß. Die kurz vor oder um 100 n. Chr. entstandene Abhandlung ist die gründlichste ethnographische Auseinandersetzung mit den Germanen aus der Feder eines Zeitgenossen. Sein Wissen schöpft Tacitus nicht aus eigener Anschauung, sondern teilweise verlorenen Schriften anderer Autoren und aus mündlichen Berichten. Der erste Teil gilt Land und Leuten: Tacitus schildert die raue Natur, das Klima und das harte Leben, das Germanien seinen Bewohnern aufzwingt. Deshalb glaubt Tacitus, die Germanen seien schon immer dort ansässig gewesen, *indigenae*, denn niemand ziehe freiwillig in solch ein Land.

Die Germanen seien kriegerisch und besäßen Tapferkeit, *virtus*, im Übermaß, seien aber so schwach organisiert, dass sie ihre Kampfkraft nicht zur Geltung bringen könnten. Dafür gälten bei ihnen Tugendhaftigkeit und Religion viel. Tacitus lobt die Germanen für ihre Treue, die Grundlage der Gefolgschaft, die sie ihren Anführern leisten, bemängelt aber zugleich ihre Faulheit und Disziplinlosigkeit. Über Gesetze verfügten die Germanen nicht, die seien aber auch nicht notwendig, weil schließlich Moral und Sittlichkeit hochgehalten würden. Nichts sei den Germanen so heilig wie ihre Freiheit. Diesen Gedanken greift Tacitus später in den *Annalen* auf: Dort lässt er, rund zehn Jahre nach der von den Römern katastrophal verlorenen Varusschlacht, den Sieger Arminius und seinen in römischen Diensten stehenden Bruder Flavus über die Weser hinweg einen Disput über die römische Herrschaft und die Freiheit austragen.

Flavus fordert Arminius auf, doch zu kapitulieren und sich den Römern anzuschließen. Um seiner Position Nachdruck zu verleihen, deutet er auf seine Orden und Ehrenzeichen. Doch Arminius lacht nur über den Sklavendienst des Bruders und schimpft ihn einen Verräter.

Für Tacitus unterscheiden sich die Bewohner Germaniens durch diese Eigenschaften von allen anderen Völkern, die Römer eingeschlossen. Die Liste der Eigentümlichkeiten reiche bis ins private Leben: Die Germanen seien äußerst gastfreundlich, redlich und ehrten ihre Frauen in unverbrüchlicher Treue. Luxus sei ihnen fremd, Lebensweise, Kleidung und Ernährung von größter Schlichtheit. Allerdings neigten die Germanen beim Bier zu Exzessen. Dasselbe gelte für das Würfelspiel, bei dem sie sogar ihre Freiheit einsetzten.

Im zweiten Teil wendet sich Tacitus, geographisch sortiert, den einzelnen Stämmen zu. Er versucht sich in der schwierigen Abgrenzung der Germanen von ihren Nachbaren, stellt aber fest, dass die Zuordnung etlicher Stämme mit Unsicherheiten behaftet ist. Die ethnographische Reise führt von den Helvetiern, Bojern, Treverern und Nervern rechts und links des Rheins über die Chatten im heutigen Hessen, die Friesen, Angrivarier und Chauken im Norden bis zu den diversen Teilstämmen der Sueben und den Goten im Osten. Bei den noch östlich der Sueben siedelnden Gruppen ist sich Tacitus unsicher, ob sie noch den Germanen zuzurechnen seien. Ein historischer Exkurs ist den Kimbern gewidmet, die Rom gemeinsam mit den Teutonen Ende des 2. Jahrhunderts v. Chr. das Fürchten gelehrt hatten und erst von Marius bezwungen worden waren. Von ihrer »alten Größe«, *vetus fama*, kündeten noch »weiträumige Spuren«, *lata vestigia*.

5 Der Germanendisput über die Weser lieferte im neu gegründeten deutschen Reich ein attraktives Motiv – Öl auf Leinwand, Peter Janssen d. Ä., 1873.

Tacitus ist bemüht, den germanischen Stämmen Gerechtigkeit widerfahren zu lassen. Die Generalisierungen des ersten Teils machen im zweiten Abschnitt einem bunten Mosaik Platz. Differenziert wird nach äußeren Merkmalen und Gebräuchen. Interessanterweise zieht Tacitus die Sprache nur zweimal als – allerdings signifikantes – Kriterium für die ethnische Zugehörigkeit heran: Die im Quellgebiet der Weichsel siedelnden Kotiner hält er aufgrund ihrer Sprache für Kelten, nicht für Germanen, die etwas weiter nördlich ansässigen Oser ebenfalls nicht für Germanen, sondern für Pannonier.

Die Germania steht, wie schon Eduard Norden betont hat, in der Tradition der griechischen Ethnographie, die bis ins 6. Jahrhundert v. Chr. zurückreicht. Während den

Römern, Tacitus ist die große Ausnahme, andere Völker in der Regel herzlich egal waren, war den Griechen früh zu Bewusstsein gekommen, dass sie sich von anderen, nicht griechischsprachigen Ethnien unterschieden. Deshalb begannen sie, sich für die »Barbaren« zu interessieren: all jene also, deren Sprache ihnen unverständlich war und sich deshalb wie »brbr« anhörte. Herodot, den Cicero den »Vater der Geschichte« nannte, sammelte systematisch Berichte über die Fremden. Er wollte so den Gegensatz zwischen Orient und Okzident erklären, der in den Perserkriegen für die Griechen offenbar geworden war.

So sind bizarre, teilweise auch erheiternde Porträts von Völkern entstanden, von denen die Griechen nur vom Hörensagen wussten: Von den Garamanten in der libyschen Sahara berichtet Herodot, sie hätten Erde auf Salzseen gestreut, um darauf ihr Getreide wachsen zu lassen; auch hätten sie Rinder besessen, die wegen des Wuchses ihrer Hörner beim Weiden rückwärts gelaufen seien. Gegensätze offenbaren sich bei Herodot immer wieder im Verhältnis der Geschlechter zueinander: Bei den Ägyptern gingen die Frauen auf den Markt, die Männer würden im Haus Webarbeiten machen; während die Männer im Sitzen ihr Wasser ließen, erledigten die Frauen ihr Geschäft im Stehen. Noch andere anrüchige Geschichten weiß Herodot von den Ägyptern zu erzählen: Sie würden nämlich ihre Notdurft im Haus verrichten, während sie ihr Essen im Freien einnähmen. Kurzum: Oft tun andere Völker das genaue Gegenteil von dem, was Griechen erwarten. Andere Länder, andere Sitten.

Das Gegensätzliche betont auch Tacitus in der *Germania*. Germanen führen ein einfaches Leben, sind ohne Falsch und Hintergedanken, halten an den Gebräuchen ihrer Vorfahren fest und schätzen die Freiheit, ihre Frauen sind Musterbeispiele an Tugendhaftigkeit. Fazit: Sie sind grundverschieden von den Römern – jedenfalls ganz anders als die Römer, mit denen Tacitus es in seiner eigenen Epoche zu tun hat. Der Verfasser der »Germania«, der nach der Publikation dieser kleinen Schrift Jahrzehnte mit den großformatigen Geschichtsdarstellungen der *Annalen* (in denen er die Epoche der julisch-claudischen Kaiser von Tiberius bis Nero behandelt) und *Historien* (die das Vierkaiserjahr und die flavische Zeit zum Gegenstand haben) zubrachte, glaubte in einer Zeit zu leben, da die römische Welt ihren Zenit bereits überschritten hatte. Obwohl er den von Augustus geschaffenen Prinzipat für alternativlos hielt, trauerte der Senator und Konsul des Jahres 97 n. Chr. der republikanischen Freiheit nach. Er beklagte die Stagnation, die nach Jahrhunderten der dynamischen Expansion eingesetzt habe, die Tyrannei von Herrschern wie Domitian (dem er immerhin wesentliche Teile seiner Karriere verdankte) und den allgegenwärtigen Verfall von Sittlichkeit und Moral. Tacitus war Pessimist, und deshalb liegt der Schluss nahe, dass er der römischen Gesellschaft mit seinem positiven Germanenbild den Spiegel vorhalten wollte: So wie die Germanen seien auch die Römer einmal gewesen, wollte er seinen Zeitgenossen zurufen. Doch jetzt, im Prinzipat, sei das goldene Zeitalter eben vorbei. Auch Tacitus stimmt in den Chor der antiken Stimmen ein, die Geschichte für einen fortwährenden Verfallsprozess halten.

Enea Silvio Piccolomini las die »Germania«, kaum hatte er sie gefunden, ganz anders. Er klaubte all das aus der Schrift heraus, was sich gegen die Barbaren aus dem Norden verwenden ließ. In *De ritu, situ, moribus et conditione Germaniae* kontrastiert er das vermeintlich finstere, von Tacitus gezeichnete Germanienbild mit den Zuständen, die sich einem Deutschland-Besucher des Jahres 1458 darboten. Denn aus dem hoffnungslos rückständigen Armenhaus sei inzwischen eine blühende Städtelandschaft mit florierendem Handel und Gewerbe geworden. Piccolominis Vergleich fällt durchaus absichtsvoll so schmeichelhaft aus, denn mit dem Traktat antwortete er auf das Schreiben eines gewissen Martin Meyer, seines Zeichen Sekretär des Bischofs von Mainz. Und dieses Schreiben hatte es in sich gehabt: Meyer hatte schonungslos mit der Gier und Übergriffigkeit des Heiligen Stuhls gegenüber der Kirche in Deutschland abgerechnet und fein säuberlich die Gravamina aufgelistet, die man nördlich der Alpen der römischen Kurie ankreidete. Der Sieneser Kardinal antwortete, indem er Meyer unter die Nase rieb, wie weit es doch die Deutschen durch das segensreiche Wirken der römischen Kirche gebracht hätten. Seiner Karriere schadete die Zurechtweisung des deutschen Kirchenmannes nicht. Wenige Monate nach der Veröffentlichung wurde er als Pius II. zum Stellvertreter Petri gewählt.

Obwohl die *Germania* bereits 1476 in Deutschland erschien, wurde der Text dort zunächst kaum rezipiert. Erst Anfang des 16. Jahrhunderts entdeckten Humanisten wie der Agricola-Schüler Conrad Celtis und der Reformator Ulrich von Hutten das Potential, das diesem Text innewohnte. Vor allem für Huttens Projekt, die Identität der gerade in Genese befindlichen deutschen Nation in ferner germanischer Vergangenheit zu verankern, war der Text ein Geschenk des Himmels. Hier lag scheinbar der unumstößliche Beweis dafür vor, dass die Germanen die Vorfahren der Deutschen waren. Stand nicht bei Tacitus schwarz auf weiß, dass sie bereits in der Antike als Gruppe erkennbar waren, die sich von ihren Nachbarn unterschied? Dass Tacitus den Germanen ganz nebenbei auch noch eine untadlige Moral bescheinigte, machte ihn aus Huttens Sicht zu einem noch wertvolleren Kronzeugen.

Zum Gründungsmythos der deutschen Nation erhob Hutten die Varusschlacht, deren Bedeutung ebenfalls Tacitus unterstrichen hatte. Arminius sei *haud dubie*, »ohne Zweifel«, der »Befreier Germaniens«, *liberator Germaniae*, gewesen, hatte der Verfasser der 1508 im Kloster Corvey wiederentdeckten *Annalen* anerkennend bemerkt. Hutten kanonisierte die germanische Treue und beschwor in seinem 1519 verfassten und 1529 postum veröffentlichen *Arminius* die durch den Cherusker zustandegebrachte Eintracht der Stämme gegen Rom. Im vatikankritischen Klima des reformationszeitlichen Deutschland eignete sich die Figur des Arminius besonders gut für Vergegenwärtigungsversuche jeder Art. Auch Luther bekannte in seinen 1566 publizierten »Tischreden« über Arminius, den er Hermann nannte: »Ich hab in von hertzen lib.«

Arminius und die taciteische Germania waren die Muttererde für einen nationalen Mythos, der bis ins 19. Jahrhundert immer neue Aktualisierungen erlebte: Nach den Verheerungen des Dreißigjährigen Krieges und insbesondere in der Aufklärung stand er für Einigkeit und gegen die feudale Zerrissenheit und Unterdrückung, in den Kriegen gegen das napoleonische Frankreich für die Freiheit der Nation von einem äußeren, sich selbst mit dem römischen Imperium identifizierenden Feind und schließlich, in der Zeit bis zur Reichsgründung 1871, abermals für die Einheit einer Nation, die sich als Erbin ihrer zweitausendjährigen Geschichte begriff. Der durch Arminius verkörperten Sehnsucht nach deutscher Einigkeit verdankt das Detmolder Hermannsdenkmal seine Entstehung, auch wenn vom ersten Spatenstich 1838 bis zur Fertigstellung 1875 Jahrzehnte ins Land gingen. Die zwischenzeitlich erreichte Einheit hatte den Mythos urplötzlich seiner Aktualität beraubt und war deshalb dem Weiterbau nicht förderlich gewesen.

Während die Strahlkraft des Einheits- und Freiheitshelden Arminius also verblasste, infizierte der Bazillus des völkischen, ja rassischen Nationalismus ganz Europa und nicht zuletzt Deutschland. Bis 1855 legte der französische Publizist Arthur Comte de Gobineau die vier Bände seines *Essai sur l'inégalité des races humaines* vor und vertrat darin die These, die menschlichen Gesellschaften würden durch fortwährende Rassenmischung weiter und weiter degenerieren. Gobineaus *Versuch*, der Rasse zum wirkmächtigen Faktor in der Geschichte erklärte, fand in Deutschland im Kreis um Richard Wagner sogleich begeisterte Aufnahme, provozierte aber auch Widerspruch. Für den nach Deutschland übersiedelten Briten und Wagner-Akolythen Houston Stewart Chamberlain repräsentierte die germanische Rasse genau die Reinheit, die Gobineau zum Ideal erklärt, aber nirgends gefunden hatte. Und wieder lieferte Tacitus die Munition für geschichtspolitische Schaukämpfe: Hatte nicht der Römer die Germanen zu *indiginae* erklärt und behauptet, sie hätten sich nicht durch »Einwanderung«, *adventus*, oder »gastliche Aufnahme«, *hospitium*, mit fremden Völkern durchmischt?

Entgegen dem, was man erwarten könnte, erlebte die *Germania* ab 1933 keine große Konjunkturwelle. Hitlers Verehrung der germanischen Ahnen hielt sich in Grenzen, ihn beeindruckten Griechen und Römer weitaus mehr. Wohl sahen das einige führende Nationalsozialisten, vor allem Rosenberg und Himmler, durchaus anders. Immerhin finanzierte die SS-Organisation »Deutsches Ahnenerbe« ein Projekt, das zum Ziel hatte, die 1901 in Jesi gefundene älteste Handschrift des Werkes zu erforschen, zu fotografieren und möglichst nach Deutschland zu verbringen. Letzteres scheiterte, doch erschien 1943 als erster Band der Schriftenreihe »Ahnenerbe« ein Faksimile mit Forschungsnotizen.

Allerdings sprangen nur wenige NS-Gelehrte auf den Zug auf. Womöglich lieferte Tacitus ihnen zu wenig Material, auf das sie ihre krude Überlegenheitsdoktrin hätten gründen können. Einzig Hans F.K. Günther, genannt »Rasse-Günther« und seit 1935 ordentlicher Professor für Rassenkunde, Völkerbiologie und ländliche Soziologie an der Berliner Universität, gelang es, den taciteischen Text so zu verbiegen, dass er sich in den Dienst der Rassenideologie stellen ließ. Günther war der Meinung, die »nordische« Rasse habe seit der Antike erheblich durch Vermischung mit vermeintlich »Rassefremden« gelitten. Aus der *Germania* meint er nun herauslesen zu können, dass sich die germanischen Ahnen durch gezielte Eugenik und Züchtung dem »rassischen Niedergang« entgegengestemmt hätten. In diesem Sinn deutet er auch das taciteische Lob für die Keuschheit der germanischen Frauen: Durch sorgfältige Auswahl ihrer Sexualpartner hätten sie nämlich ihren Beitrag für die Erhaltung der »Rassereinheit« geleistet.

Heute wird niemand aus der *Germania* mehr einen Gründungsmythos der deutschen Nation herleiten wollen. Eduard Nordens Skepsis, was die Faktizität des Geschilderten angeht, dürfte nur allzu begründet sein. Freilich sollte die Zukunft zeigen, dass der taciteische Pessimismus, was Rom anging, alles andere als unbegründet war. Schon bald nämlich wurde offenbar, dass das Imperium für die Herausforderungen der Zukunft denkbar schlecht gerüstet war.

SIEBEN

Phantomschmerzen. Das Ende der Zivilisation

Anfang des 3. Jahrhunderts n. Chr. mehrten sich die Anzeichen, dass sich das strategische Umfeld, in dem sich das Reich befand, von Grund auf wandelte. Warnsignale hatte es schon zuvor gegeben. In den 160er Jahren hatten sich nördlich der Donau ansässige Stämme, darunter die Markomannen und die Quaden, auf Wanderschaft begeben und die Grenze nach Pannonien überschritten. Bis zu seinem Tod drängte Mark Aurel die Eindringlinge in zwei großen, verlustreichen Feldzügen aus dem Reich. Markomannen und Quaden waren jedoch nur die Herolde dramatischer Veränderungen, die aus kleinen, sesshaften Königtümern im Raum zwischen Rhein und Schwarzem Meer hochmobile, schlagkräftige Stämme formten: Völker in Waffen, die von der Zivilisation und vom Wohlstand der römischen Welt magisch angezogen wurden.

Während so im Westen nicht zuletzt durch den Kontakt mit Rom gefährliche Gegner heranwuchsen, fiel im Osten das Partherreich in sich zusammen. Eigentlich wurde nur seine regierende Dynastie gestürzt und das Reich von einem neuen, aus dem Südiran stammenden Herrscherhaus übernommen, den Sasaniden. Deren Könige verfolgten jedoch, kaum hatten sie ihre Herrschaft von Mesopotamien bis in den Iran konsolidiert, eine ehrgeizige Expansionspolitik auf

Kosten ihrer Nachbarn in Ost und – vor allem – West. Bald machte sich der neue Gegner im Orient durch Vorstöße gegen Städte im römischen Mesopotamien bemerkbar, und nach seinem Herrschaftsantritt weitete der Sasanidenkönig Schapur I. das Operationsgebiet bis nach Syrien und Kleinasien aus. 260 n. Chr. schlug Schapur die Römer vernichtend bei der Stadt Edessa in Nordmesopotamien, der Imperator Valerian ging, Gipfel der Schmach, in persische Kriegsgefangenschaft.

Am Ende der Ereigniskette, die durch die fatale Niederlage von Edessa in Gang gesetzt wurde, stand die Vernichtung der syrischen Oasenstadt Palmyra. Hier, mitten in der Syrischen Wüste, auf halber Strecke zwischen Mittelmeer und Euphrat, brachen die Karawanen auf ihren weiten Weg nach Indien auf. Auf der Agora Palmyras wurden die Luxuswaren, die sie von dort mitbrachten, für den Verkauf weiter nach Westen abgefertigt, direkt ins Römische Reich. Palmyra war eine der wenigen Städte im Imperium, die ihren Wohlstand nicht der Landwirtschaft im Umland, sondern der Umtriebigkeit ihrer handeltreibenden Bürger verdankte. Die Stadt gehörte zu den reichsten der römischen Welt – und zu den eindrucksvollsten, mit einem Heiligtum der Superlative und einer zwei Kilometer langen, von Kolonnaden gesäumten Prachtstraße. Von der Landkarte getilgt wurde nicht die materielle Existenz der Metropole, wohl aber ihre zuvor herausragende politische und wirtschaftliche Bedeutung.

Zu Zeugen der zweiten Vernichtung Palmyras wurde die Weltöffentlichkeit erst vor wenigen Jahren. Im Mai 2015, der Bürgerkrieg in Syrien wütete im vierten Jahr, standen die Freischärler der Terrormiliz Islamischer Staat (IS) kurz vor Tadmur. Die Oase beherbergt außer der modernen Stadt mit rund 80 000 Einwohnern und einem Gefängnis, in dem das syrische Regime seine politischen Gegner eingesperrt hält, die Ruinen- und Weltkulturerbestätte Palmyra, die bis 2011 das Ziel ungezählter Touristen und für Syrien ein bedeutender Wirtschaftsfaktor war. Am 20. Mai besetzte der IS kampflos Palmyra. Das berserkerhafte Zerstörungswerk der Milizen an den archäologischen Stätten des Irak, in der assyrischen Residenzstadt Nimrud und in der Tempelmetropole Hatra im nördlichen Mesopotamien ließ für die Oasenstadt Schlimmstes befürchten. Einen Monat später erfuhr die Weltöffentlichkeit, dass die Islamisten die Stadt vermint und mit Sprengfallen versehen hatten. Am 27. Juni wurde bekannt, dass die Terroristen die Löwenskulptur aus dem Tempel der Allat in die Luft gesprengt hatten. Wenig später wurden auch der Baalschamin-Tempel, der Bel-Tempel und ein dreibogiges Tor in der großen, die Stadt auf einer Länge von zwei Kilometern schneidenden Kolonnadenstraße zerstört. Am 18. August wurde der langjährige Chefausgräber von Palmyra, Khalid al-Asad, auf dem Platz vor dem Museum, das er maßgeblich aufgebaut hatte, ermordet, der enthauptete Leichnam dort in einer grausigen Schau ausgestellt.

Der Anführer der Terrormiliz, Ibrahim al-Badri, der sich Abu Bakr al-Bagdadi nannte, hatte 2014 in der an-Nuri-Moschee im nordirakischen Mossul ein neues Kalifat ausgerufen und sich selbst gleich zum »Kalifen Ibrahim«. Auf *Dabiq*, dem online verbreiteten Hochglanzmagazin des IS, erklärte er sich zum »Befehlshaber der Gläubigen« und blies zum »Marsch auf Rom« und damit zum Dschihad gegen die »Ungläubigen«. Man sollte sich hüten, solche Verlautbarungen als pure Rhetorik abzutun. Tatsächlich war der IS

6 Ein Palmyra, das nie wieder so sein wird, wie vor der Verwüstung durch den IS: Der Bel-Tempel wurde fast vollständig weggesprengt – Aufnahme aus dem Jahr 2016.

der bis dato erfolgreichste Versuch, die im Nahen Osten als Folge des Ersten Weltkriegs gezogenen Grenzen zu überwinden und sunnitische Muslime gleich welcher ethnischen Zugehörigkeit in einem Staatsgebilde zu vereinen, das sich bewusst an der Gründerzeit des Islam orientierte. In vollem Ernst erklärte al-Bagdadi, er gehöre zum Stamm Quraisch und sei damit ein direkter Nachkomme des Propheten Muhammad.

Gleich in dreifacher Hinsicht war Palmyra für die Freischärler ein Faustpfand von enormem Wert. Erstens saßen im Gefängnis Tadmur unter anderen Regimegegnern auch viele Islamisten ein, die befreit wurden. Nebenbei konnte der IS so die grausamen Haftbedingungen unter dem Assad-Regime dokumentieren. Zweitens provozierte man durch die barbarischen Zerstörungen gezielt einen Aufschrei der Empörung im Westen, der nicht ausblieb. Am

17. Mai 2015 veröffentlichte Boris Johnson im *Daily Telegraph* unter dem Titel »We must save Palmyra or the maniacs will raze civilization« einen Artikel, in dem er Palmyra als Ort der Toleranz und der Weltoffenheit pries, für den es wert sei zu kämpfen. Eine Woche später griff auch der Autor dieses Buches zur Feder und erinnerte auf Spiegel Online daran, »was der Welt verlorengeht«, wenn der IS Palmyra zerstören würde. Die Kommentarspalten füllten sich rasch. Etliche Leser bemängelten, der Verfasser sorge sich »um einen Haufen alter Steine«, während in Syrien reihenweise Menschen stürben. Genau diese Reaktion war vom IS kalkuliert. Der berechnende Vandalismus der Islamisten sollte die Westler als Heuchler entlarven und zugleich aller Welt die Ohnmacht der Staatengemeinschaft vor Augen führen. Drittens war die islamistische Fangemeinde weltweit das Zielpublikum für die Aktionen. Wie das Judentum kennt der Islam ein religiöses Bilderverbot, das in seinen verschiedenen Strömungen unterschiedlich streng ausgelegt wird. Die IS-Kämpfer inszenierten sich, wie schon die Taliban bei der Zerstörung der Buddha-Statuen im afghanischen Tal von Bamiyan 2001, als Vorkämpfer der reinen sunnitischen Lehre. Bilder für den Götzendienst, Schirk, nichtislamischer Kulte zu vernichten, war nach islamisch-fundamentalistischer Lesart ein gottgefälliges Werk. Im Fall Palmyras galt das ganz besonders, weil das Regime der Baath-Partei die Ruinenstadt seit Jahrzehnten zum Brennpunkt syrisch-nationaler Identität gemacht hatte. Weil der Levante-Staat polyethnisch ist und mit seinen starken christlichen, jüdischen und islamisch-heterodoxen Minderheiten obendrein religiös zerklüftet, musste man, um einen nationalen Mythos zu schaffen, auf die Zeit vor der Islamisierung zurückgehen. Palmyra, die einst reiche Handelsstadt, deren Herr-

scherin Zenobia dem mächtigen Rom – und damit einer Großmacht aus dem Westen – die Stirn geboten hatte, drängte sich für die Konstruktion eines solchen Mythos geradezu von selbst auf. Palmyra und Zenobia sind deshalb in Syrien allgegenwärtig: auf Briefmarken, Geldscheinen und im öffentlichen Raum. Was also lag für den IS näher, als diesen Bezugspunkt baathistischer Propaganda vom Erdboden zu tilgen und so die Schwäche des Regimes offenbar zu machen?

Zenobia ist bis heute eine Gestalt, an die sich viele Mythen knüpfen. In der arabisch-persischen Überlieferung ist al-Zabba eine listenreiche Königin, die inmitten brutal ausgefochtener Stammesfehden ihre Intrigen spinnt. Für die griechisch-römische Historiographie hingegen war Zenobia eine orientalische Despotin, die im Begriff war, mitten in der Wüste ein Imperium zu errichten und so die römische Herrschaft im Nahen Osten herausforderte. Diese Zenobia hat eine bemerkenswerte Karriere bis zur Opernheroine und zur Nationalheldin des modernen Syrien hingelegt. Die historische Zenobia hingegen ist unter den Schichten einer wenig glaubwürdigen und streckenweise regelrecht fantastischen Überlieferung nur schwer zu greifen. Ein paar Münzen sind alles, was Aufschluss gibt über das Handeln der Frau, die für ein paar Jahre im Zentrum grundstürzender Geschehnisse stand.

Am Anfang der Ereigniskette, die Palmyra in die große Politik katapultierte, stand die Niederlage des Imperators Valerian gegen den Perserkönig Schapur im Frühjahr 260 n. Chr. bei Edessa. Er habe »Valerianus Caesar mit eigenen Händen gefangengenommen«, brüstete sich Schapur in einer Siegesinschrift. Die Katastrophe kostete Valerian also seine Freiheit, den römischen Osten aber den Schutz, den

7 Die Erinnerung an Zenobia wird auch im modernen Syrien wachgehalten, die Herrscherin dabei als Sinnbild nationaler Selbstbehauptung mythologisiert – Briefmarke der Arabischen Republik Syrien, 1962.

bis dahin die römische Armee gespendet hatte. Die gesamte Zone zwischen Mittelmeer und Tigris verwandelte sich in ein Machtvakuum, durch das plündernd und brandschatzend persische Heere zogen. Während der Osten in Anarchie zu versinken drohte und der überlebende Imperator Gallienus im Westen Mühe hatte, sich gegen Usurpatoren durchzusetzen, wurden die durch Syrien streifenden persischen Truppen plötzlich am Orontes von einer bunt zusammengewürfelten Streitmacht gestellt – und geschlagen. Wenig später erlitten sie beim Versuch, sich mit ihrer Beute über den Euphrat abzusetzen, abermals eine Niederlage.

An der Spitze des doppelt siegreichen Heeres stand Septimius Odainat, ein Palmyrener, der in den Jahren zuvor erst in seiner Stadt zum Alleinherrscher und dann in der römischen Militärhierarchie im Nahen Osten zu einer Schlüsselfigur aufgestiegen war. Um den Persern den Rückweg zu verstellen, hatte er offenbar versprengte römische Truppenteile und bewaffnete Palmyrener aufgeboten. Nach den Gefechten an Orontes und Euphrat überhäufte Gallienus den Palmyrener mit Titeln und übertrug ihm den Oberbefehl in den östlichen Provinzen. Odainat selbst nannte sich »König der Könige«, genau wie die persischen Großkönige seit der Achaimenidenzeit. Im Orient wurde Odainat als Heilsbringer gefeiert: als »sonnengesandter Löwe«, wie ihn ein obskurer Text nennt, der es den Persern so richtig gezeigt habe. Er gab sich mit dem Sieg am Euphrat aber nicht zufrieden und setzte den abziehenden Persern nach. Odainat eroberte die von Persern besetzte römische Provinz Mesopotamia zurück und stand wenig später vor den Toren Ktesiphons, der persischen Hauptstadt in Babylonien, ohne sie freilich erobern zu können. Einige Jahre später belagerte er abermals Ktesiphon, wieder ohne Erfolg.

Zwei Fragen drängen sich im Zusammenhang mit Odainats Perserfeldzügen auf. Erstens: Was bezweckte der Palmyrener mit seinen Offensiven, die ersichtlich mehr waren als bloß ein Akt der Selbstverteidigung? Und zweitens: Warum überhaupt war der Machthaber einer römischen Provinzstadt imstande, Krieg gegen das Perserreich zu führen, das zuvor immerhin Valerian in die Knie gezwungen hatte? Woher nahm er die militärischen Ressourcen? Und wieso konzentrierte sich in Palmyra alle Macht in seinen Händen, während überall sonst im römischen Imperium die Städte kleine Republiken waren, mit jährlich wechselnden und sich kollegial die Amtsgeschäfte teilenden Magistraten?

Das Geschehen um und nach 260 lässt nur den Schluss zu, dass Palmyra keine römische Stadt wie jede andere war. Tatsächlich blickte es, als Odainat seine Kriege führte, auf eine Geschichte zurück, die in wenig mehr als 300 Jahren aus einer kleinen Oasensiedlung mitten in der Syrischen

Wüste eine Drehscheibe des interkontinentalen Fernhandels gemacht hatte. Bis um etwa 200 v. Chr. können die Archäologen die Siedlungsgeschichte des klassischen Palmyra zurückverfolgen: in eine Zeit also, als noch das Seleukidenreich über ganz Vorderasien geherrscht hatte. Offenbar hängt der Aufstieg Palmyras mit dem Niedergang dieses Imperiums und dem Aufstieg der Parther zusammen. Plötzlich standen einander zwei feindliche Reiche in Syrien und Mesopotamien gegenüber. Um Handel zwischen den beiden Regionen treiben zu können, mussten Mittelsleute einspringen, die auf beiden Seiten Vertrauen genossen. Das war die Marktlücke für die Palmyrener. Den profitablen Güteraustausch zwischen verfeindeten Nachbarn zu organisieren, machten sie fortan zu ihrem Geschäftsmodell. Weil sie in West wie Ost über die Schlüsselressource Vertrauen verfügten, öffneten sich ihnen alle Türen, auch, als sich das römische Imperium im Nahen Osten ausbreitete und den Palmyrenern Zugang zum gigantischen Markt des Mittelmeers verschaffte. Der ältere Plinius schrieb in seiner *Naturgeschichte*, Palmyra liege zwischen den »beiden großen Reichen der Römer und der Parther«, *inter duo imperia.*

Im 2. Jahrhundert n. Chr. brachen Jahr für Jahr Kaufleute von Palmyra aus auf, durchquerten per Karawane das parthische Mesopotamien, schifften sich im Hafen Spasinou Charax ein und erreichten, mit dem Sommermonsun im Rücken via Persischem Golf und Indischem Ozean die indische Westküste. Dort kauften die Händler Luxuswaren aus allen Teilen des Orients ein: Gewürze, Edelsteine, Elfenbein – und vor allem Seide aus China, mit deren Verkauf man im Westen phänomenale Gewinnspannen erzielen konnte. Der Wintermonsun blies die Schiffe zurück in den Persischen Golf, wo man im Dezember Spasinou Charax erreichte. Von hier beförderten die Karawanen das wertvolle Handelsgut nach Palmyra. Dieser Handelsweg war kürzer und logistisch viel weniger anspruchsvoll als die alternative Südroute über das Rote Meer und Ägypten. Deshalb überflügelten die Palmyrener schon im 1. Jahrhundert die alteingesessene Konkurrenz aus dem Nilland.

Der Fernhandel mit Indien war ein großes Gemeinschaftsprojekt aller Palmyrener. Seinen Dimensionen und seiner Bedeutung nach stellte er die kommerzielle Aktivität »normaler« römischer Städte weit in den Schatten. Er war das erste Element, dem Palmyra sein Anderssein verdankte. Der zweite Faktor, der die Stadt zu etwas Besonderem in der römischen Welt machte, war die Rolle, die Stämme in ihrer sozialen Organisation spielten. Die Syrische Wüste, eigentlich keine Wüste, sondern eine für Viehzüchter durchaus wohnliche Steppe, war seit jeher die Heimat von Nomaden, die hier mit ihren Herden saisonalen Weidewechsel trieben, sogenannte Transhumanz. Von diesen in Stämmen organisierten Nomaden unterschiedlicher ethnischer und sprachlicher Zugehörigkeit stammten die Palmyrener ab, die in der Kaiserzeit das Tor nach Süd- und Ostasien weit aufstießen. Während ihre Stadt wuchs und florierte, legten die Palmyrener ihre Stammesidentitäten nicht einfach beiseite. Dem gesamten gesellschaftlichen Leben, von der Wiege bis zur Bahre, drückte der Tribalismus seinen Stempel auf: der Religion, der Politik und natürlich auch dem so wichtigen Fernhandel. Die Stammesleute in der Stadt ließen den Kontakt zu ihren Verwandten in der Wüste unterdessen nicht abbrechen: Man verkehrte miteinander und schloss Heiratsallianzen. Gerade Angehörige der Eliten pendelten als Teilzeitnomaden zwischen Stadt und Steppe hin und her. So entstand im Laufe der Zeit eine Gesellschaft, in der sich alle als Palmyrener fühlten, zugleich aber ihren Stammesbrüdern zu Loyalität verpflichtet blieben. Palmyra war sozusagen tribal versäult: Wer oben stand und wer unten, richtete sich nach der Position in der Hackordnung des Stammesverbandes, und die Stammesältesten saßen immer mit am Tisch, wenn Entscheidungen für alle getroffen wurden. Palmyra und die Viehzüchternomaden der Steppe bildeten innerhalb der Stämme, allen lebensweltlichen Unterschieden zum Trotz, eine soziale Einheit.

Gesellschaften, in denen starke Stammesidentitäten wirksam sind sowie Stadt und Steppe miteinander verklammern, gab es im Vorderen Orient und in Zentralasien noch in jüngster Vergangenheit: dort nämlich, wo ökologische Bedingungen herrschen, die solche symbiotischen Verflechtungen Nomaden und Sesshaften gleichermaßen zum Vorteil gereichen lassen. Für Palmyra erwuchsen aus dieser Situation gleich mehrere Standortvorteile. Zum einen waren die Nomaden sowieso mobil und deshalb wie geschaffen, um die für den Fernhandel unverzichtbare Logistik zur Verfügung zu stellen: Kamele und Dromedare, die man saisonal in unterschiedlichen Klimazonen weiden ließ. Zum anderen sind Nomaden im Prinzip immer auch Krieger. Mit den Steppenbewohnern hatte Palmyra eine jederzeit aktivierbare Reservearmee, die, weil sie am Fernhandel ein unmittelbares ökonomisches Interesse hatte, für seine Sicherheit sorgte, wenn es darauf ankam.

Hier beginnen sich die Nebel um Palmyras erstaunliche militärische Fähigkeiten vor dem Hintergrund der Krise des Jahres 260 zu lichten. Odainat konnte ohne große Mühe das Kampfpotential der nomadischen Palmyrener aktivieren und in die Waagschale werfen. Was aber bezweckte er mit seinen Feldzügen, die tief ins Herz des Perserreiches vorstießen? Vermutlich hilft auch hier ein Blick auf die Anomalie, die Palmyra als Fernhandelszentrum in der römischen Welt darstellte. Wir erinnern uns: Schmiermittel des palmyrenischen Wirtschaftswunders war das Vertrauen gewesen, das die Menschen aus der Oase im römischen Imperium aber auch bei seinen Nachbarn, den Parthern, genossen. Das Partherreich war 226 n. Chr. zusammengebrochen. Seine Dynastie, die Arsakiden, hatte den neuen Herren aus Persien platzgemacht: den Sasaniden. In dem neuen Reich im Osten war die wichtigste Ressource der Palmyrener, das Vertrauen, mit einem Schlag nichts mehr wert. Längst hatte sich Palmyra immer weiter an Rom angenähert, war römische Kolonie und trug mit Stolz den kaiserlichen Ehrentitel »Hadriane Palmyra«. Wenn die Sasaniden sich im Nahen Osten umsahen, konnten ihnen die Palmyrener nicht länger als neutrale, ehrliche Makler *inter duo imperia* erscheinen. Für die neuen Machthaber im Osten waren die Palmyrener schlicht Römer.

Für die Oasenstadt und ihren Fernhandel war das eine ausgesprochen missliche Situation. Wenn sich die Tore des Perserreiches noch für sie öffneten, dann höchstens nach viel diplomatischem Vorgeplänkel und gegen gutes Geld. Die Passage durch Mesopotamien, Palmyras Lebensader, war mühselig und teuer geworden. Deshalb sahen sich einzelne Kaufleute aus Palmyra bereits in Ägypten um, mit dem naheliegenden Ziel, ihr Portfolio zu diversifizieren: Warum nicht auf die Südroute ausweichen, wenn die Nordroute versperrt war? Dort aber waren bereits seit Jahrhunderten etablierte ägyptische Handelshäuser aktiv.

Für Odainat, der in dieser Krise zum Alleinherrscher in der Oase avancierte, lag deshalb der Schlüssel zum Weg nach Indien im Perserreich. Genauer: Das Imperium der

Sasaniden, das den Palmyrenern so wenig gewogen war, musste aus dem Zweistromland verdrängt werden, damit die Karawanen wieder zum Persischen Golf ziehen und die Gelder wieder fließen konnten. Und genau auf dieses Ziel arbeitete er mit großer Tatkraft und erheblichem militärischen Können hin. Dass Odainat sich mit dem in arger Bedrängnis befindlichen Gallienus arrangierte, hatte nichts mit Treue und Loyalität Rom gegenüber zu tun. Palmyras Interessen überkreuzten sich schlicht nicht mit denen des Imperiums im Westen; sein Ehrgeiz richtete sich auf den Osten.

Das Schicksal wollte es, dass Odainat Ende 267 n. Chr. von den Lebenden abberufen wurde, ob durch Mord, Unfall oder ein sonstiges Missgeschick, darüber erzielen die Quellen keine Einigkeit. Mit seinem Tod verwandelte sich nicht nur Palmyra, sondern der gesamte Nahe Osten in ein riesiges Machtvakuum. Wer sollte es füllen? Nach römischer Rechtsauffassung war Odainat ein römischer Imperiumsträger und hatte Titel wie Vollmachten samt und sonders aus der Hand des Gallienus empfangen. Mit seinem Tod fiel deshalb auch das alles zurück an den römischen Herrscher – theoretisch. Denn praktisch war Rom überhaupt nicht dazu in der Lage, irgendetwas von den Palmyrenern zurückzufordern. Kurz nach Odainats Tod wurde Gallienus gestürzt, und seine Nachfolger hatten alle Hände voll zu tun, die Bedrohung der Hauptstadt durch vom Balkan aus nach Italien vordringende Stämme abzuwehren. Ohnehin sah man die Dinge in Palmyra völlig anders als in Rom. War nicht Odainat Stadtherr in Palmyra gewesen? Trug er nicht den Titel »König der Könige«? Und war es nicht der Ruhm seiner Persersiege gewesen, dem Odainat seine Stellung verdankte, mehr als jedem Herrscher in Rom? Nach

8 Der Regierungszeit des römischen Kaisers Gallienus (260 bis 268 n. Chr.) waren nur wenige Erfolge beschieden – Marmorporträt, 3. Jh. n. Chr.

palmyrenischer, ohnehin durch das Denken in Verwandtschaftsstrukturen bestimmter Lesart musste es einen Nachfolger aus Palmyra geben. Und das Amt gebührte niemand anderem als Odainats Sohn Wahballat. Weil Wahballat aber noch nicht volljährig war, musste jemand für ihn die Regierungsgeschäfte führen. Dieser Jemand war Zenobia.

Die Regentin war in einer komfortablen Position. Das Militär im Orient hörte auf ihr Kommando. Claudius, der neue starke Mann im Westen, war so stark nicht und schlug sich auf dem Balkan mit den Goten herum. Doch dann plötzlich drehte sich der Wind: Claudius siegte am Gardasee über die Alamannen und wenig später bei Naissus über die Goten und legte sich den Beinamen »Gothicus« zu. Tatkräftig assistiert hatte bei dem Triumph sein Reitergeneral Aurelian. Wenig später starb Claudius an einer Epidemie, und Aurelian wurde sein Nachfolger. Nachdem er den Balkan durch einen zweiten Sieg befriedet und im Westen halbwegs Ordnung geschaffen hatte, brannte der neue Mann im

Purpur auf Taten, und das hieß: Die regionalen, aus römischer Sicht illegitimen Machtzentren, die sich nicht nur um Palmyra, sondern auch in Gallien etabliert hatten, mussten verschwinden.

Zenobia begriff, dass Claudius' Sieg bei Naissus eine völlig neue Lage geschaffen hatte. Sie handelte und erweiterte ihren Machtbereich, indem sie die römischen Provinzen Arabien und Ägypten besetzte. Besonders der Vorstoß ins Nilland war eine Kampfansage an die Adresse Roms, denn die stets hungrige Hauptstadt bezog von hier das Gros ihres Getreides. Etwas später, Anfang 271, erschienen Münzen, auf deren Vorderseite wohl noch Aurelian als Augustus prangte. Drehte man die Münze aber um, blickte einem das Antlitz Wahballats entgegen, der hier als Imperator firmierte. Die Strategie war eindeutig: Zenobia wollte so viele Faustpfänder wie möglich sammeln, um Aurelian aus einer Position der Stärke entgegenzutreten. Zumindest wollte sie ihre Haut so teuer wie möglich verkaufen.

Im Frühjahr 272 befand sich Aurelian auf dem Marsch durch Kleinasien, geradewegs Richtung Syrien. Während das Heer herannahte, gab die von Palmyra kontrollierte Münzstätte in Antiocheia fleißig neue Nominale heraus. Auf ihnen war der Kopf Zenobias zu sehen, die Legende war an Eindeutigkeit nicht zu überbieten und bedarf keiner Übersetzung: ZENIOBIA AVGVSTA. Zenobia hatte für sich und ihren Sohn selbst nach dem Purpur gegriffen, sie war, so sah es Aurelian, zur Usurpatorin geworden. Tatsächlich war sie eine Getriebene: Erst der ungeteilte Herrschaftsanspruch Aurelians, der keinen Raum für Zenobia duldete, ließ sie in die Offensive gehen. Jeder Schritt Zenobias war die Antwort auf einen Zug, den zuvor Aurelian getan hatte.

9 Diese unzweideutig an römisch-kaiserzeitliche Vorbilder angelehnte Münzprägung dokumentiert Zenobias Willen zur Macht – Silbermünze, 272 n. Chr.

Dreimal standen sich Aurelians Streitmacht und die Palmyrener gegenüber: bei Antiocheia im Mai 272, bei Emesa ein, zwei Monate später und vor Palmyra im Hochsommer. Dreimal siegte Aurelian. Zenobia hatte hoch gepokert und am Ende alles verloren. Darüber, welches Schicksal ihr der Sieger zugedacht hatte, streiten die Quellen. Einige sagen, sie habe die Niederlage nicht überlebt, andere, sie sei im Triumphzug durch Rom geführt worden und habe ihren Lebensabend in der mondänen Sommerfrische Tivoli verbracht. Aurelian machte nach seinem Sieg über Palmyra auch der zweiten Sonderherrschaftszone in Gallien den Garaus und feierte sich nach vollbrachter Mission auf seinen Münzen als »Wiederhersteller des Erdkreises«, RESTITVTOR ORBIS.

Palmyra bestand als Stadt fort, verlor aber sofort seinen Status als Handelsmacht und politisches Zentrum. Ihr zweites Leben führte die Oasenstadt als Garnisonsort in einem Festungsgürtel, den Diokletian anlegen ließ. Die Römer bauten ein großes Legionslager und funktionierten die

Stadtlandschaft Palmyras so um, dass sie den Bedürfnissen ihres Militärs diente. Die Nomaden im orientalischen Niemandsland zwischen Perser- und Römerreich waren unruhig geworden und bedrohten das Siedlungsland. Neue, schlagkräftige Großstämme formierten sich in der Steppe, denen Rom nicht anders begegnen konnte als mit militärischer Stärke. Ein Schelm, wer Böses dabei denkt: Könnte es sein, dass Aurelians Sieg über Zenobia für Rom mehr Probleme schuf, als er löste? Der Gedanke scheint zumindest nicht abwegig, dass der Zerfall der Stammesgesellschaft um Palmyra in der Steppe Kräfte freisetzte, die zu beherrschen für Rom eigentlich viel zu kostspielig war. Das freilich ist eine Hypothese. Ob es wirklich so war, werden wir vermutlich nie wissen. In jedem Fall vollbrachte Palmyra das Kunststück, in der Syrischen Wüste eine Ordnung zu schaffen, die Jahrhunderte Bestand hatte und der Region einen langen Frieden bescherte. Mit Rom und den Parthern koexistierte es spannungsfrei und zum allseitigen Vorteil. Interessengegensätze zwischen Nomaden und Sesshaften brachen nur punktuell auf. Das heißt nicht unbedingt, dass die Palmyrener so tolerant waren, wie Boris Johnson es ihnen attestiert hat. Allerdings verfügten sie über effiziente Instrumente der Konfliktbewältigung, und die sind im Zweifel wirkungsvoller als Toleranz und Weltoffenheit.

Das komplizierte Mit- und oft auch Gegeneinander von Nomaden und Sesshaften und der verwandtschaftliche Zusammenhalt von Stammesgesellschaften sind seit frühester Zeit das Grundrauschen, vor dem sich alle Geschichte im Vorderen Orient zuträgt – bis in die Gegenwart. Imperien kamen und gingen, die Stämme blieben. Während die Reiche von Assyrern, Persern, Makedonen, Römern, Arabern oder Osmanen florierten, dehnte sich das Ackerland der

Sesshaften weit in ökologisch marginale Zonen aus. Sobald aber die Imperien wieder verfielen, holten sich die Nomaden dieses Land zurück. Diesem Zyklus aus werdenden und vergehenden Imperien setzte erst die Friedensordnung nach dem Ersten Weltkrieg ein Ende, die 1919 das europäische Ordnungsprinzip des Nationalstaats auf Vorderasien übertrug. Grenzen wurden in den Wüstenland gezeichnet, schnurgerade und ohne Rücksicht auf die Vergangenheit. So entstanden Syrien, der Libanon, Jordanien und der Irak: allesamt artifizielle Gebilde, die weder über gemeinsame Traditionen noch über Identität verfügten. Die Staatsgrenzen zerschneiden historisch gewachsene Loyalitäten, begründen aber kaum neue, außer vielleicht zwischen kleptokratischen Regimen und denen, die von ihnen profitieren. Deshalb war ein Scheitern wie im Fall Syriens 2011 vorprogrammiert. Der Staat zerfiel genau entlang der Sollbruchstellen, die Ethnien und Glaubensrichtungen voneinander trennen.

Wohl gab es früh die Einsicht, dass der Import des Nationalstaats ein fataler Irrweg für die gesamte Region war. Der säkulare Panarabismus, den der ägyptische Präsident Gamal Abdel Nasser ab 1954 ausrief und der alle Araber als Kulturnation begriff, scheiterte, weil die Interessen der arabischen Staaten und ihrer Herrscher zu gegensätzlich waren. Freilich griff der Islamismus den Gedanken, theokratisch gewendet, auf und appelliert seit den 1970er Jahren mit wachsendem Erfolg an das in der islamischen Umma durchaus vorhandene Einheitsbedürfnis. Die Überwindung der postosmanischen Nationalstaaten steht weit oben auf der Agenda der meisten islamistischen Bewegungen zwischen Marokko und dem Irak. Die Wiedererweckung des Kalifats ist der Traum einer großen Zahl von Muslimen weltweit und das Trauma der Eliten, die sich an die 1919 etablierte Ordnung klammern.

Der IS als quasi-staatliches Gebilde, das weite Landstriche im Irak und in Syrien kontrolliert, ist inzwischen Geschichte. Er steht aber für den seit 1919 glaubwürdigsten Versuch, ein neues Ordnungssystem an die Stelle der gescheiterten Nationalstaaten zu setzen. Hätte er mehr Zeit gehabt und hätten die Regierungen in Syrien und im Irak keine Unterstützung von außen erhalten, wäre ihm womöglich die Errichtung eines neuen »Kalifats« geglückt. Im Prinzip hätte dieses Gebilde in der jahrtausendelangen Tradition der Imperien gestanden, von denen die meisten von eher marginalen Gruppen mit Gewalt und unter unsäglichen Opfern errichtet wurden. Der Befund ist frappierend, aber im Angesicht der wirklich langen Linien von Geschichte nicht zu leugnen: Der IS nimmt sich im imperialen Zyklus Vorderasiens weniger wie ein Fremdkörper aus als die pseudo-nationalstaatlichen Gebilde, deren Grenzen im Wüstensand verschwimmen.

Durch die Veränderung seiner Umwelt in Ost und West war das römische Imperium in einen Zweifrontenkrieg mit immer neuen kritischen Brennpunkten verstrickt worden, der seine Ressourcen weit über den Anschlag strapazierte. Die römische Armee, die zum größten Teil in festen Garnisonen entlang der Grenzen lag, war zu klein und vor allem zu immobil, um der Bedrohungslage Herr zu werden. Die Herrscher konnten nicht auf allen der immer neuen Kriegsschauplätze die von ihnen erwartete Präsenz zeigen und Schutz konnten sie den Bewohnern der von Barbareneinfällen heimgesuchten Grenzprovinzen auch nicht spenden. Die kritische militärische Lage stellte regelmäßig die Legitimätsfrage: Früher oder später fand sich ein Kommandeur, der auf irgendeinem entfernten Schlachtfeld Sieger geblieben war und prompt sein Glück als Usurpator versuchte. Die Amtsdauer der von der Forschung treffend »Soldatenkaiser« genannten Imperatoren betrug meist nur wenige Jahre, manchmal auch nur Monate. Das Imperium war militärisch in die Defensive geraten und steckte angesichts dieser ungewohnten Rolle auch politisch tief in der Krise.

Die Soldatenkaiser reagierten pragmatisch: Sie vergrößerten das Heer und schufen eine strategische Reserve aus mobilen Kräften, die sie dort einsetzen konnten, wo es die Lage erforderte. Doch ein größeres Heer belastete den Haushalt, und die Kassenlage war notorisch angespannt. Um die Soldaten bei Laune zu halten und ihre Loyalität sicherzustellen, wurden sie gut bezahlt – mit Silbergeld, das freilich immer weniger von dem Edelmetall enthielt und nur deshalb akzeptiert wurde, weil darauf der Kopf des Herrschers prangte. Die Krise des 3. Jahrhunderts hatte eine militärische, eine politische, eine fiskalische und schließlich auch eine ökonomische Dimension. Am Ende nämlich brach das Vertrauen in die Währung doch zusammen, und weite Teile der römischen Welt kehrten zur Naturalwirtschaft zurück. Im 3. Jahrhundert zeigten sich deshalb erste Anzeichen einer Entflechtung des integrierten Wirtschaftsraums, der das Imperium bis dahin gewesen war.

Was aussieht wie ein Weltuntergangsszenario, war tatsächlich nur eine Krise im Wortsinn: ein Wendepunkt, der das Imperium vor existentielle Herausforderungen stellte, die es aber schließlich doch bewältigte. Das Reich, das Ende des 3. Jahrhunderts aus der Krise emportauchte, unterschied sich grundlegend von dem, das Augustus 300 Jahre zuvor neu begründet hatte. Erstens war es echter Staatlichkeit nähergekommen als jede andere vormoderne Gesellschaft, ohne dass die Strukturen allerdings eine Dichte erreichten, wie sie ab dem 17. Jahrhundert das Alleinstellungsmerkmal Europas war. Bürokratische Regelhaftigkeit, etwa bei der Erhebung von Steuern und Abgaben, und Verrechtlichung, abzulesen an den großen Rechtskodifikationen der Spätantike wie dem Codex Theodosianus und dem Corpus Iuris Civilis, erreichten ein bis dahin ungekanntes Niveau.

Zweitens stellten die Purpurträger der Spätantike ihre Herrschaft auf eine völlig neue legitimatorische Basis. Nicht länger bildete der Kompromiss zwischen Senatoren und Princeps die Geschäftsgrundlage des politischen Systems, sondern der Herrscher empfing seinen Auftrag direkt von einer göttlichen Instanz. Zuerst experimentierte man mit diversen alten Göttern, kraft deren Gnade Aurelian oder Diokletian das Regiment führten. Von Konstantin an schlüpfte in diese Rolle der christliche Gott, der sich auch deshalb anbot, weil der proklamierte Universalismus des Christentums bestens zum Universalitätsanspruch des römischen Imperiums passte. Christliche Intellektuelle hatten bereits im 2. Jahrhundert damit begonnen, das Reich, das nicht von dieser Welt ist, mit dem realen Imperium zu versöhnen, für das der Dichter Vergil bereits unter Augustus in Anspruch genommen hatte, es kenne weder in der Zeit noch im Raum eine Grenze.

Das Christentum wurde deshalb rechtlich erst mit den polytheistischen Kulten gleichgestellt, später privilegiert und schließlich zur – neben dem Judentum – einzig erlaubten Form der Religionsausübung. Doch stellte sich, während Politik sakralisiert und Religion politisiert wurde, immer drängender die Frage: welches Christentum? Es gab unzählige Wege, den christlichen Gott zu verehren und lange keinen Konsens über Dogmen, die religionsgeschichtlich ohnehin ein Novum waren. Deshalb waren Konstantin und seine Nachfolger herausgefordert: Sie hatten zu entscheiden, was als »rechtgläubig«, orthodox, zu fördern und was als Häresie zu verbannen war. Politische Konflikte erhielten so immer wieder auch eine religiöse Dimension: Etliche der Anhänger zweier Prätendenten mochten durchaus glauben, sie stritten um die Frage, ob Gottvater und sein Sohn nun »wesensgleich« oder »wesensähnlich« waren.

In der zweiten Hälfte des 4. Jahrhunderts zeigte sich, dass das Imperium nur vorübergehend Antworten auf die drängenden Probleme der Epoche gefunden hatte. Nach einer Pause von gut 50 Jahren wurden beide Kriegsschauplätze abermals zu gefährlichen Brennpunkten: der im Osten im Konflikt mit den Persern und der im Norden und Westen in der Auseinandersetzung mit wandernden Stämmen. Im Juni 363 scheiterte der Perserfeldzug Julians, des letzten Herrschers der konstantinischen Dynastie, in einer Katastrophe. Julian hatte versucht, das Rad der Geschichte zurückzudrehen und das Christentum überall im Reich zu unterdrücken. Mit ihm wurde auch der antike Polytheismus zu Grabe getragen. Nur wenig später, im Sommer 378, erlitt das Heer des Ostkaisers Valens beim thrakischen Adrianopel eine vernichtende Niederlage gegen die terwingischen Goten. Valens hatte den überwiegend christlichen Goten zuvor Asyl auf römischem Boden gewährt, doch dann hatten römische Bürokraten durch Missmanagement und Korruption den Zorn der Flüchtlinge heraufbeschworen und sie in zu allem entschlossene Krieger verwandelt. Die beiden Niederlagen von 363 und 378 bedeuteten einen ungeheuren Blutzoll für das Römische Reich. Nie wieder war das Imperium imstande, ähnlich große Armeen aufzubieten.

Hintergrund der Katastrophe von Adrianopel war die Unruhe, die sich abermals der Stämme zwischen Rhein und Schwarzem Meer bemächtigt hatte. Mit den aus Ostasien westwärts wandernden Hunnen war ein neuer Faktor auf dem europäischen Schauplatz erschienen. Die Reiternomaden aus dem Osten assimilierten oder verdrängten Stämme, die zwischen Südrussland und dem Karpatenbogen ansässig geworden waren. Rom hatte es jetzt, anders als im 3. Jahrhundert, mit geschlossenen ethnischen Verbänden zu tun, die nicht nur zum Plündern kamen, sondern bleiben wollten. Das Reich reagierte, indem es immer neuen Gruppen den Status von Bundesgenossen, *foederati*, gab und ihnen Siedlungsland anwies. Durch diese Praxis zerfiel allmählich die politische Struktur des Imperiums: Germanische und andere Stämme, die sich auf dem Boden römischer Provinzen niedergelassen hatten, wurden dort zum Staat im Staate. Vor allem besaßen sie faktisch das Gewaltmonopol, weil der ihrerseits zusehends barbarisierten Armee die Kontrolle entglitt.

Als am 17. Januar 395 Theodosius I. in Mailand an chronischer Herzinsuffizienz starb, wurde das Reich zwischen seinen beiden noch minderjährigen Söhnen geteilt: Honorius, ein großer Freund der Hühnerzucht, erhielt den Westen, Arkadios den Osten. Man konnte gegen Theodosius manches einwenden. Er war ein streitbarer Mann, der sich mit Kirchenfürsten wie dem Mailänder Bischof Ambrosius anlegte und seinen formal ihm vorgesetzten Mitherrscher Valentinian II. durch den fränkischen Heermeister Arbogast schurigeln ließ, bis sich der junge Mann erhängte. Aber Theodosius war auch ein begabter Militär und Diplomat, der das Imperium aus der Krise der beiden großen Niederlagen von Julians Perserkrieg und von Adrianopel führte und einen zwar brüchigen, dem Balkan aber ein Mindestmaß an Sicherheit gewährenden Vertrag mit den Goten schloss.

Reichsteilungen wie die von 395 waren nichts grundsätzlich Neues. Immer wieder hatten sich Situationen ergeben, in denen es geraten schien, dass mehr als ein Mann den Purpur trug. Bereits die entfernten Cousins Mark Aurel und Lucius Verus hatten in trauter Eintracht über das Reich geherrscht. Manchmal gab in solchen Gespannen, wie in diesem Fall Mark Aurel, ein Herrscher den Ton an, während der andere sich mit stiller Teilhabe begnügte. Häufig aber wurden auch territoriale Zuständigkeiten abgesteckt: zum ersten Mal, als Valerian 253 seinen Sohn Gallienus zum gleichberechtigten Augustus für den Westen ernannte, während er selbst sich um den Osten kümmerte. Die zahlreichen militärischen Brennpunkte des 3. Jahrhunderts überforderten einen Imperator allein bei weitem und hatten die Regionalisierung militärischer Verantwortung von oben notwendig gemacht. Wenig später, in der Krise nach Valerians Niederlage bei Edessa gegen die Perser, war die Kommandogewalt dann auch von unten regionalisiert worden, als Befehlshaber in Gallien und im Osten eigenverantwortlich die Grenzverteidigung in dem wankenden Imperium übernahmen. Schließlich hatte Diokletian durch die Ernennung erst Maximians zum gleichberechtigten Augustus, dann von Galerius und Constantius zu nachgeordneten Caesares einen Mechanismus der institutionalisierten Verantwortungsteilung geschaffen, durch den das Reich in die vier Herrschaftssprengel der Tetrarchie geteilt wurde. Auch Konstantins Söhne Konstantin II., Constantius II.

und Constans hatten das Reich unter sich geteilt, ebenso Valentinian I. und sein Bruder, der bei Adrianopel geschlagene Valens.

Bei vielen dieser Teilungen hatte neben dem Aspekt der Regionalisierung militärischer Verantwortung immer auch Interessenausgleich eine Rolle gespielt: Durch Herrschaftsteilung war es gelungen, potenzielle Rivalen in die Regierung einzubinden. Wurde die Herrschaft zwischen Brüdern geteilt, spielte eine Rolle, dass keiner von ihnen einen Legitimitätsvorsprung besaß, so dass es ratsam schien, alle zu gleichberechtigten Augusti zu machen. Oft, wie im Fall der Konstantinsöhne, holte der Konflikt die wenig brüderlich agierenden Herrscher später ein. Stets hatte der Grundsatz gegolten, dass das Imperium rechtlich, aber auch militärisch und wirtschaftlich, eine Einheit blieb: Gesetze, die erlassen wurden, galten reichsweit. Dasselbe traf auf alle Münzen zu, die ausgegeben wurden. Und selbstverständlich koordinierte man das militärische Vorgehen, wobei es bei der Ausführung, siehe Adrianopel, immer wieder auch haperte.

So glaubten alle Beteiligten wohl auch im Januar 395, die Teilung sei nur ein vorübergehender Zustand: dass es bei nächster Gelegenheit, beim Hinscheiden eines der beiden Brüder im Purpur etwa, zur Wiedervereinigung der beiden Reichshälften in einer Hand kommen würde. Daran, dass es diesmal anders kam, waren zwei Faktoren schuld, die eng miteinander zusammenhingen: Erstens waren weder der passionierte Hühnerzüchter Honorius noch sein Bruder Arkadios an der Politik interessiert oder gar zu politischem Handeln in der Lage. Deshalb fiel die wirkliche Macht in Ravenna wie Konstantinopel in die Hand einflussreicher Strippenzieher, grauer Eminenzen, die ihr eigenes Süppchen kochten. Im Westen spielte diese Rolle der Vandale Stilicho, im Osten zunächst der Heermeister Roupheinos, dann der Eunuch Eutropios und schließlich der Prätorianerpräfekt Anthemios. Zweitens betrachteten diese Männer das römische Imperium nicht mehr als politische oder wenigstens ideelle Einheit, sondern als einen riesigen Verschiebebahnhof, auf dem man versuchte, einen mit toxischen Gütern beladenen Zug in den Schuppen des Nachbarn zu steuern. Dieser Zug waren die Goten, die seit Adrianopel durch den Balkan zogen, mit Theodosius vertragliche Abmachungen getroffen hatten und sich jetzt, da der Herrscher tot war, an das Vereinbarte nicht mehr gebunden fühlten. Um die unbequemen Goten loszuwerden, ernannten die Verantwortlichen in Ravenna und Konstantinopel deren Anführer Alarich abwechselnd zum Heermeister und befahlen ihm, seine Männer in die jeweils andere Reichshälfte zu führen. Mit den Goten schob man das Problem ihrer Versorgung wie einen Schwarzen Peter hin und her. Das konnte nicht ewig gutgehen und beschwor schließlich die Plünderung Roms durch die Alarich-Goten im August 410 herauf.

Die Goten waren ein Schlüsselfaktor bei der schließlich letalen Schwächung des Westreichs, und zumindest das Missmanagement dieser Krise war die Konsequenz einer zufälligen Entwicklung. Die Reichsteilung hatte aber noch andere Folgen, die weit über das Ende Westroms hinausreichten. Die Grenzziehung war ebenfalls das Produkt eines Zufalls. Theodosius vererbte Arkadios die Osthälfte, die er seinerzeit von Gratian empfangen hatte. Der hatte ihn zum Mitherrscher ernannt, ohne jedoch die Grenze zwischen den Zuständigkeitsbereichen klar zu definieren. Im frühen 4. Jahrhundert waren die Provinzen des Imperiums neu gegliedert worden und zugleich zwei neue Ebenen oberhalb der nun kleineren Provinzen eingezogen worden: insgesamt 15 Diözesen und darüber vier Prätorianerpräfekturen (Gallien, Italien, Illyricum, Oriens). Während die Zuordnung von Gallien und Italien zum Westen und von Oriens zum Osten außer Frage stand, war die Einverleibung der Präfektur Illyricum ins Ostreich umstritten. Dennoch gelang es Roupheinos, in einem Fait accompli die Diözesen Makedonien und Dakien für Arkadios zu sichern. Die Westgrenze der Diözese Dakien folgte, von der Donau ausgehend, den Flüssen Save und Drina und verlief dann fast genau in Nord-Süd-Richtung Richtung Adria, die sie östlich der Stadt Risinium (heute Risan in Montenegro) erreichte. Die Demarkationslinie befand sich nur rund zehn Kilometer östlich eines Ortes, der 1995 Schauplatz eines der dunkelsten Kapitel der jüngeren europäischen Geschichte geworden ist. Die Episode wurde prompt zum Fanal für die vermeintlich mit dem Ende des Ost-West-Konflikts 1990 erreichte und von Optimisten allzu voreilig ausgerufene »neue Weltordnung«.

Im Osten der Republik Bosnien und Herzegowina liegt, ein paar Kilometer westlich der Drina und inmitten der Region Podrinje, die Stadt Srebrenica. Im April 1992 wurde Srebrenica von bosnisch-serbischen Truppen der Republika Srpska eingeschlossen und am 17. April eingenommen, bevor es von der bosnisch-muslimischen Miliz zurückerobert werden konnte. Der Belagerungsring um die Stadt konnte allerdings nicht durchbrochen werden, so dass sich Hunger breitmachte, begleitet von fast permanentem Artilleriebeschuss. Am 16. April 1993 erklärte der UN-Sicherheitsrat Srebrenica zur »Sicherheitszone« und forderte alle Parteien zur Einstellung der Kampfhandlungen auf. Wenige Tage später bezogen UNPROFOR-Blauhelme Stellung in Srebrenica. Dennoch hielten die Serben an ihrer Strategie des Aushungerns fest und zogen den Belagerungsring um die Stadt noch enger. Die Entwaffnung aller Kombattanten in der Sicherheitszone scheiterte. Am 6. Juli 1995 trat die bosnisch-serbische Armee zu ihrer »Operation Krivaja '95« an, mit dem Ziel, das von zahlenmäßig überlegenen muslimischen Einheiten verteidigte Srebrenica einzunehmen. Wider Erwarten stießen die Serben bei ihrem Vormarsch kaum auf Widerstand. Die Besetzung Srebrenicas durch die Serben bis zum 11. Juli konnten auch NATO-Luftangriffe nicht abwenden, die der örtliche UNPROFOR-Kommandeur, der niederländische Oberst Thom Karremans, angefordert hatte.

Während am Abend des 11. Juli der serbische General Mladić einen Spaziergang durch das Stadtzentrum machte, flüchteten zehntausende Muslime aus der Stadt, in der Annahme, sie seien im Umland sicherer. Sie suchten Schutz auf dem Gelände einer ehemaligen Batteriefabrik in dem Ort Potočari, wo die Blauhelme ihr Quartier bezogen hatten. Doch wurden sie auch dort von der serbischen Armee beschossen, Panik machte sich breit. Am nächsten Morgen ließ die serbische Armee Frauen, Kinder und alte Menschen in Bussen ins Niemandsland zwischen den Fronten abtransportieren, die Männer wurden aussortiert und in dem Ort Bratunac rund fünf Kilometer nördlich von Srebrenica interniert. Eine Gruppe von 10 000 bis 15 000 Männern versuchte sich der Gefangennahme durch einen Marsch hinter die serbischen Linien zu entziehen. Nur einem Teil der Flüchtlinge gelang der Ausbruch, viele wurden getötet, die meisten gefangengenommen und ebenfalls in Bratunac interniert, wo sie zusammen mit den bereits dort Festgehaltenen später bestialisch ermordet wurden. Insgesamt fanden im Massaker von Srebrenica, dem größten Kriegsverbrechen auf europäischem Boden seit dem Zweiten Weltkrieg, über 8000 Menschen, überwiegend Jungen und Männer ab 13 Jahren, den Tod. Radovan Karadžić, Ratko Mladić und viele an dem Massaker beteiligte Offiziere wurden seit 2010 vor dem Internationalen Strafgerichtshof in Den Haag zu lebenslangen oder langjährigen Freiheitsstrafen verurteilt. Das Europäische Parlament hat den 11. Juli zum Gedenktag für die Opfer erklärt.

Dass das Massaker nicht zufällig nur einen Steinwurf von der Teilungslinie des Jahres 395 entfernt stattfand, erschließt sich jedem, der den ganz langen Linien der Geschichte nachspürt. Denn die Grenze zwischen Ost- und Westrom wurde mit den Jahrhunderten zum kulturell-religiösen San-Andreas-Graben zwischen griechischem und lateinischem, zwischen orthodoxem und katholischem Europa. An Save und Drina teilten sich nicht nur die militärischen und politischen Zuständigkeiten der beiden Reichshälften. Hier endete auch der kirchenpolitische Einfluss der Patriarchate von Rom bzw. Konstantinopel. Westlich der Grenze wurde die frohe Botschaft auf Latein verkündet, östlich las man die Messe auf Griechisch. Mit den beiden Reichshälften driftete das Schicksal der Regionen rechts und links der Grenze auseinander. Während das Westreich im Zeitraffer auseinanderfiel, blieb das Ostreich weitgehend intakt. Und während sich im Westen Anarchie breitmachte, konnte Konstantinopel auf Dauer eine gewisse Stabilität und Sicherheit garantieren, selbst dann noch, als neue Einwanderer über die Donau kamen und sich auf dem Westbalkan niederließen. Weil Konstantinopels militärische Ressourcen durch Offensiven erst der Perser und dann der muslimischen Araber an seiner Ostgrenze gebunden waren, drängten im 7. Jahrhundert n. Chr. slawische Stämme auf die Balkanhalbinsel und ließen sich zwischen Alpenrand und Griechenland nieder – auch auf byzantinischem Boden. Das Reich vermochte es aber, die Ansiedlung nach der Landnahme in geregelte Bahnen zu lenken, während das im Westen nicht möglich war.

Entscheidend war die Grenze vor allem für die Missionierung der noch nicht christianisierten Slawen: Während die Gruppen im Westen das lateinische Christentum der dort ansässigen Bevölkerung annahmen und sich nach Rom orientierten, kam für die östlich der Save-Drina-Linie siedelnden Slawen das Evangelium aus Konstantinopel. Sehr viel später, mit der Trennung von Ost- und Westkirche im sogenannten Morgenländischen Schisma 1054, gingen der katholische Westen und der orthodoxe Osten auch konfessionell getrennte Wege.

Im Westen bildeten sich an der Südostperipherie des Frankenreiches kleine Fürstentümer, die sich um 850 zu den Herzogtümern Kroatien im Binnenland und Dalmatien an der Küste und schließlich, 925, zum Königreich Kroatien zusammenfanden, das im Osten bis an die Save-Drina-Linie expandierte. Dessen König Tomislav nahm seine Krone aus der Hand päpstlicher Gesandter entgegen, suchte aber das Bündnis mit Byzanz. Später wurde Kroatien Ungarn tributpflichtig, als Folge der Niederlage der Ungarn gegen die Osmanen in der Schlacht bei Mohács (1526) wurde Kroatien am Ende habsburgisch.

Östlich der Save-Drina-Linie dauerte die Reichsbildung der dort siedelnden Slawen sehr viel länger. Dort ließ der Griff von Konstantinopels starkem Arm erst ab dem 11. Jahrhundert allmählich nach. Die hier lebenden Stämme bildeten allmählich eine gemeinsame Identität als Serben aus. Die Slawenmissionare Kyrill und Method verbreiteten unter ihnen ab ca. 850 das Christentum östlicher Prägung. Serbien emanzipierte sich allmählich von den Bulgaren und von Byzanz und stieg im 12. Jahrhundert zu einem Machtfaktor auf dem westlichen Balkan auf. Die serbisch-orthodoxe Kirche wurde durch das Wirken des Heiligen Sava Anfang des 13. Jahrhunderts kirchenrechtlich unabhängig – autokephal – und damit zum wichtigsten Bezugspunkt serbischer Identität. Unter dem Zaren Stephan Uroš IV. Dušan erreichte das Reich ab 1346 seine größte Ausdehnung: von Belgrad im Norden und Sarajevo im Nordosten bis fast zum Golf von Korinth. Doch bald nach Dušans Tod 1355 zerfiel Großserbien wieder so rasch, wie es erstanden war. Am 28. Juni, dem St.-Veits-Tag (Vidovdan), 1389 unterlagen die Serben unter Führung des Fürsten Lazar Hrebeljanović in der ersten Schlacht auf dem Amselfeld, dem Kosovo Polje, den osmanischen Türken und wurden ihnen tributpflichtig; 1448, nach der zweiten Schlacht auf dem Amselfeld, annektierten die Osmanen Serbien. Die nationale Bedeutung der orthodoxen Kirche wuchs noch weiter dadurch, dass nach der osmanischen Eroberung der serbische Adel geschlossen zum Islam übertrat. Das serbische Volk fühlte sich verraten. Bis 1830 war Serbien mit kurzen Unterbrechungen osmanisch, dann zunächst autonomes Fürstentum und schließlich, seit 1882, als Folge des Berliner Kongresses souveränes Königreich.

Das westlich an die Save-Drina-Linie angrenzende Gebiet, das heutige Bosnien, bildete einen ewigen Zankapfel zwischen Kroatien im Westen und Serbien im Osten. Weder Byzanz noch einer der beiden lokalen Mächte gelang es, Bosnien dauerhaft in den eigenen Herrschaftsraum zu integrieren. Nachdem durch Dušans Tod das Großserbische Reich zerfallen war, entstand ein kurzlebiges, aber durch ertragreichen Bergbau wohlhabendes Königreich Bosnien. In Glaubensdingen oszillierte das Land zwischen lateinischer und griechischer Kirche, ohne dass hier eine Konfession dauerhaft Wurzeln schlagen konnte. Nachdem die Osmanen 1463 in kürzester Zeit das Land westlich von Save und Drina erobert hatten, wurde Bosnien als Grenzprovinz zum Ziel einer gesteuerten Einwanderung von Muslimen aus anderen Teilen des Imperiums. Auch die einheimische Bevölkerung, die anders als die Serben keine starke orthodoxe Kirche als Rückhalt hatte, islamisierte sich rasch, der lokale Adel wusste die neuen Aufstiegsperspektiven zu nutzen und integrierte sich ebenfalls rückstandsfrei in die osmanische Herrschaftsarchitektur. Der Berliner Kongress sprach Bosnien-Herzegowina nach 400 Jahren Zugehörigkeit zum Osmanischen Reich Österreich-Ungarn zu.

Schicht um Schicht lagerten sich die Traumata und Katastrophen im kulturellen Gedächtnis der Balkan-Völker ab. Für Kroaten wie Serben sind die mittelalterlichen Reichsgründungen Identitätsanker in ferner Vergangenheit. Deshalb wurde um die Überlappungszone in Bosnien ein so blutiger Krieg geführt, und deshalb hielten die Serben so zäh am Kosovo fest, das sie als Wiege ihrer Nation betrachten. Auch Massaker an Andersgläubigen haben auf dem Balkan eine Tradition, die bis ins Mittelalter zurückreicht. Die Wunde aber, deren Narbe bis in die Gegenwart sichtbar ist, ist die Teilung der historischen Landschaft entlang von Save und Drina, aufgrund der Zufälligkeit, dass die Gebiete links und rechts dieser Linie zwei verschiedenen römischen Diözesen angehörten und deshalb dazu verurteilt waren, das unterschiedliche Schicksal der beiden ungleichen Reichshälften zu teilen. Die Wunde riss wieder und wieder auf, und wie auf Bestellung war es stets am St.-Veits-Tag, dass sich das Schicksal der Region entschied: 1389, als die Serben auf dem Amselfeld den Osmanen unterlagen, am 28. Juni 1878, als der Berliner Kongress die Balkan-Staaten Rumänien, Bulgarien und Serbien aus der Taufe hob und Bosnien-Herzegowina zum habsburgischen Protektorat machte, und am 28. Juni 1914, als wieder am St.-Veits-Tag der habsburgische Thronfolger Franz-Ferdinand von serbischen Nationalisten ermordet wurde. Die Toten von Srebrenica sind die vorerst letzten Opfer des Gespenstes, das seit 395 auf dem Balkan umgeht.

Dass antike Grenzziehungen selbst noch auf politischen Landkarten der Gegenwart eine Blutspur hinterlassen können, zeigt sich auf dem Balkan in besonders drastischer Weise, doch ist die Save-Drina-Linie bei weitem nicht das einzige Beispiel für politische Bruchkanten entlang uralter Grenzen. Die vollständige Eroberung Britanniens, die bereits Caesar vergeblich in Angriff genommen und die unter Claudius ernsthaft begonnen worden war, scheiterte gegen Ende des 1. Jahrhunderts an Schottland. Unter Hadrian wurde zwischen dem Solway Firth und der Tyne-Mündung ein Grenzbefestigungs- und managementsystem angelegt, das die Provinz vor Barbarenüberfällen aus dem hohen Norden schützte: der Hadrianswall. Zwar schoben die Römer unter Hadrians Nachfolger Antoninus Pius die Grenze noch einmal rund 100 Kilometer weiter in den Norden vor, auf die kürzere Linie Clyde-Firth of Forth, doch konnte der Antoninuswall nur wenige Jahrzehnte verteidigt werden. Der Hadrianswall ist nicht nur als Bodendenkmal bis heute aus der Luft gut zu sehen, er ist auch nahezu identisch mit der seit Gründung des Königreichs Schottland durch aus einheimischen Pikten und aus Irland eingewanderten Skoten Mitte des 9. Jahrhunderts so gut wie unveränderten Grenze zwischen den beiden britischen Teilnationalitäten. Hier drohte beim Referendum über die Unabhängigkeit Schottlands 2014 das Vereinigte Königreich auseinanderzubrechen.

Ebenfalls auf der britischen Hauptinsel trennt bis heute eine auf die Spätantike zurückgehende Strukturgrenze Wales ganz im Westen von England. Bereits die Römer taten sich im 1. Jahrhundert n. Chr. schwer, das bergige, nur schwer zu kontrollierende Wales zu erobern. Erst Agricola, der Schwiegervater des Tacitus, unterwarf in flavischer Zeit die dortigen Stämme. Als in der Spätantike Angelsachsen in Britannien landeten und das heutige England nach und nach eroberten, wurde Wales abermals zum Rückzugsgebiet: diesmal für die romanisierte keltische Bevölkerung der Insel, die sich hier erfolgreich gegen die Eindringlinge zur Wehr setzte. In Nordwales ist ein Grabstein aus dem 6. Jahrhundert erhalten, der noch korrekt nach den oströmischen Konsuln datiert ist. Und um 500 stellte sich ein Romano-Brite namens Ambrosius Aurelianus den »grausamen Räubern« entgegen und siegte in einer Schlacht am »Mons Badonicus« über die Angelsachsen, wie der Mönch Gildas uns in seiner Schrift *Über den Untergang der Britannier* wissen lässt. Im 8. Jahrhundert sah sich dann offenbar der angelsächsische König Offa von Mercien veranlasst, einen Schutzwall gegen die Kelten aus Wales zu errichten. »Offa's Dyke« markiert seitdem, im Gelände deutlich sichtbar, die Grenze zwischen England und Wales.

Bodendenkmäler aus römischer Zeit sind heute noch an

vielen Stellen landschaftsprägend: überall dort, wo nicht Flüsse die Grenze bildeten, sondern Wälle und sonstige Sperranlagen errichtet wurden, um den Grenzverkehr kontrollieren und die Vorwarnzeit bei eventuellen Angriffen verlängern zu können. Besonders gut lässt sich der Verlauf, ob in Deutschland, auf dem Balkan, im Nahen Osten oder in Nordafrika, aus der Luft erkennen. Raumprägend sind aber bis heute auch viel kleinere Strukturen. Wenn Rom einen Landstrich eroberte, folgten direkt auf das Militär Feldmesser, die das Land rasterförmig aufmaßen und in rechteckige Parzellen einteilten. Durch das als Limitation bezeichnete Kataster wurde nicht nur die Grundbesitzstruktur auf Dauer verändert, Rom drückte dem Land auch physisch seinen Stempel auf, von Britannien bis in den Nahen Osten, von Nordafrika bis zum Schwarzen Meer. Wie gründlich Landvermesser und Ingenieure zu Werke gingen, ist am Boden heute meist nicht mehr zu erkennen, hebt sich dafür aber umso deutlicher im Luftbild ab. Das Luftbild ist die passende Metapher für die Dimension der langen Dauer in der Geschichte: Immer wieder bricht das alte Relief durch, egal wie viele Generationen darüberpflügen.

Die Plünderung Roms durch Alarichs Goten 410 war ein Fanal für das moribunde Westimperium. Während die reichere Osthälfte mit der Hauptstadt Konstantinopel die Wirren der Völkerwanderung relativ intakt überstand, löste sich das Westreich immer mehr in seine Einzelteile auf: In Gallien und Spanien siedelten Westgoten, Burgunder und Franken, in Nordafrika Vandalen – die 455 für eine Neuauflage des gotischen Sacco di Roma sorgten – und in Italien schließlich die Ostgoten, deren König Theoderich dort 493 ein Reich gründete, das nur formal Konstantinopel tributpflichtig war. Im Westen gab es zu diesem Zeitpunkt schon kein Imperium mehr: Der letzte Westherrscher, ein Halbwüchsiger, der ironischerweise wie der legendäre Gründer Roms auf den Namen Romulus hörte, war 476 von seinem germanischen Heermeister in den wohlverdienten Vorruhestand geschickt worden.

Die Abdankung des Imperiums im Westen dürfte nur bei wenigen Zeitgenossen für Irritationen gesorgt haben. Sie war die logische Konsequenz aus den Ereignissen der rund hundert Jahre seit Adrianopel: aus dem Substanz- und Kontrollverlust, den das Reich seither erlitten hatte und daraus, dass jede imperiale Zivilisation teuer ist. Sie lohnt den Aufwand nur, wenn die Bewohner sich für ihre Steuern handfeste Vorteile erhandeln: Wohlstand und Sicherheit. Kann das Imperium dafür nicht mehr sorgen, dann wird es aus Sicht der Zeitgenossen entbehrlich. Dieses Schicksal widerfuhr Rom an einem schönen Septembertag 476, als Romulus in der Versenkung verschwand.

Wenn Homers Ilias in die Morgenröte der antiken griechisch-römischen Zivilisation hineinstrahlt, dann spiegelt sich im Werk des spätantiken Staats- und Kirchenmanns Sidonius Apollinaris ihr Abendglanz. Die Karriere im Dienst des römischen Imperiums war dem aus Lugdunum (Lyon) in Gallien gebürtigen Aristokraten in die Wiege gelegt – bis dieses Imperium plötzlich von der Bildfläche verschwand. Sidonius wurde Zeuge, wie allmählich die Infrastruktur verfiel, sich Unsicherheit breitmachte und Konflikte zwischen der ansässigen gallo-römischen Bevölkerung und den eingewanderten germanischen Stämmen in Gallien eskalierten. Er selbst ergriff die Initiative und verteidigte als Bischof von Clermont-Ferrand mit einer hastig aufgestellten Bürgermiliz die Auvergne gegen marodierende Goten. Sidonius haben wir es zu danken, dass wir recht gut über ihn und die Situation im untergehenden römischen Gallien informiert sind. Er gehört zu den fleißigen Briefschreibern der Antike. Außer 24 Gedichten in unterschiedlichen Versmaßen hat er neun Bücher Briefe hinterlassen.

Sidonius trat mit der Publikation seiner so kunst- wie oft auch humorvollen Briefe in die Fußstapfen großer Autoren wie Cicero, Seneca und Plinius. Der Spross einer reichen, seit mehreren Generationen weit vorne in der Reichspolitik mitmischenden gallo-römischen Familie hatte als junger Mann umfassende Bildung im klassischen Sinn genossen, wie es in seinen Kreisen im 5. Jahrhundert noch immer gang und gäbe war. Er stand mit den Autoren der griechischen und vor allem lateinischen Literatur gewissermaßen auf Du und Du, den großen Klassikern wie Cicero, Vergil und Plinius natürlich, aber auch mit spätantiken Autoren wie dem Verfasser des Reisegedichtes *Mosella*, Ausonius, und dem Dichter Claudian, der Lobeshymnen auf die Mächtigen im Westreich und Schmähschriften gegen die Politiker des Ostreichs verfasste.

Als Sidonius 431 oder 432 n. Chr. zur Welt kam, waren die gallischen Provinzen schon seit rund 15 Jahren ein Raum, in den immer mehr germanische Gruppen drängten. Die Franken und Alamannen hatten den Rhein überschritten, und die Westgoten wurden nach Alarichs Plünderung der alten Hauptstadt im Südwesten Galliens angesiedelt. Das Verhältnis zwischen der einheimischen, im Laufe der Jahrhunderte in der Tiefe romanisierten Bevölkerung zu den Neuankömmlingen war von Anfang an nicht konfliktfrei. Die Germanen brauchten Land: Ackerboden, der erst seinen Besitzern weggenommen werden musste. Sie hielten an ihren eigenen Traditionen und ihrer eigenen Lesart des

Christentums fest: dem arianischen im Gegensatz zum nizänischen Bekenntnis der Römer. Und sie blieben unter sich, eingebunden in die Gefolgschaft ihrer Stämme: ein Haufen von Kriegern in einem Milieu, das Jahrhunderte kaum Kriege gekannt hatte. Kurzum: Die Germanen blieben Fremdkörper, mit denen man sich notgedrungen arrangierte, weil sie Waffen hatten und man selbst nicht.

Jahrzehnte später, um 470, beschreibt Sidonius die von ihm beobachtete Militärparade zur Hochzeit eines fränkischen Prinzen mit einer Burgunderin. Die bloße Erscheinung des Franken mit seinen blonden Haaren und der hellen Haut, die mit den bunten Farben der Gewänder und dem Schmuck aus Edelsteinen kontrastieren, macht erkennbar Eindruck auf ihn. Obwohl die Stammeshäuptlinge und Bundesgenossen der Party in friedlicher Absicht beigewohnt hätten, sei ihr Anblick »schrecklich« gewesen: die bepelzten Stiefel, kurzen Tuniken und mit Fibeln zusammengehaltenen Fellmäntel, besonders aber das Waffenarsenal, das »den nicht geringsten Teil ihrer Ausstaffierung« ausgemacht habe. Obwohl der Anlass eine Hochzeit gewesen sei, habe Mars bei der Feier keine weniger wichtige Rolle gespielt als Venus. Römern wie Sidonius lief es im Angesicht der Barbaren kalt den Rücken hinunter, das kann auch der leicht ironische Zungenschlag, mit dem der Brief die Hochzeitsgesellschaft schildert, nicht verbergen.

Sidonius' gleichnamiger Großvater hatte als Prätorianerpräfekt in Diensten des Usurpators Konstantin III. gestanden, dessen Herrschaft in Britannien und Gallien aber bald zusammengebrochen war. In Lugdunum, wo Sidonius aufwuchs, gehörte die in Gallien bestens vernetzte Familie zur lokalen Elite. Um 450 heiratete Sidonius Papianilla, die Tochter des aus der Auvergne stammenden und in eine ebenfalls hochgestellte Familie hineingeborenen Senators und Konsulars Eparchius Avitus. Die Ehe zwischen Sidonius und Papianilla gibt Einblick in die Netzwerke gallo-römischer Familien, die bis nach Italien und damit ins Herz des sich auflösenden Weströmischen Reiches reichten. Noch immer hatte man Ambitionen und warf seine Ressourcen zusammen, um Einfluss zu gewinnen und Posten zu ergattern.

Die Rechnung ging auf. Nachdem der Westherrscher Valentinian III. seinen Feldherrn Aetius ermordet hatte, wurde der Kaiser selbst wenige Monate später von Anhängern des Aetius gestürzt und getötet. Sein Nachfolger Petronius Maximus verlor jeden Rückhalt, als die Vandalen plündernd über Rom herfielen. Mitten im Machtvakuum gelang es Avitus, sich die Unterstützung des Westgotenherrschers Theoderich zu sichern. Er ließ sich zum Imperator ausrufen und fand in Rom die Anerkennung als Westherrscher, die ihm aber von Konstantinopel verweigert wurde. Sidonius hielt dennoch eine Lobrede auf seinen Schwiegervater, in der er das »glückliche Zeitalter«, *felix tempus*, beschwor, das die Schicksalsgöttinnen jetzt Rom bereitet hätten. Doch anders als von Sidonius erhofft, kam das Westreich nicht zur Ruhe. Die Goten ließen Avitus im Stich, und der suebische Heermeister Ricimer stürzte ihn.

Sidonius brachte sich in Gallien in Sicherheit. Das tragische Schicksal seines Schwiegervaters hielt ihn nicht davon ab, auch auf dessen von Ricimer inthronisierten Nachfolger Majorian einen Panegyrikus zu verfassen, als der im Jahr 459 Gallien besuchte. Für ihn selbst war die geschmeidige Unterwerfungsgeste vermutlich lebensrettend, für Gallien immerhin bares Geld wert, denn die Lobrede ersparte dem Land anscheinend eine überfällige Steuererhöhung. Unterdessen lösten in Ravenna die Westherrscher einander in atemberaubendem Tempo ab. Immer neue Purpurträger zauberte Ricimer aus dem Hut. 467 schickte der Ostherrscher Leo auf Ricimers Verlangen den Konsular und Heermeister Anthemius als neuen Westkaiser nach Italien.

Als Anthemius am 12. April in Rom zum Augustus ausgerufen wurde, war auch Sidonius zugegen. Genauestens beschreibt er in einem Brief an seinen Freund Herenius die Reise vom heimischen Gallien in die Tiberstadt. Es gelingt ihm, eine Passage auf dem *cursus publicus* zu buchen, dem staatlichen Postsystem mit Pferdewechselstationen entlang der Fernstraßen. Normalerweise stand dieser Service nur öffentlichen Funktionsträgern zur Verfügung. Offenbar verfügte Sidonius also über genug Einfluss, um Zugang zum *cursus* zu erhalten, wodurch sich seine Reisezeit erheblich verkürzte. Ganz nebenbei erfahren wir so, dass die imperiale Infrastruktur 267 noch soweit intakt war, dass das Postsystem bis nach Gallien reichte. Für die Übernachtungen konnte Sidonius auf seinen Freundeskreis zurückgreifen, stets wurde ihm gastliche Aufnahme in herrschaftlichen Anwesen zuteil – ein weiteres Indiz dafür, wie tragfähig das aristokratische Netzwerk in Gallien nach wie vor war.

Er überquert ohne Schwierigkeiten die Alpen und lässt den kundigen Leser unvermittelt an Hannibals Alpenüberquerung denken. Sidonius berichtet von Abgründen, schneebedeckten Wegen und Flüssen, die man bequem auf Brücken überquert. Wie viel schwerer hatte es doch der Karthager im Zweiten Punischen Krieg! Unweit von Mailand besteigt Sidonius das Postschiff, das ihn über den Ticino und den Po bis nach Ravenna bringt: eine Flusskreuzfahrt, die ihm Anlass zu diversen Reflexionen über Vergil gibt, den Dichter aus Mantua. In Ravenna erreicht er die Via Aemilia, die von hier Richtung Süden führt, und überschreitet darauf wenig später das Flüsschen Rubico. Natürlich kann er sich an dieser Stelle eine Bemerkung über Caesar nicht verkneifen, der hier die folgenschwerste Entscheidung seines Lebens traf. Und bei Fano, am Fluss Metaurus, erinnert er sich Hasdrubals Schicksals: Hannibals Bruder hatte hier im Zweiten Punischen Krieg Schlacht und Leben gegen die Römer verloren. Sidonius schlägt die Via Flaminia ein und erreicht, »die Picener zur Linken, die Umbrer zur Rechten«, schließlich Latium, wo er den Aquädukten bis zur alten Hauptstadt folgt. Am Ende steht das Bild, wie sich Rom »weit vor meinem Blick ausdehnt«.

Für Sidonius ist die Reise eine Exkursion in die römische Vergangenheit, zu Caesar und den Scipionen, eher nebenbei auch zu den Aposteln, die in Rom ihr Ende fanden, vor allem aber zum römischen Nationaldichter Vergil, der mit seinen Eklogen, Hirtengedichten, die Gegend von Mantua und den Mincio zu literarischen Erinnerungsorten gemacht hat. Den heutigen Leser frappiert, dass rein gar nichts das nahende Ende Westroms ahnen lässt. Von Straßen und Brücken bis zum *cursus publicus:* Die Infrastruktur des Imperiums, das im Westen nur neun Jahre später aufhört zu bestehen, scheint intakt, von etwaigen, auf Galliens und Italiens Straßen drohenden Kalamitäten erfahren wir nichts.

In Rom wurde Sidonius die Gunst des neuen Herrschers zuteil, und er erhielt den Auftrag, einen Panegyrikus auf Anthemius zu verfassen – den dritten, den der gelehrte Gallier auf einen der schwachen Westherrscher jener chaotischen Jahre zu Papyrus brachte. Die am Neujahrstag des Jahres 468 gehaltene Rede stieß auf positive Resonanz und trug Sidonius den Posten des Stadtpräfekten von Rom ein. Der *praefectus Urbi* war eine Art Oberbürgermeister von Rom und hatte vor allem zeremonielle Aufgaben. Obwohl Rom seine Hauptstadtfunktion längst an Ravenna hatte abtreten müssen, hatte die Würde doch Gewicht. Sie war die Krönung jeder senatorischen Karriere. Sidonius konnte sich des Amtes allerdings nicht lange erfreuen. Sein Freund Arvandus geriet wegen Hochverrats in die Mühlen der Justiz. Ihm als Präfekten hätte es oblegen, der Gerichtsverhandlung vorzusitzen. Sidonius schaffte es, sich um der Freundschaft willen vor dieser Aufgabe zu drücken. Doch wurde er in seiner Funktion als Stadtpräfekt untragbar und musste der Hauptstadt den Rücken kehren.

So begann Sidonius' zweites Leben: Er wurde Bischof von Clermont-Ferrand, der Heimatstadt seiner Gattin. Der unvermittelte Wechsel von einer weltlichen in die kirchliche Karriere wirkt aus heutiger Sicht abrupt, doch lagen zwischen der höheren Beamtenschaft und dem höheren Klerus in der Spätantike alles andere als Welten. Im schwächer werdenden Westreich hatte die Kirche viele der Aufgaben im städtischen Leben übernommen, für die zuvor staatliche Stellen zuständig gewesen waren. In Gallien hatte sich die politische Lage inzwischen dramatisch verändert. Den Westgotenkönig Theoderich hatte 466 dessen Bruder Eurich ermordet und seine Stelle eingenommen. Anders als Theoderich setzte Eurich auf Konfrontation mit den Römern. Aus seinem Reich mit dem Zentrum Toulouse stieß er unter Missachtung des Bündnisses mit Rom jeden Sommer in die Auvergne vor, um sein Territorium zu erweitern und im näheren Umland zu plündern, was nicht niet- und nagelfest war.

Sidonius und sein Schwager Ecdicius rekrutierten aus den ansässigen Gallo-Römern eine Miliz und versuchten auf eigene Faust, die Expansion der Westgoten zu stoppen.

Die Auvergne sei »das einzige Hindernis, das ihrem Ziel entgegensteht, das Reich bis zur Rhone auszudehnen«. Man habe lange unter der bedrückenden Macht von Eurichs Goten gelitten, jetzt werde man kämpfen, auch wenn Gefahr und Risiken groß seien. In einem anderen Brief beschreibt Sidonius die Mühen des Krieges. Sie hätten »Feuer, Schwert und Krankheit« ertragen, »das Schwert ins Blut der Gegner gegraben und sich selbst halbverhungert in die Schlacht gestürzt«. Vor lauter Hunger und aus Unwissenheit hätten sie Giftpflanzen gegessen und sich nur durch die Hoffnung auf einen ehrenhaften Frieden über Wasser gehalten. Vielleicht nur geringfügig übertrieben schildert der Brief die Zustände in der belagerten Stadt mit ihren halbverbrannten Häusern, zwischen denen sich Leichenberge türmen.

Die Hoffnung auf einen Frieden, der Eurichs Expansionsgelüsten eine Grenze setzen möge, trog: 475 schloss Ravenna mit den Goten einen neuen Vertrag, der ihnen die Auvergne überließ. Sidonius als einer der Anführer des Widerstands wanderte fürs erste hinter Schloss und Riegel. Mehrere Monate verbrachte er im Gefängnis, bis sein Freund Leo, ein Gallo-Römer in Diensten des Königs, es fertigbrachte, ihn herauszuholen. Zuvor hatte Sidonius an Leo geschrieben und Eurich als Beschützer der römischen Welt gepriesen. Das war sozusagen Sidonius' vierter Panegyrikus, ein Kotau vor der neuen Macht in Gallien, und auch er verfehlte seine Wirkung nicht. Sidonius erhielt sein Bischofsamt zurück und starb wohl irgendwann in den 480er Jahren in Clermont-Ferrand.

Das römische Imperium im Westen war zu diesem Zeitpunkt schon tot, und viele von Sidonius' späteren Briefen lesen sich wie eine Chronik seines Todeskampfes. 477 schreibt er an den Bischofskollegen Faustus von Riez, man möge sich künftig seltener schreiben, auch wenn es schwerfalle: »Denn die Straßen sind nicht mehr sicher, weil die Völker in Bewegung geraten sind.« In Zeiten, da die Verträge mit den Völkerschaften Galliens null und nichtig seien und überall neue Rivalitäten aufflammten, setze man Boten nur unnötigem Risiko aus, wenn man sie mit Briefen über Land schicke. »Wir müssen die Kunst erlernen zu schweigen.« In einem Brief an den Bischof Lupus von Troyes berichtet er vom Missgeschick einer Dame, die von Straßenräubern gekidnappt worden sei. Sie sei später auf dem Sklavenmarkt von Clermont verkauft worden. Solche Informationen sollte man wohl nicht auf die Goldwaage legen: Ein gewisses Risiko hatte auf den Fernstraßen auch gelauert, als das Imperium noch in Saft und Kraft gestanden hatte, und möglicherweise neigt der Bischof in seiner späteren Korrespondenz zur Schwarzmalerei. Der Kontrast zwischen der Vorsicht, zu der Sidonius rät, und der unbeschwerten Reise, die ihn nur wenige Jahre zuvor nach Rom geführt hatte, sticht aber doch ins Auge.

Noch gravierender als der Verfall von Infrastruktur und Sicherheit im Westreich ist für Sidonius der Niedergang intellektueller Standards. Der auf seine klassische Bildung stolze gallo-römische Aristokrat sitzt selbstverständlich auf hohem Ross, wenn er es mit Menschen zu tun hat, die weniger belesen sind als er. Das sind allzumal die Goten und andere »Barbaren«, die sich in seinem Gallien häuslich niedergelassen haben. Einmal lässt er sich über »zwei alte gotische Weiber« aus, die ihn mit ihrem »Geschnatter« vor dem Fenster belästigt hätten: »streitsüchtige, versoffene und ekelhafte Kreaturen, wie man sie so leicht nicht wieder trifft.«

Die Rolle von Bildung in einer zusehends sich barbarisierenden Welt hat ein Brief zum Gegenstand, den Sidonius um 477 an Arbogast schreibt, einen romanisierten und nizänisch getauften Franken, der als Statthalter, Comes, für das komatöse Rom in Trier die Stellung hielt. Arbogasts Mutter entstammte vermutlich derselben gallo-römischen Aristokratie wie Sidonius. Er lobt den Adressaten dafür, dass er wie römische Feldherren früherer Zeiten das Schwert gegen den Griffel tauschen könne. Arbogast pflege notgedrungen Umgang mit Barbaren, aber kein »Barbarismus« komme je über seine Lippen. Während Latein in der Belgica und am Rhein längst vergessen sei, halte Arbogast die Sprache der Vorfahren hoch: Seine Rhetorik habe er aus dem Tiber geschöpft und nicht aus der Mosel. Er rät ihm, die Studien zu vertiefen, und gibt seiner Dankbarkeit Ausdruck, dass »unsere schwindende Kultur solche Spuren bei dir hinterlassen hat.«

Im Jahr 478 erhält Sidonius' Freund Johannes einen Brief, in dem der Bischof ihn für seinen Einsatz für die klassische Bildung rühmt. Johannes sei ein »Wiedererwecker, Beschützer und Befreier« der Literatur, die »fast schon begraben« sei, die er aber »vor ihrem Ende bewahrt« habe. Inmitten des »Kriegssturmes« (gemeint ist vermutlich der Kampf um die Auvergne) habe er, Johannes, die lateinische Sprache »sicher in den Hafen« gesteuert, obwohl die Waffen »Schiffbruch erlitten« hätten. Solches Engagement könne man gar nicht hoch genug loben, denn schließlich sorgten Männer wie Johannes dafür, dass das Erbe der klassischen Zivilisation trotz der vielen Fremden, die jetzt im Land seien, nicht untergehe. Vieles von dem, was einst Rang und sozialen Status begründet habe, sei in der neuen Zeit wertlos geworden; deshalb müsse »in Zukunft die Gelehrsamkeit das Zeichen des Adels« sein.

Ein einziger Funke Hoffnung hellt das ansonsten trübe

Bild auf. Sidonius ist zu seinen Lebzeiten Zeuge geworden, wie das römische Imperium, das für die Ewigkeit gebaut schien, im Westen einfach sang- und klanglos verschwand. Er musste erleben, wie Goten und andere Barbaren zu den neuen Herren in seiner Heimat avancierten. Der Versuch, dagegen Widerstand zu leisten, war zum Scheitern verurteilt. Trost bot allein die Bildung, die ihm niemand nehmen konnte, die Schönheit der lateinischen Sprache und ihrer Literatur, die ein Sidonius als Kenner zu genießen wusste.

Der Verfasser beantwortet uns damit die Frage gleich mit, wie Zeitgenossen das Ende der Antike in Europa erlebten: als einen schier unerträgliche Phantomschmerzen verursachenden Verlust. Der Untergang des Imperiums bedeutete ein Minus an Sicherheit, an Wohlstand, an Zivilisation und, à la longue, auch an Kultur. So jedenfalls empfanden es Leute wie Sidonius, die sich innerlich, obwohl sie aus der gallischen Peripherie der römischen Welt stammten, mit jeder Faser ihres Körpers mit dem Imperium und seiner Zivilisation identifizierten. Gerade in der Kirche gab es durchaus auch andere Meinungen. Es gab Männer wie Theophilos, Patriarch von Alexandreia, der einen christlichen Mob aufhetzte und schließlich dafür sorgte, dass das Serapis-Heiligtum der Nilmetropole zerstört wurde, in dem sich zu diesem Zeitpunkt noch bedeutende Buchbestände befanden. Viele einfache Menschen werden das Ende des Imperiums nicht als die Katastrophe wahrgenommen haben, die Sidonius und seinesgleichen darin sahen, gleichgültig wird sie aber ein Ereignis wie der Kampf um die Auvergne und der drohende Verlust ihres Besitzes auch nicht gelassen haben.

Trotz seines primär literarischen und erst sekundär dokumentarischen Anspruchs sollten wir das Briefcorpus des

Sidonius ernstnehmen: als Quelle für die Befindlichkeiten eines gebildeten Aristokraten an der Schwelle von der Antike zum Mittelalter und als Beleg dafür, dass der Untergang Roms mehr war als bloßer »Wandel«. Davon, dass die Bilanz des Umbruchs mindestens ausgeglichen gewesen sein soll, möchte uns seit geraumer Zeit nämlich ein beträchtlicher Teil der Spätantike-Forschung überzeugen. Der irische Historiker Peter Brown und in seinem Gefolge viele andere haben behauptet, das Weniger an Lebensstandard und Sicherheit sei durch ein Mehr an Spiritualität mehr als aufgewogen worden. Sidonius, der Bischof, interessierte sich wenig für Spiritualität und er weigerte sich zeitlebens, ein geistliches Werk zu verfassen. Er interessierte sich aber für ganz profane Dinge wie funktionierende Verkehrswege, die vom Staat garantierte öffentliche Ordnung und die Absicherung des kulturellen Bestandes. Und in dieser Hinsicht sah er seine Epoche auf keinem guten Weg.

ACHT

Mehr Antike wagen

Die Antike ist uns unendlich fern. Nicht weniger als fünfzig Generationen liegen zwischen uns und Sidonius Apollinaris. Nimmt man an, dass das mündlich erinnerte Gedächtnis etwa drei Generationen zurückreicht – wir wissen aus Erzählungen meist noch ein wenig, nicht viel, über unsere Urgroßeltern –, dann ist der Zeitraum, der uns von Sidonius trennt, mehr als fünfzehnmal so lang. Zum Vergleich: Von Hitler trennen uns heute nur zwei Generationen, von Kaiser Wilhelm drei und von Napoleon nicht einmal sieben. Die Völkerschlacht von Leipzig liegt gerade zwei mündlich erinnerte Zeitspannen zurück. Und doch lebten die, die sie erlebt haben, in einer Epoche, die fast in jeder Hinsicht ganz anders war als unsere eigene.

Permanenter Wandel ist die einzige echte historische Konstante. Jacob Burckhardt, der Schweizer Kulturhistoriker, hat beobachtet, dass Wandel in bestimmten Epochen an Dynamik gewinnt. Die Beschleunigung wird dann in der Rückschau wahrnehmbar, kann aber auch den Zeitgenossen bewusst werden. Burckhardt hat diese Phasen beschleunigter Veränderung »Revolutionen« genannt. Seine Beobachtung gilt nicht nur für die großen politischen Umbrüche wie die Oktober- oder die Französische Revolution: Sie trifft auch auf Phasen technologischer und gesellschaftlicher Umbrüche zu. Wir sprechen von der Industriellen und zuweilen auch von der Digitalen Revolution. Die Forschung rechnete früher zwei Prozesse zu den Revolutionen, mit denen die Menschheit in ihre Geschichtlichkeit eintrat: die »neolithische« und die »urbane« Revolution, mit der ab dem 12. Jahrtausend v. Chr. sesshafte Landwirtschaft und ab dem 4. Jahrtausend städtische Siedlungsformen ins menschliche Leben Einzug hielten. Freilich dauerten diese »Revolutionen« so lange, dass die Zeitgenossen von den Veränderungen kaum etwas mitbekommen haben dürften.

Eine veritable Revolution war hingegen das Verschwinden von semiglobaler Verflechtung und imperialer Staatlichkeit am Ende der Antike. Sidonius Apollinaris steht als Kronzeuge dafür, dass die Zeitgenossen, viele jedenfalls und ganz sicher alle, die ein waches intellektuelles Sensorium für den Wandel hatten, die Veränderungen mit ihren Sinnen wahrnahmen. Der Umbruch der Zeit um 500 n. Chr. ist die erste große Zäsur, die uns von der Antike trennt: Sie hat, wie Sidonius berichtet, gewaltige Mengen an Medien inklusive des darauf festgehaltenen Wissens vernichtet und im Leben vieler Menschen das Unterste zuoberst gekehrt. Zwei weitere große Zäsuren liegen zwischen uns und dem klassischen Altertum: der in der Industriellen Revolution gipfelnde Übergang zur erst europäischen und dann euro-amerikanischen Moderne und jetzt der von der Digitalen Revolution begleitete Übergang zur globalen Postmoderne. Keine dieser Zäsuren hat bis jetzt Repositorien des Wissens vernichtet. Schon in der euro-amerikanischen Aufklärung aber haben Debatten über die Relevanz traditioneller Wissensbestände stattgefunden. Ihnen hat Ende des 18. Jahrhunderts Thomas Paine den Weg gewiesen, der angesichts des Aufbruchs in die Moderne, den die jungen Vereinigten

Staaten Ende des 18. Jahrhunderts riskierten, das Studium antiker Autoren für überflüssig und darum schädlich erklärte.

Paines Argumente, auch das haben wir gesehen, haben in Modernisierungsschüben und Umbruchzeiten immer wieder Konjunktur gehabt. Was soll noch die Beschäftigung mit einer längst vergangenen Epoche, wenn neues Wissen darauf wartet, erst geschaffen und dann zum Bildungsgut zu werden? Was haben uns Platon, Cicero und Tacitus noch zu sagen, wenn die Rettung der Welt davon abhängt, dass wir das Genom von Viren sequenzieren und die Industrie- und Mobilitätsgesellschaft so umformen können, dass sie ohne die massenhafte Emission von Kohlendioxid auskommt? Schließlich wussten die Griechen kaum etwas über die Beschaffenheit der Atmosphäre, wenn auch schon der Naturphilosoph Anaximenes in Milet Experimente mit dem Luftdruck angestellt hatte, und Thukydides ahnte nichts von Mikroben als Erregern der Seuche, die im Peloponnesischen Krieg so viele seiner Mitbürger in Athen dahingerafft hatte.

Dieses Buch ist nicht nur eine knappe Geschichte des klassischen Altertums, sondern auch ein Appell an die Gegenwart, mehr Antike zu wagen. Zum Schluss möchte ich in drei Thesen begründen, warum sich das für ein zusammenwachsendes, weltoffenes Europa lohnen könnte. Ein Althistoriker, der vor über 40 Jahren durch Asterix zur Antike verführt und durch das Humanistische Gymnasium und anschließend das Studium von drei altertumswissenschaftlichen Disziplinen mit ihr vertraut gemacht worden ist, ist in der Frage, ob moderne Gesellschaften sich auf die Antike einlassen sollen, der denkbar befangenste Gewährsmann. Ich habe deshalb mit Menschen aus unterschiedlichen Tätigkeitsbereichen gesprochen, um ihre Perspektiven hier verdichten zu können: zu einem vielstimmigen Plädoyer dafür, dass, wie der Verlagslektor Stefan von der Lahr formuliert, »die Schönheit und die Größe ihrer historischen Leistung es verdient haben, weiter im Bewusstsein einer breiten Öffentlichkeit zu bleiben.«

1. Wir sollten mehr Antike wagen, weil wir ohne sie nicht verstehen, wer wir sind. Große Erzählungen sind verdächtig geworden. Früher bedienten sich die europäischen Nationalstaaten mit großer Selbstverständlichkeit historischer Projektionen ihrer selbst in ferne Vergangenheiten: Die Goslarer Kaiserpfalz stellt die Hohenzollern-Monarchie in die Kontinuität des mittelalterlichen Heiligen Reiches, Deutschland wie Frankreich haben Karl den Großen – Charlemagne – als Gründerheros vereinnahmt. Besser noch ließ sich das ehrwürdige Alter der Nation beglaubigen, wenn man Ankerpunkte in der Antike fand: Was Arminius-Hermann den Deutschen war, das waren Vercingetorix den Franzosen, Boudicca den Briten und die Bataver den Niederländern – und natürlich die Römer den Italienern.

Während Historiker einst munter an den nationalen Mythen mitstrickten und vor allem im 19. Jahrhundert sinnstiftende Erzählungen schufen, die ins Gedächtnisrepositorium ihrer Völker eingingen, hat die Zunft im Zeitalter der Postmoderne das »Dekonstruieren« zu einem ihrer Kerngeschäfte gemacht. Wissenschaftler, die heute eine Ausstellung über Germanen planen, haben sich erst einmal gegenseitig zu versichern, dass es die Germanen selbstverständlich nicht gab – und dass sie schon gar nicht die Vorfahren der heute lebenden Deutschen sind. Fast hat man den Eindruck, lieber als an Quellen würden sie sich an den

Erzählungen ihrer Kollegen von anno dunnemals abarbeiten. So berechtigt und vielfach auch wichtig das Dekonstruieren an sich ist: Die Disziplin droht, wenn sie nur noch um sich selbst und die von ihr produzierten »Diskurse« kreist, den Kontakt zur Öffentlichkeit zu verlieren. Die nämlich ist weniger an der Dekonstruktion überkommener Geschichtsbilder interessiert als an der Geschichtlichkeit unserer Gegenwart. Wie ist sie zu dem geworden, was sie ist und wie steht sie im Verhältnis zu ihrer Vergangenheit da? Wenn dazu die Beschäftigung mit Forschungsgeschichte gehört, bitte sehr! Wenn aber das Dekonstruieren zum Selbstzweck wird, gerät Geschichtswissenschaft unter die Relevanzschwelle. Auch den Machern der Germanenausstellung war klar, dass die Besucher vermutlich mehr an den Germanen selbst als an muffigen Germanendiskursen interessiert sein würden.

Ohne die verfemten großen Erzählungen hätten sich keine Nationen bauen lassen. Völker sind eben nicht urwüchsige Gemeinschaften von Menschen, die denselben Genpool teilen, sondern, wie der britisch-amerikanische Politikwissenschaftler Benedict Anderson lehrte, »imagined communities«, die ihren Zusammenhalt aus nichts als ihrer Einbildungskraft beziehen: aus Geschichte und Geschichten, die sie erzählen und für wahr halten. Was im 19. Jahrhundert für Italien oder Deutschland galt, gilt im 21. Jahrhundert für das Projekt Europa umso mehr: Es hat keine Chance, wenn es keine Geschichten gibt, die sich alle Europäer erzählen und die von allen verstanden werden. »Wer die Vergangenheit nicht kennt, kann die Zukunft nicht gestalten«, sagt der Ingenieur und Manager Werner Brinker. Für Fritz Felgentreu, den Altphilologen und Politiker, sind es eher die Geschichten als die Geschichte, »was das Ganze mit Leben erfüllt. Geschichten sind unterhaltsam und spannend und sie stellen zugleich eine menschliche Beziehung her.« Im vielsprachigen Europa mit seinen zwei Dutzend Amtssprachen und noch mehr Nationalgeschichten und Nationalliteraturen ist das Geschichtenerzählen alles andere als trivial. In einem idealen Europa würde jeder Schüler Dante, Cervantes, Molière, Chaucer und Goethe gelesen haben. Aber Lydia Koidula? Oder France Prešeren? Europäische Identität über die Nationalliteraturen und -geschichten zu vermitteln, scheitert am vielleicht wichtigsten Aktivposten im symbolischen Kapital des Kontinents: seiner ungeheuren Vielfalt.

Deshalb muss man weit, sehr weit in die Vergangenheit reisen, um ein ideelles Fundament zu finden, auf dem sich das europäische Haus errichten lässt. Das einzige alle Europäer verbindende Element ist die Antike, auf die sämtliche Nationalkulturen in immer wieder neuen Varianten Bezug genommen haben und noch nehmen – selbst, wenn diese Bezüge, wie im Fall der Attischen Demokratie, mehr konstruiert als real sind. »Wir alle« stünden auf diesem Fundament, sagt Brinker, und es wirke aus der Antike bis in unsere Zeit hinein. Anna Heinze, Museumskuratorin in Oldenburg, erinnert daran, dass schon die Lektüre von Gustav Schwab den »Zugang zum gesamten ikonographischen Wissen der antiken Götter- und Heldenwelt« öffne, und dass diese Welt immerhin ein »zentraler Bestandteil der abendländischen Kunst« sei. Schwab als Cicerone in den Museen von Florenz, Mailand, Paris, London, Madrid und St. Petersburg: Was könnte besser die Erklärungsmacht antiker Bildung veranschaulichen?

Diese Erklärungsmacht hat überdies eine große Tradition: Im aristokratischen Mobilitätsritual des Grand Tour im 18. Jahrhundert gab es zwei alle Nationalitäten verbindende Elemente, von Portugal bis Russland, von Skandinavien bis Italien: das Französische als gemeinsame Sprache der Gebildeten und das Wissen um die Antike als gemeinsamen Resonanzraum ihrer Vorstellungswelten. Nicht umsonst pilgerte man zu den klassischen Stätten in Italien und später auch Griechenland. Noch unlängst hat diese Reise zu den sprechenden Steinen des Südens, in denen die Menschen des Nordens auch sich selbst wiederfinden, Simon Strauß in seiner Erzählung *Römische Tage* nachempfunden. Heute wird die Rolle einer europäischen Lingua Franca nicht Französisch spielen, sondern Englisch, doch die Antike hat nichts von ihrem identitätsstiftenden Potential verloren – nur müsste man es besser ausschöpfen und wieder ins Bewusstsein der Europäer zurückbringen.

Die integrierende Macht klassischer Bildung straft Unkenrufe Lügen, sie sei nichts als das Statussymbol in ihrem Dünkel gefangener Eliten, womöglich gar ein Tummelplatz toxischer Rassisten, die unter Berufung auf Griechenland und Rom Mord, Sklaverei und Unterwerfung rechtfertigen würden, wie neuerdings Vertreter der »Woke Classics« in den Vereinigten Staaten und Großbritannien meinen. Was früheren Generationen Vorbild gewesen war, soll jetzt als toxisch verketzert werden. Doch greift die rein normative Indienstnahme der Antike, im Positiven wie im Negativen, zu kurz. Sie ist ahistorisch, denn die Antike hat es gegeben, und kein Cancelversuch kann etwas daran ändern. Ob wir es wollen oder nicht: Wir stehen »als Zwerge auf den Schultern von Riesen« und sollten schon deshalb etwas über sie wissen, meint auch Werner Brinker. Außerdem ist ein Bildungsgut nur dann exklusiv, wenn es künstlich verknappt wird. Wenn wir allen – wirklich allen – die Gelegenheit geben, etwas über die antiken Mittelmeerzivilisationen zu lernen, wenn Geschichte an Schulen nicht länger mit der Französischen Revolution anfängt, sondern Griechenland, Rom, das antike Persien, Karthago, Palmyra und Konstantinopel wieder selbstverständlich auf jedem Lehrplan stehen: Dann hat auch Europa eine Chance.

2. Wir sollten mehr Antike wagen, weil sie uns Wege zum Fremden zeigt. Man könnte also den bekannten, von Uvo Hölscher formulierten Satz so abwandeln: Die Antike ist allen Europäern das nächste Gemeinsame. Nah, weil wir mit ihr durch eine 1500-jährige Rezeptions- und Deutungsgeschichte verbunden sind, aber fern genug, um von niemandem privilegiert oder gar exklusiv beansprucht zu werden. Ausreichend nah, um uns alle anzugehen, aber doch so fern, dass Fragen wie die, ob Augustus ein Gewaltherrscher oder ein Friedensfürst war, heute kaum mehr politisch zu polarisieren vermögen – anders als etwa der unlängst aufgeflammte Streit um die Rolle der Hohenzollern im Nationalsozialismus und allgemein in der deutschen Geschichte.

Natürlich schützt ihre Ferne die Antike nicht vor schiefen Analogieschlüssen. Wenn die römische Antike heute im Geschichtsunterricht in deutschen Klassenzimmern stattfindet, dann meist als warnendes Beispiel dafür, wie zerbrechlich eine republikanische Ordnung sein kann. Europäische Politiker rühmen in Sonntagsreden gern die Attische Demokratie als Auftakt zu einer einzigartigen, im Hier und Heute gipfelnden Erfolgsgeschichte. Besonders auf dem Höhepunkt der Schuldenkrise in Griechenland war die ehrfürchtige Verneigung vor dem antiken Athen ein gern geübtes Ritual. Andere wiederum sehen in der spätantiken Völkerwanderung ein Menetekel für den modernen Westen. Vor allzu grobkörnigen Analogieschlüssen müsse man sich hüten, warnt Fritz Felgentreu: »Das Römische Reich ist an einer Migrationskrise untergegangen, wir haben eine Migrationskrise. Den dritten Schritt: Wir werden auch an einer Migrationskrise untergehen«, den dürfe man so nicht gehen. Felgentreu hält aber die »unterschwellige Angst vor der Katastrophe« für eine Spätfolge des Zusammenbruchs am Ende der Antike: »Der Gedanke vom Ende von allem ist in der westlichen Welt seit der Antike verbreitet. Der Gedanke, es könne auch alles plötzlich vorbei sein, der ist da.« Dass Zivilisation scheitern kann, habe sich seitdem ins kulturelle Gedächtnis des Kontinents eingebrannt. Um das zu verstehen, genüge es vollauf, sich eine Folge der Zombie-Serie *The Walking Dead* anzusehen.

Bei allen Gefahren immunisiert aber eben die genaue Kenntnis der Geschichte auch gegen ihren Missbrauch. Wer diese kurze Geschichte der Antike gelesen hat, ahnt, dass die römische Republik anders als moderne Demokratien mit Volkssouveränität und Partizipation breiter Schichten wenig im Sinn hatte; dass die Attische Demokratie, wenn überhaupt, dann nur eine vielfach gebrochene Kontinuitätslinie mit den politischen Systemen der Moderne verbindet; und dass die Völkerwanderung zwar unsägliches Leid über viele Menschen gebracht hat, aber sich in so vielen Parametern von modernen Migrationskrisen unterscheidet, dass man sich hüten sollte, aus ihr zu weitreichende Schlussfolgerungen für die Gegenwart abzuleiten.

Wenn man um die Vergangenheit weiß, kann man Versuche, Geschichte für die Gegenwart zu vereinnahmen, als billige Taschenspielertricks entlarven. Wer sich in der Antike auskennt, kann aber noch mehr: Weil uns im klassischen Altertum und seiner grundsätzlichen Fremdheit das

Eigene, wie Christian Meier vor 50 Jahren formuliert hat, »im Stande der Möglichkeit« begegnet, macht der Blick in die Kinderstube unseres Kontinents Alternativen zu den Verhältnissen der Gegenwart sichtbar. Wer die Griechen bei ihrem Herumexperimentieren mit Lösungswegen für die unterschiedlichsten Probleme beobachtet, wer die pragmatischen Reaktionen der römischen Soldatenkaiser auf die Krisensymptome des 3. Jahrhunderts zur Kenntnis genommen hat, wird Politikentwürfen mit Misstrauen begegnen, die für sich reklamieren, »alternativlos« zu sein. »Man lernt, in Alternativen zu denken«, ist sich Stefan von der Lahr sicher. Auch ein Blick auf »die Strategien, mit denen das Römische Reich in der Spätantike versuchte, sich den Herausforderungen zu stellen«, könne instruktiv sein, gibt Fritz Felgentreu zu bedenken.

Die antiken Zivilisationen sind, weil sie mit vielen Schwierigkeiten vielleicht nicht als erste konfrontiert waren, aber doch als erste über Strategien zu ihrer Bewältigung schriftlich Rechenschaft abgelegt haben, so etwas wie das Laboratorium der Menschheitsgeschichte. Die Experimente, die dort durchgeführt worden sind, waren für Generationen Anstoß, sich selbst innovative Gedanken zu machen – und sie können es noch heute sein: Machiavelli ließ sich von Livius und der römischen Republik inspirieren; der Römer Jacopo Peri wollte im 16. Jahrhundert das griechische Drama wiederbeleben und erfand so ganz nebenbei die Oper; Sigmund Freuds Psychoanalyse bezog ihr Material hauptsächlich aus dem griechischen Mythos. Und so weiter: Die Archetypen aus dem nie versiegenden Reservoir der Antike wurden durch die Jahrhunderte der Rezeptionsgeschichte dekliniert wie ein Thema mit Variationen in der Musik.

Und China? Und Indien? Und der Islam? Sind sie nicht ebenso interessante welthistorische Laboratorien, die der Menschheit Experimente hinterließen, die denen von Griechen und Römern an Bedeutung in nichts nachstehen und aus denen wir nicht minder wichtige Lektionen lernen können? Dieser Einwand ist ohne Frage richtig. Konfuzius braucht sich gewiss hinter Platon nicht zu verstecken, die Bhagavad Gita ist nicht weniger bedeutend als die homerischen Epen und Avicenna sollte man genauso kennen wie Galen. Gewiss kann es nicht darum gehen, historisch ferne Zivilisationen gegen solche auszuspielen, die Europa früher einmal räumlich fern waren. Aber bereits am Beispiel des persischen Arztes und Philosophen Ibn Sina, latinisiert Avicenna, wird deutlich, wie eng noch die islamische Welt mit der des klassischen Altertums intellektuell verwoben ist. Und auch das alte Indien war seit dem Hellenismus mit dem Mittelmeer verflochten: durch den Feldzug Alexanders des Großen, aber auch durch Fernhandel und einen in beide Richtungen wirksamen intellektuellen Austausch. Palmyra schließlich steht beispielhaft für die ökonomische und kulturelle Osmose zwischen Mittelmeerraum, Nahem Osten, Iran, Indien und Fernem Osten. »Es gibt keine isolierte Kultur, keine isolierte Gesellschaft, auch in der Antike nicht«, resümiert Werner Brinker.

Spätestens hier wird deutlich, dass das Altertum, das wir in europäischer Tradition als klassisch zu sehen gewohnt sind, nicht exklusiv zur kulturellen Tradition des Abendlands gehört, sondern ein globales Erbe ist. Mindestens das Mittelmeerbecken und der Nahe Osten, ab dem Hellenismus aber fast ganz Afro-Eurasien nördlich der Sahara bildeten seit grauer Vorzeit einen Raum, in dem Menschen, Güter und Ideen ständig in Bewegung waren und sich gegenseitig befruchteten. Was der identitätspolitische Zeitgeist im Moment als »cultural appropriation« ächten will, hat immer schon stattgefunden, zum Glück. Letztlich fußt das Konzept der kulturellen Aneignung auf der ahistorischen, essentialistischen Annahme, Kulturen könnten in steriler Reinheit ohne gegenseitige Durchdringung existieren. Das bedeutet, durch die Hintertür, die Rückkehr zu Paradigmen des 19. Jahrhunderts. Das 21. Jahrhundert sollte den umgekehrten Weg gehen: Wenn sich neuerdings indische oder chinesische Forscher und Studenten – japanische tun das schon länger – die mediterrane Antike aneignen, dann ist das nichts Verdammungswürdiges, sondern ein Hoffnungszeichen, das wir beantworten sollten, indem auch wir etwas über die Kultur und Geschichte anderer Erdteile lernen und allgemein neugieriger werden auf die Welt jenseits von Europa und Nordamerika. »Der ostasiatische Markt hat erstaunliches Interesse an der europäischen Antike. Koreaner, Japaner kaufen Bücher, die in Deutschland über klassisch-antike Themen geschrieben« wurden, weiß etwa Stefan von der Lahr. »Der Prozess der globalen Vernetzung«, lasse es »sinnvoll erscheinen, etwas über die Kultur der Anderen zu wissen.« Das gelte hier wie dort: »Das wechselseitige Interesse bezieht sich auf weit zurückliegende, aber nach wie vor wirkmächtige Ereignisse.« Palmyra, wo in der Antike Ost und West aneinanderstießen, könnte für uns Europäer ein guter Einstiegspunkt in dieses Wissen vom Anderen sein.

Anna Heinze ist angesichts globaler Verflechtungen und Herausforderungen überzeugt, dass die europäische, die griechisch-römische Antike sich im Kulturleben ihren angestammten Platz mit anderen Zivilisationen wird teilen müssen: »Ich glaube, dass wir uns mehr entfernen werden von diesen antiken Inhalten und dass sie für unser eigenes kulturelles Verständnis eine abnehmende Rolle spielen werden.« China und Indien würden schon aufgrund ihrer Wirtschaftskraft und »dank iPhone und Netflix« künftig mehr Beachtung finden. Dass sich Globalisierung auch im Kulturangebot spiegelt, ist selbstverständlich und hat nichts Bedrohliches. Im Gegenteil: Womöglich lehrt der Blick auf das geographisch Ferne auch das historisch Ferne in neuem Licht sehen.

Das uns fremder werdende klassisch-orientalische Altertum kann uns schließlich auch Brücken bauen helfen zu den Fremden, die nach Europa eingewandert sind und von denen die meisten aus Regionen stammen, die früher einmal zur antiken Mittelmeerzivilisation oder ihren Randgebieten gehört haben. Ägypter, Libanesen und Tunesier, auch Türken, Syrer, Iraker und Iraner kommen aus Staaten, die lange nach europäischem Vorbild im Altertum wurzelnde nationale Mythen gepflegt haben: im Nilreich, bei den Phöniziern, Karthagern, Hethitern, in Palmyra, den Imperien von Assyrern, Babyloniern und Persern. Sie reagieren oft bewegt, wenn sie hier Menschen treffen, die sich für die Vergangenheit ihrer Länder interessieren, und sind zugleich neugierig, die europäische Perspektive auf diese Geschichte kennenzulernen. Denn sie wissen, sagt Stefan von der Lahr: »Das, was da stattgefunden hat, ist mittelbar auch Teil ihrer Geschichte.«

Auch Europäer sind Fremde, wenn es sie nach Indien, China oder Afrika verschlägt. Der Manager Werner Brinker beklagt im Gespräch, dass junge Führungskräfte in der Wirtschaft kaum an fremden Kulturen interessiert seien: »Das Wissen darum und die Bereitschaft, sich damit auseinanderzusetzen, ist nicht gerade stark ausgeprägt.« Viele, meint Brinker, können sich überhaupt nicht vorstellen, wie unterschiedlich die Regeln und Vorstellungswelten sind, die das Leben von Menschen in anderen Erdteilen prägen. Wer auf fremden Märkten Geld verdienen wolle, müsse seinen Mitarbeitern interkulturelle Kompetenz vermitteln: »Wenn Sie in China investieren möchten, dann müssen Sie bereit sein, Schlangenblut zu trinken.« Welches bessere Training dafür könnte es geben, als sich Kenntnisse über fremde Zivilisationen anzueignen, am besten auch über ihre Sprachen, die schließlich Transmissionsriemen der fernen Gedanken sind? Felgentreu sekundiert: »Die Beschäftigung mit dem Altertum erhöht die interkulturelle Kompetenz.« Und von der Lahr ergänzt: »Es ist eine Auseinandersetzung mit Kulturen, in denen komplett anders gedacht wurde.« Bedenken, der schwierige Lernstoff, zu dem sich ja heute noch viele andere Fächer gesellen, könne junge Menschen überfordern, wischt Brinker beiseite: Ob etwa Latein und die MINT-Fächer ins gymnasiale Curriculum gehören, sei keine Frage des Entweder-Oder, sondern des Sowohl-als-Auch. Das sei »eine Frage der Ansprüche, die man an sich und andere hat.«

3. Die Antike gehört zu uns. Selbstverständlich beginnt echte Bildung nicht erst beim großen Latinum. Welchen Bildungsweg er gehen möchte und welche Inhalte ihn säumen sollen, ist zum Glück Gegenstand der freien Entscheidung jedes Einzelnen. Ohne Wissen um die Geschichte vor 1789 und auch die vor 500 sollte aber auch und gerade heute kein junger Mensch in Europa die Schule verlassen. Wenn wir Europa auf einem gemeinsamen Bildungsfundament bauen wollen, dann muss Schluss sein mit dem produktivistischen und mit dem antielitistischen Entrümpeln, dann muss in den Kultusministerien auch Schluss sein mit der nationalen Nabelschau. Denn selbstverständlich ist die Schule der Schlüssel, wenn wir endlich Europäer sein wollen. Dante gehört dann auf den Lehrplan wie Ovid und Philipp II., der von Spanien ebenso wie der von Makedonien. Und Studenten der Geschichte sollten in diesem Europa Homer nicht länger aussprechen wie Homer Simpson.

Die Bildungsrepublik Deutschland hat sich in den letzten 50 Jahren gründlich entkanonisiert. Auf x unterschiedlichen Schultypen kann man in Deutschland mittlerweile die allgemeine Hochschulreife erwerben, mit den abenteuerlichsten Fächerkombinationen und in 16 Bundesländern, die alle eifersüchtig auf dem Kooperationsverbot in Bildungsfragen beharren und starrsinnig ihre eigenen Regeln für das Abitur vorgeben. Mathias Brodkorb und Katja Koch haben in ihrer Streitschrift *Der Abiturbetrug* den »Niveauverlust der gymnasialen Bildung« beklagt und die aus einem Mangel an Gleichwertigkeit resultierende Ungerechtigkeit«. Brodkorb und Koch prangern nicht nur von Bundesland zu Bundeland, sondern sogar von Schule zu Schule völlig unterschiedliche Bewertungsstandards und Lehrpläne an. Komplettiert werde das Chaos durch von Land zu Land variierende und fast allenthalben zu lasche Einbringungspflichten und je nach Bundesland wechselnde Kernfächer mit dazu noch unterschiedlichen Stundenzahlen. Grund für diesen aberwitzigen Wirrwarr ist nicht allein überschießender Bildungsföderalismus, sondern vor allem Skepsis gegenüber der Verbindlichkeit, mit der ein Kanon bestimmte Inhalte als für alle relevant festschreiben würde. Natürlich haftet jedem Kanon ein Quantum Willkür an. Aber ist es tatsächlich so, »dass das Experiment, die Welt durch Zuhilfenahme von Ordnungssystemen die vornehmlich männliche Geistesgrössen [sic] auflisten, zu einem freundlicheren und erfreulicheren Ort zu machen, fehl schlug [sic]«, wie die Autorinnen eines schnodderig »*Die* Kanon« genannten Who's who der großen Frauen glauben? Darin steht die unvermeidliche Judith Butler neben der vermeidbaren Mauer-Apologetin Anna Seghers und immerhin auch Sappho und Kleopatra, aber zum Beispiel nicht die spätantike Philosophin Hypatia und auch nicht Zenobia, die streitbare Herrscherin Palmyras.

Wenn wir das Bildungswissen künftig in einen Kanon für Männer, einen für Frauen, einen für Muslime, einen für Atheisten, einen für Dicke und einen für Dünne auffächern, werden wir damit ein Europa intellektueller Isolierstationen schaffen, in dem außerhalb der beklemmenden Enge identitärer Echokammern kaum jemand mehr mit seinen Mitmenschen über etwas anderes sprechen kann als das Wetter. Umgekehrt wird ein Schuh daraus: Es ist dringend an der Zeit, dass sich europäische Bildungspolitiker aufraffen und zusammensetzen, um einen Weg aus dem Keller des Provinzialismus zu finden, in dem die nationalen Curricula seit über hundert Jahren Staub ansetzen.

Sie müssen sich dann auf einen wahrhaft europäischen Kanon verständigen, der den nationalen Bildungslandschaften kein starres Korsett anlegt, wohl aber klare Ziele von Bildung definiert. Wenn der Kontinent künftig eine imaginierte Gemeinschaft sein will, wie Benedict Anderson sie entwirft, dann müssen die Europäer sich Geschichten erzählen können. Nur so entsteht eine europäische Öffentlichkeit, die imstande ist, eine demokratische Union mit transparenten Institutionen zu tragen. Sich in diese Geschichten zu versenken, regt das Denken an und schafft Erkenntnis. Es macht unabhängig, wie Stefan von der Lahr betont: »Die Auseinandersetzung mit der Antike, auch mit antiken Sprachen, führt nicht automatisch dazu, dass daraus ein instrumentalisierbares Wissen gemacht werden kann.« Dem Sich-Einlassen auf die Antike hafte »auch etwas Spielerisches« an. »Kinder, die auf diese Weise denken lernen, die in fernen Kulturen sich zu bewegen lernen, die erlangen eine andere geistige Freiheit. Das ist nicht vernutzbar, und deshalb sind auch die Kinder nicht ohne weiteres vernutzbar.« Das Lernen über die ferne Welt der Antike führe »zu geistiger Freiheit«.

Es macht aber auch einfach Spaß. Das stellen der Manager Brinker, die Museumsfrau Heinze, der Lektor von der Lahr und der Politiker Felgentreu übereinstimmend fest: »Es sind Narrative, die unterhaltsam sind, und die sich gar nicht so sehr von dem unterscheiden, was uns heute beschäftigt. Liebe, Eifersucht, Mord und Totschlag«, zählt Anna Heinze wichtige Grundthemen antiker Texte auf. Die Antike soll im Kanon ihren festen Platz haben neben dem, was in späteren Epochen wirklich europäischen Rang hat, und auch einer Auswahl von dem Faszinierenden, was andere Kontinente hervorgebracht haben. Erst so wird das Besondere der europäischen Moderne begreifbar.

Wie alle Inhalte des Kanons ist auch die Antike skalierbar, den Interessen und Bedürfnissen jedes Einzelnen entsprechend. Zum Kernbestand klassischer Bildung, den man jedem mit auf den Weg geben sollte, gehören das archaische und klassische Griechenland, weil vieles dort zum ersten Mal gedacht und gemacht worden ist, und das römische Imperium in der Kaiserzeit, weil es die zur Schicksalsgemeinschaft verdichtete Vielfalt Europas spiegelt. Ein paar Verse Homer und aus Ovids Metamorphosen gehören ebenfalls in den Minimalkanon, dazu Platons Höhlengleichnis als Booster-Impfung gegen das Virus des furchtbaren Simplifizierens und Vitruv, weil die Grundformen, auf die er Architektur reduziert hat, überall auf der Welt wiederzufinden sind. Fritz Felgentreu will auch Horaz dazulegen. Seine Botschaft sei gewesen: Werdet unpolitisch! Das sei »eine hochpolitische Botschaft« gewesen. Heute erwarte man von Literatur stets, dass sie gesellschafts- oder politikkritisch ist. Felgentreu: »Ich finde, Autoren wie Vergil und Horaz zeigen, dass man anspruchsvollster Literat sein und sich trotzdem in den Dienst eines politischen Projekts stellen kann. Kunst muss nicht kritisch sein. Sie muss nur gut sein, würde Horaz sagen.«

Wen es nach diesem Basisprogramm nach mehr Antike verlangt, der muss überall das Angebot vorfinden, eine alte Sprache, Latein, Altgriechisch oder auch Hebräisch, lernen zu können, ob als Schüler, Student oder in reiferem Alter. Dieses Angebot muss gerade auch in die sozialen Brennpunkte gebracht werden, dort, wo zu Hause die »Herkunftssprachen« gesprochen werden, die deutsche Bildungspolitiker jetzt ebenfalls im Schulunterricht verankern wollen. Die alten Sprachen genießen den Vorzug, dass sie identitätspolitisch neutral sind, und sie erleichtern das Erlernen der Sprache des Gastlandes, denn nichts hilft Wortschatz und Grammatik besser auf die Sprünge, als sich in die Strukturen einer Sprache wie Latein hineindenken zu müssen.

Und nichts verleiht mehr Selbstbewusstsein als das Erstürmen einer scheinbar uneinnehmbaren Bildungsfestung. Die britische Althistorikerin Mary Beard beklagte kürzlich das Vorurteil, Latein sei nur etwas für »posh white boys«. So sieht es auch Fritz Felgentreu: »Die These, das ist nur etwas für konservative Eliten, die halte ich für leicht widerlegbar.«

Die alten Sprachen seien ein Integrationsangebot erster Güte an alle, die den Aufstieg durch Bildung schaffen wollen. Als Beispiel führt er das Ernst-Abbe-Gymnasium in seinem alten Wahlkreis Berlin-Neukölln an: »Dieses Gymnasium setzt seit vielen Jahren auf Latein ganz konsequent als einen Schwerpunkt seines pädagogischen Profils.« Der Erfolg gebe dem Schulleiter recht: »Gerade von den Jugendlichen mit Migrationshintergrund, die da zur Schule gehen, wird das sehr gut angenommen.« Es sei grundverkehrt, die alten Sprachen »in eine Schublade« zu stecken.

Damit Projekte wie das Neuköllner Kiez-Gymnasium funktionieren können, muss die Antike an europäischen Universitäten ihren unverrückbaren Platz haben. Geschichts-, Latein- und Griechischlehrer müssen weiterhin auf hohem Niveau ausgebildet werden, und dort, wo vor allem die philologischen Voraussetzungen schon am Wegbröckeln sind, wie leider auch in vielen Teilen Deutschlands, muss wieder in entsprechende Studiengänge investiert werden. Felgentreu: »Die Sprachkompetenz ist das A und O.« Hier sieht er ein Problem: Angesichts der »enormen Konkurrenz der digitalen Welt« liege auf sprachlichem Gebiet manches im Argen. Umso mehr gelte es, an Universitäten auf die Einhaltung von Qualitätsstandards zu pochen.

Dennoch reicht ein »Weiter so« nicht aus: Bildungs- und Kulturinstitutionen müssen sich europaweit vernetzen, um ihr Angebot immer wieder den Erfordernissen anzupassen. Digitale Technologien werden aus dem imaginierten Europa nicht wegzudenken sein, aber vor das Digitale haben die Götter das Analoge gesetzt. Wer sich nicht auf analoge und damit die Dinge ins Verhältnis setzende Fertigkeiten versteht, wird von der Digitalisierung unweigerlich überrollt werden. Besser aber kann man analoge Kompetenzen kaum erwerben als durch das tiefe Lesen schwieriger, zuweilen auch sperriger, aber nach erfolgter Lektüre mit dem Glück wirklichen Verstehens belohnender Texte. Wer einmal die Nikomachische Ethik des Aristoteles gelesen hat, wird nicht auf die getwitterten »Wahrheiten« eines Donald Trump hereinfallen; wer Ciceros *De natura deorum* (»Über das Wesen der Götter«) gelesen hat, hat verstanden, dass wir unter dem Begriff »Religion« höchst unterschiedliche, im Grunde kaum vergleichbare Phänomene zusammenfassen. Dass die Aha-Erlebnisse durch das Erlernen der dazu gehörenden Sprachen an Intensität noch zunehmen, versteht sich von selbst.

In einem idealen, sich auf seine klassischen Wurzeln besinnenden Europa könnten sich Deutsche und – dann vielleicht wieder zur EU gehörende – Briten am Pool unter Iberiens Sonne vielleicht nicht länger über mit Handtüchern besetzte Liegen am Pool streiten, sondern sich über die *Controversiae* des im römischen Spanien geborenen älteren Seneca austauschen: eine Sammlung besonders brillanter Gerichtsreden. In ihren Liegestühlen könnten sie dann in gemeinsamer Platonlektüre den Zeitgeist einer kritischen Überprüfung unterziehen. Politiker und Verantwortliche in Justiz und Strafverfolgungsbehörden könnten sich in Kenntnis von Verhältnissen wie in Palmyra besser in den Verwandtschaftsgeflechten von Clans und Stammesgesellschaften zurechtfinden. Und alle Europäer wären auf einmal in der Lage, das zu erleben, was im Moment nur den relativ wenigen Bewohnern einer exklusiven Bildungsrepublik zu erfahren vergönnt ist: dass die lange Geschichte unseres Kontinents allen Kriegen und Konflikten zum Trotz uns mehr verbindet als trennt, dass die betörende Vielfalt Europas einer grundlegenden Gemeinsamkeit entspringt und dass wir alle Kinder des alten Griechenland und Rom sind.

Wie realistisch ist es, dass diese Utopie eines sich seiner antiken Fundamente wieder bewusstwerdenden Europa Wirklichkeit wird? Vordergründig nicht besonders. Politiker buchstabieren Digitalisierung von Bildung noch immer so aus, dass sie Schulen mit iPads überschwemmen und schnelle Internetanschlüsse verlegen lassen. So verbissen wie eh und je führen Ideologen aller möglichen Lager Schlachten gegen »tote« Sprachen und vermeintlich anachronistische Bildungsgüter. Die Zahl der Latein lernenden Schüler ist in Deutschland seit einigen Jahren stark rückläufig: von gut 800000 im Schuljahr 2010/11 auf rund 560000 2019/20. Dabei steht der altsprachliche Unterricht in Deutschland noch vergleichsweise glänzend da: Latein belegt hier unter den an Schulen gelernten Fremdsprachen Platz drei. Fest verwurzelt sind die alten Sprachen sonst nur noch in Österreich, Italien – das international einen Spitzenplatz einnimmt – und Frankreich. In Skandinavien, Belgien, den Niederlanden und seit einigen Jahren auch in Großbritannien gibt es keine flächendeckende Infrastruktur für den altsprachlichen Unterricht an Schulen mehr.

Doch wo Gefahr ist, wächst das Rettende auch. Der Rückgang der Schülerzahlen im Fach Latein ist in den 2010er Jahren nach einem zuletzt steilen Anstieg erfolgt und hängt zumindest teilweise mit dem Einrücken der geburtenschwachen Jahrgänge in die Schulen zusammen. Latein schlägt sich an deutschen Schulen also besser, als die Zahlen bei oberflächlicher Betrachtung vermuten lassen. Bei unseren polnischen Nachbarn hat die Regierung, die sicher nicht immer im Einklang mit europäischen Werten handelt, Latein 2020 aufs nationale Kerncurriculum gesetzt und verordnet, dass allen Schülern Kenntnisse über antike Kulturen zu vermitteln seien. Sie erkennt damit die fundamentale Bedeutung der antiken Zivilisationen auch für das moderne Europa an. Und im Vereinigten Königreich, wo Schüler immerhin an der Hälfte der elitären, für die meisten Briten unerschwinglichen Privatschulen Latein lernen können, aber nur an 2,7 Prozent der öffentlichen Schulen, hat der konservative Kultusminister Gavin Williamson 2021 ein millionenschweres Programm angekündigt, mit dem seine Regierung Latein wieder an die Staatsschulen bringen will.

Sicher, man kann heute selbst Bilder der Laokoon-Gruppe nicht mehr unkommentiert in ein Museum stellen und annehmen, dass die Besucher den gesamten Kontext aus ihrer Bildungsbiographie schöpfen können. »Das Wissen darum, wer Laokoon ist, das kann ich nicht mehr voraussetzen«, gesteht Anna Heinze ein. Denn: »Kein Jugendlicher liest mehr Gustav Schwab heimlich unter der Bettdecke.« Und Stefan von der Lahr ergänzt: »Natürlich ist in der Breite das Wissen um die Antike nicht mehr so vorhanden, wie es noch vor 50 Jahren der Fall war.« Dennoch ist das Interesse an der fernen Vergangenheit ungebrochen. Deshalb kommt es entscheidend darauf an, was meine Zunft, was Universitätsprofessoren für Alte Geschichte und Altphilologie, was aber auch engagierte Lehrkräfte in diesen Fächern, Museumsleute und Medienschaffende unternehmen, um den Wissensdurst zu stillen. Gehen sie auf die Menschen, ihre veränderten Lese- und Sehgewohnheiten und ihre unterschiedlicher werdenden Bildungswege zu? Wissen sie die richtige Balance zwischen alten und neuen Medien zu wahren? »Es ist die Aufgabe dessen, der sich solch eines Themas annimmt, dass er seine Leser dort abholt, wo sie sind. Diese

Mühe muss man sich schon machen«, gibt von der Lahr zu bedenken. Er ist sich sicher, dass man, den entsprechenden Willen vorausgesetzt, dafür sorgen könne, »dass auf diesem Gebiet keine Analphabetisierung stattfindet.« Um dieses Ziel zu erreichen, ergänzt Anna Heinze, müsse man »die Leute behutsam in die Vergangenheit zurückführen und sie nicht einfach vor 2000 Jahren absetzen und dann sagen: ›Nun findet mal den Weg zurück in die Gegenwart.‹« Auch ohne Kontextwissen, ist sie sich sicher, könnten Museumsbesucher von heute den Schmerz und das Leid Laokoons wahrnehmen, und die außerordentliche Bedeutung dieses Kunstwerks würde auch ihrem Blick nicht entgehen.

Und so ist auch heute die Antike nicht aus der Öffentlichkeit wegzudenken. Lektor von der Lahr preist sein Lesepublikum hierzulande in den höchsten Tönen: Es gebe ein »grundständiges Interesse an der Antike, das sich auch in zahlenmäßig relevanten Buchkäufen« artikuliere. Anspruchsvolle Literatur über Griechen und Römer verkaufe sich wie geschnitten Brot, weiß er zu berichten: »Die Antike ist ein Wirtschaftsfaktor auch im Programm eines großen Verlages.« Diesen Eindruck bestätigen die Erfahrungen, die ich als Hochschullehrer mehr oder weniger täglich an der Universität Oldenburg sammle: An eine mittelgroße Uni in der nordwestdeutschen Provinz, die ihren Schwerpunkt im Bereich der Lehrerbildung hat und keine der altertumswissenschaftlichen Nachbardisziplinen im Portfolio hat, kommt kaum jemand, um Alte Geschichte zu studieren. Viele Studenten hören Namen wie Perikles, Tacitus oder selbst Cicero zum ersten Mal, wenn sie in mein Seminar kommen. Aber es sind gar nicht einmal so wenige, die sich schließlich doch für die Griechen oder Römer entscheiden, ihre Sprachen büffeln und ihre im Hörsaal erworbene Begeisterung für die Antike dann in ihren Beruf, oft in die Schule, auf jeden Fall aber in ihr Leben mitnehmen. Ich wünsche mir, dass künftig mehr junge Menschen mit den Gedanken eines Homer oder Sidonius Apollinaris in Berührung kommen, weil jemand ihnen den Weg dahin gezeigt hat.

ZEITTAFEL

v. Chr.

ca. 12 000	Beginn der Neolithisierung in der Levante
ca. 3500	Uruk-Zeit (bis ca. 2800): erste Städte in Mesopotamien
ca. 1200	Kollaps des spätbronzezeitlichen Systems in Vorderasien und in der Ägäis; Beginn der »dunklen Jahrhunderte« in Griechenland (bis ca. 700)
753	(traditionelles Datum für) Gründung Roms
ca. 750	Beginn der griechischen Kolonisation in Übersee (bis ca. 550)
7. Jh. (1. Hälfte)	ungefähre Entstehungszeit der homerischen Epen Ilias und Odyssee
	Einführung der Hoplitenphalanx zuerst in Sparta
604	Nebukadnezar (Nabû-kudurrī-uṣur) II. wird König von Babylon (bis 562)
597	erster Feldzug Nebukadnezars II. gegen Juda
594/93	(traditionelles Datum für) Gesetzgebung Solons in Athen: Eunomie
587	zweiter Feldzug Nebukadnezars II. gegen Juda

ca. 585	Anaximenes in Milet geboren (bis ca. 525)
582	dritter Feldzug Nebukadnezars. II. gegen Juda
ca. 561	erster Staatsstreich des Peisistratos in Athen
550	Eroberung der medischen Hauptstadt Ekbatana durch Kyros den Großen: Entstehung des Perserreichs der Achaimeniden (bis 330)
510	Sturz der Tyrannis der Peisistratiden in Athen
509	(traditionelles Datum für) Sturz des letzten Königs Tarquinius Superbus in Rom: anschließend Republik (bis 27)
508/07	Kleisthenische Phylenreform in Athen: Isonomie
500/499	Ionischer Aufstand in Kleinasien (bis 494)
494	(traditionelles Datum für) erste *secessio plebis* in Rom: anschließend Ständekämpfe (bis 287)
490	Schlacht bei Marathon: Sieg der athenischen Phalanx über die Perser
ca. 490	Perikles in Athen geboren (bis 429) Herodot in Halikarnassos geboren (bis ca. 430)
480	Perserkrieg des Xerxes: Sieg der athenischen Flotte bei Salamis
479	Schlacht bei Plataiai: Sieg des Hellenenbundes über die Perser
478/77	der Athener Aristeides erhält den Ober-

	befehl über die Flotte des Hellenenbundes: Gründung des Delisch-Attischen Seebunds (bis 404)
457	Diäten für Ratsmitglieder und Richter in Athen
436	Isokrates in Athen geboren (bis 338)
431	Peloponnesischer Krieg zwischen Athen und Sparta (bis 404)
430	Epidemie in Athen (bis 426)
428/27	Platon in Athen geboren (bis 348/47)
424	»Die Ritter« des Aristophanes uraufgeführt
396	Eroberung Vejis durch Rom: Beginn der Expansion Roms in Italien (bis 272)
384	Aristoteles in Stageira geboren (bis 322)
359	Philipp II. wird König von Makedonien (bis 336)
338	Schlacht von Chaironeia: Sieg Philipps II. über Theben, Athen und deren Verbündete
336	Alexander der Große wird König von Makedonien (bis 323)
334	Beginn von Alexanders Perserfeldzug: Sieg über die Perser am Granikos
333	Schlacht bei Issos: Sieg Alexanders des Großen über Dareios III.
331	Alexander erobert Ägypten und befragt das Zeus-Ammon-Orakel in Siwa; Gründung Alexandreias im Nildelta; Sieg Alexanders über Dareios bei Gaugamela
323	(10. Juni) Alexander stirbt in Babylon
264	Erster Punischer Krieg (bis 241)

234	Cato der Ältere in Tusculum geboren (bis 149)
218	Zweiter Punischer Krieg (bis 202)
215	Erster Makedonischer Krieg (bis 205)
207	Schlacht am Metaurus: römischer Sieg; Tod des Hasdrubal
202	Sieg Scipios über Hannibal bei Zama
200	Zweiter Makedonischer Krieg (bis 197)
ca. 200	Bau des Artemisions von Magnesia am Mäander
	Polybios in Megalopolis geboren (bis ca. 120)
	erste Anfänge Palmyras als Siedlung in der Oase Tadmur
168	Schlacht von Pydna: Sieg Roms über Perseus von Makedonien; Tag von Eleusis: Ultimatum Roms an Antiochos IV.
168	Makkabäeraufstand in Palästina (bis 134)
167	Polybios wird als Geisel nach Rom deportiert
149	Dritter Punischer Krieg (bis 146)
133	Volkstribunat des Tiberius Gracchus: Spaltung der Nobilität in Popularen und Optimaten
123	Volkstribunate des Gaius Gracchus (bis 121)
113	erstes Auftreten der Kimbern und Teutonen im Alpenraum
106	Cicero in Arpinum geboren (bis 43)
103	Volkstribunate des Saturninus (bis 100)
102/01	Siege des Marius über die Teutonen und

	Ambronen bei Aquae Sextiae sowie über die Kimbern bei Vercellae
100	Caesar in Rom geboren (bis 44)
95	Cato der Jüngere geboren (bis 46)
88	erster Marsch Sullas auf Rom
87	Terrorregiment Cinnas in Rom (bis 84)
85	Frieden von Dardanos zwischen Sulla und Mithradates VI. Eupator von Pontos
ca. 80	Vitruv in Kampanien geboren (bis ca. 15)
63	Konsulat Ciceros: Niederschlagung der Catilinarischen Verschwörung
	Sieg des Pompeius über Mithradates VI. von Pontos: Einrichtung der Provinz Syria
59	sogenanntes Erstes Triumvirat aus Caesar, Crassus und Pompeius (bis 50)
59	Volkstribunat des Clodius (bis 58)
58	Gallischer Krieg Caesars (bis 50)
55	Britannienexpedition Caesars (bis 54)
53	Schlacht bei Karrhai: Tod des Triumvirn Crassus
49	(10. Januar) Caesar überschreitet den Rubico: Bürgerkrieg gegen Pompeius (bis 48) und die Pompeianer (bis 45)
48	(9. August) Schlacht bei Pharsalos: Sieg Caesars über Pompeius
45	(17. März) Schlacht bei Munda: endgültiger Sieg Caesars über die Pompeianer
44	(15. Februar) Caesar *dictator perpetuo:* Diktator auf Lebenszeit
	(15. März) Ermordung Caesars

42	(Oktober/November) Doppelschlacht von Philippi: Sieg des Antonius und des jungen Caesar (Oktavian) über die Caesarmörder Brutus und Cassius Vergil schreibt 10 Eklogen (Hirtengedichte, bis ca. 39)
40	Herodes der Große wird König in Judäa (bis 4)
31	(2. September) Schlacht bei Actium
27	(13. Januar) der junge Caesar gibt die Triumviratsbefugnisse an den Senat zurück: Beginn des Prinzipats
9	Weihung der Ara Pacis Augustae
n. Chr.	
6	Einsetzung eines römischen Präfekten in Judäa
9	Aufstand des Cheruskers Arminius gegen die römische Herrschaft in Germanien: Vernichtung von drei Legionen in der Varusschlacht
ca. 23	Plinius der Ältere in Novum Comum geboren (bis 79)
32	Bau des Bēl-Tempels in Palmyra nach dem Vorbild des Artemisions von Magnesia
41	Claudius wird römischer Kaiser (bis 54) Herodes Agrippa wird König in Judäa (bis 44)
44	Einsetzung eines römischen Prokurators in Judäa
ca. 58	Tacitus geboren (bis ca. 120)

60	Aufstand von Stämmen in Britannien unter Führung der Boudicca
66	Jüdischer Krieg (bis 70)
68	(Juni) Sturz Neros: Galba wird römischer Kaiser (bis 69), Krise des Prinzipats
69	Vierkaiserjahr: Galba, Otho, Vitellius, Vespasian
	Aufstand der Bataver unter Iulius Civilis (bis 70)
70	Belagerung Jerusalems durch Titus
77	Feldzüge Agricolas im nördlichen Britannien (bis 84)
115	Diaspora-Aufstand der Juden (bis 117)
117	Hadrian wird römischer Kaiser (bis 138)
	Aelius Aristides in Hadrianoi geboren (bis 181)
122	Errichtung des Hadrianswalls in Britannien (bis 128)
132	Bar-Kochba-Aufstand in Judäa (bis 136)
138	Antoninus Pius wird römischer Kaiser (bis 161)
161	Mark Aurel (bis 180) und Lucius Verus (bis 169) werden römische Kaiser
166	Kriege gegen Markomannen und Quaden (bis 180)
193	Fünfkaiserjahr: Zweite Krise des Prinzipats
222	Severus Alexander wird römischer Kaiser (bis 235)
226	Einnahme Ktesiphons durch Ardaschir I.: Entstehung des Sasanidenreichs (bis 651)

230	erster Vorstoß der Sasaniden gegen Hatra
240	Schapur I. wird König des Sasanidenreiches: Erster Romkrieg (bis 244)
252	Zweiter Romkrieg Schapurs (bis 256)
253	Valerian (bis 260) und Gallienus (bis 268) werden römische Kaiser
260	Dritter Romkrieg Schapurs: Niederlage Kaiser Valerians bei Edessa; Odainat von Palmyra besiegt Schapur bei dessen Rückzug aus Syrien
262	Odainat belagert Ktesiphon
267	Tod Odainats: Zenobia wird Regentin in Palmyra
268	Ermordung des Gallienus: Claudius Gothicus wird römischer Kaiser (bis 270)
	Schlacht am Gardasee: Claudius Gothicus siegt über die Alamannen
269	Schlacht bei Naissos: Claudius Gothicus siegt über die Goten
270	Tod des Claudius Gothicus: Aurelian wird römischer Kaiser (bis 275)
	Zenobia besetzt Arabien und Ägypten
272	(Frühjahr) Beginn des Feldzugs gegen Palmyra; Usurpation Zenobias
	(Sommer) Niederlage Zenobias gegen Aurelian und Sturz; Ende der Sonderstellung Palmyras im römischen Orient
284	Diokletian wird römischer Kaiser (bis 305); Einsetzung Maximians erst als Caesar, dann als Augustus

294	Einsetzung des Galerius und des Constantius I. als Caesares: Beginn der Tetrarchie (bis 311)
303	Christenverfolgung durch Diokletian und Galerius (bis 311)
ca. 310	Ausonius in Burdigala geboren (bis 393/94)
311	Toleranzedikt des Galerius: Ende der Christenverfolgungen
312	Sieg Konstantins über Maxentius an der Milvischen Brücke: Konstantin wird Herrscher im Westen (bis 324) und über das Gesamtreich (bis 337)
360	Julian wird römischer Kaiser (bis 363): antichristliche Reaktion
363	Perserfeldzug Julians: Tod des Kaisers
ca. 370	Claudian geboren (bis nach 404)
378	Schlacht bei Adrianopel: Niederlage des Kaisers Valens gegen die gotischen Terwingen
379	Theodosius I. wird römischer Kaiser (bis 395)
385	Theophilos wird Patriarch von Alexandreia (bis 412)
395	Tod des Theodosius I.: endgültige Reichsteilung zwischen Honorius (Westen) und Arkadios (Osten)
407	Konstantin III. wird Usurpator in Britannien und Gallien (bis 411)
410	(August) Eroberung und Plünderung Roms durch die Goten Alarichs
ca. 410	Beginn der angelsächsischen Einwan-

	derung nach Britannien: Aufgabe der Provinz
425	Valentinian III. wird weströmischer Kaiser (bis 455)
ca. 431	Sidonius Apollinaris in Lyon geboren (bis nach 480)
ca. 450	Sidonius Apollinaris heiratet die gallo-römische Aristokratin Papianilla, die Tochter des künftigen Kaisers Avitus
454	Ermordung des Feldherrn Aetius durch Valentinian III.
455	(17. März) Ermordung Valentinians III.: Petronius Maximus wird weströmischer Kaiser (bis 31. Mai 455)
	(Mai) Eroberung und Plünderung Roms durch die Vandalen
	(31. Mai) Ermordung des Petronius Maximus: Avitus wird weströmischer Kaiser (bis 456)
456	Sturz und Ermordnung des Avitus durch den zweiten Heermeister Ricimer: Majorian wird weströmischer Kaiser (bis 461)
	Ricimer wird erster Heermeister und Patricius in Westrom (bis 472)
459	Panegyricus des Sidonius Apollinaris auf Majorian
466	Eurich wird König der Westgoten (bis 484): Konfrontation mit Rom in Südgallien (bis 475)
467	Anthemius wird weströmischer Kaiser (bis 472)
468	(1. Januar) Sidonius Apollinaris hält

	einen Panegyricus auf Anthemius und wird *praefectus Urbi* in Rom (bis ca. 469)
ca. 471	Sidonius Apollinaris leitet als Bischof von Clermont-Ferrand die Verteidigung der Auvergne gegen die Westgoten (bis 474)
475	*foedus* Roms mit den Westgoten unter Eurich
	Verbannung des Sidonius Apollinaris (bis 476)
476	Sidonius Apollinaris hält einen Panegyricus auf Eurich
	(September)
	Absetzung des letzten weströmischen Kaisers Romulus Augustulus
493	Theoderich gründet das Ostgotenreich in Italien (bis 553)

Diese Zeittafel entspricht dem gegenwärtigen Stand der Forschung. Bei antiken Zeitangaben gilt zu beachten, dass die Daten häufig aus dem Zusammenhang – durch Textvergleich, durch archäologische Befunde, durch Datierungsmethoden etc. – gewonnen werden und die Exaktheit von Jahres- oder Tagesangaben nicht immer gewährleistet ist.

LITERATUR

Überblicksdarstellungen

An Gesamtdarstellungen zur antiken Geschichte herrscht generell kein Mangel. Empfehlenswert für Einsteiger sind: Werner Dahlheim: *Die griechisch-römische Antike*, Bde. 1–2, Paderborn 1992; Hans-Joachim Gehrke: *Kleine Geschichte der Antike*, München 1999; Hans-Joachim Gehrke/Helmuth Schneider (Hg.): *Geschichte der Antike. Ein Studienbuch*, Stuttgart ³2010; Robin Lane Fox: *Die klassische Welt. Eine Weltgeschichte von Homer bis Hadrian*, Stuttgart ³2010; Hartmut Leppin: *Einführung in die Alte Geschichte*, München 2005; Stefan Rebenich: *Die 101 wichtigsten Fragen. Antike*, München ²2007; Markus Sehlmeyer: *Die Antike*, Paderborn ²2014. Einen Grundstock an Quellen erschließen die folgenden, ebenfalls für Anfänger bestens geeigneten Darstellungen: Antje Kuhle/Martin Lindner: *Alte Geschichte. Quellen – Methoden – Studium*, Göttingen; Astrid Möller: *Quellen der Antike*, Paderborn 2020.

EINS
Die Trabantenstadt. Das nächste Fremde

Die historischen Hintergründe zu Asterix behandelt auf unterhaltsame Weise der Sammelband Kai Brodersen (Hg.): *Asterix und seine Zeit. Die große Welt des kleinen Galliers*, München 2001. Empfehlenswert sind auch ein Essay von Mary Beard: »Asterix and the Romans«, in: dies., *Confronting the Classics*, London 2013, 272–280, und die rezeptionsgeschichtliche Einordnung von Eran Almagor: »Bridging the Gap between Generations. Astérix between Child and Adult, Classical and Modern«, in: Lisa Maurice (Hg.), *The Reception of Ancient Greece and Rome in Children's Literature*, Leiden 2015, 291–308.

Wer Marcus und Cornelia, die im Garten spazieren gehen, und damit das Schulbuch sucht, nach dem ich Latein gelernt habe, wird hier fündig: A.G. de Man/G.J.M.J. te Riele: *redde rationem. orationes*, Stuttgart 1979. Die Geschichte des Alten Gymnasiums in Bremen und der Schulkampf in der Hansestadt in den 1970er und 80er Jahren ist hier dokumentiert: Helgard Warns/Ralf Schneider: *Die Geschichte einer Penne. Das Alte Gymnasium zu Bremen*, Bremen 1985. Die Rede Wilhelms II. auf der Dezember-Konferenz 1890 ist abgedruckt in: Gerhardt Giese (Hg.), *Quellen zur deutschen Schulgeschichte seit 1800*, Göttingen 1961, 196f.; zu den Hintergründen: Manfred Fuhrmann: *Latein und Europa. Die Geschichte des gelehrten Unterrichts in Deutschland von Karl dem Großen bis Wilhelm II.*, Köln 2001; Wolfgang J. Mommsen: *Bürgerliche Kultur und künstlerische Avantgarde. Kultur und Politik im deutschen Kaiserreich 1870 bis 1918*, Frankfurt am Main 1994. Die teils frappierenden sprachlichen Kontinuitäten zwischen Nationalsozialismus und Gegenwart deckt auf: Matthias Heine: *Verbrannte Wörter. Wo wir noch reden wie die Nazis – und wo nicht*, Berlin 2019.

Thomas Paines Werke liegen in einer sorgfältig edierten Gesamtausgabe vor: Thomas Paine: *The Complete Writings of Thomas Paine*, Bde. 1–2, New York 1945. Empfehlenswert als ideengeschichtliche Einordnung ist Craig Nelson: *Thomas Paine. Enlightenment, Revolution, and the Birth of Modern Nations*, New York 2006. Zur Debatte um den altsprachlichen Unterricht in den 1960er und 1970er Jahren: Carl-Heinz Evers: *Versäumen unsere Schulen die Zukunft?*, Düsseldorf 1971. Saul B. Robinsohn: *Bildungsreform als Revision des Curriculum*, Neuwied am Rhein 1967. Die Kritik an der Altertumswissenschaft als Bastion einer angeblich anachronistischen Form von »whiteness« hat mittlerweile viele Stimmen. Ihnen hat bis vor kurzem das von Donna Zuckerberg herausgegebene Online-Magazin *Eidolon* ein Forum gegeben. Für einen anschaulichen Querschnitt der von woker Seite geäußerten Kritik an den Classics: Mathura Umachandran: »Fragile, Handle with Care«, *Eidolon* (2017), https://eidolon.pub/fragile-handle-with-care-66848145cf29. Zur GEW-Initiative, verstärkt »Herkunftssprachen« an deutschen Schulen zu unterrichten: GEW: *Beschlüsse des 28. Gewerkschaftstages der GEW vom 6. Bis 10. Mai 2017 in Freiburg*, https://www.gew.de/fileadmin/media/publikationen/hv/GEW/GEW-Beschluesse/Beschluesse_GT_2017/3__Bildungspolitik/3.13_Rahmenbedingungen_fuer_den_Herkunftsprachlichen_Unterricht_FV.pdf.

Christian Meiers Text »Was soll uns heute noch die Alte Geschichte« erschien erstmals 1970 in einer Sammlung kleinerer Schriften: Christian Meier: *Entstehung des Begriffs »Demokratie«*, Frankfurt am Main 1970. Er wurde wieder abgedruckt in: Wilfried Nippel (Hg.), *Über das Studium der Alten Geschichte*, München 1993, 323–352.

Humboldts Bekenntnis zu den Griechen lässt sich hier nachschlagen: Wilhelm von Humboldt: *Gesammelte Schriften*, Berlin 1903, Bd. 3, 184. Die Bücher-Meyer-Kontroverse dokumentiert Moses I. Finley: *The Bücher-Meyer-Controversy*, New York 1979. Eduard Meyers Position ist in seiner noch im selben Jahr publizierten Rektoratsrede von 1919 nachzulesen: Eduard Meyer: *Preußen und Athen*, Berlin 1919. Uvo Hölschers geflügeltes Wort vom »nächsten Fremden« stammt aus einem ursprünglich 1962 gehaltenen Vortrag, der drei Jahre später unter dem Titel »Selbstgespräch über den Humanismus« publiziert wurde, in: Uvo Hölscher: *Die Chance des Unbehagens. Drei Essais zur Situation der klassischen Studien*, Göttingen 1965, 53–86, wieder abgedruckt in: *Das nächste Fremde. Von Texten der griechischen Frühzeit und ihrem Reflex in der Moderne*, hg. v. Joachim Latacz, München 1994, 257–281. Jonas Grethlein hat unlängst nach dem Sinn der Sentenz im Zeitalter der Globalisierung gefragt: »Die Antike – ›das nächste Fremde‹?«, in: *Merkur* 72, Januar 2018, 22–35.

Die beste Einführung in seine Idealtypenlehre stammt von Max Weber selbst: Max Weber: »Die ›Objektivität‹ sozialwissenschaftlicher Erkenntnis«, in: Ders., *Soziologie, weltgeschichtliche Analysen, Politik*, Stuttgart 1956, 186–282. Auf den »Tag von Antiochien« als »Konzeptionsstunde« der Moderne kommt Max Weber immer wieder zurück, am deutlichsten in: Max Weber: *Gesammelte Aufsätze zur Religionssoziologie*, Tübingen 1920, Bd. 2, 40. Zur religionshistorischen und ideengeschichtlichen Einordnung empfehlenswert ist: Thomas Schmeller: »Das paulinische Christentum und die Sozialstruktur der antiken Stadt«, in: Hinnerk Bruhns/Wilfried Nippel (Hg.), *Max Weber und die Stadt, Kritische Studien zur Geschichtswissenschaft*, Bd. 140, Göttingen 2000, 107–118. Dazu auch: Michael Sommer: »Sonderweg in die Moderne. Max Webers Fragment *Die Stadt*«, *Offener Horizont. Jahrbuch der Karl Jaspers-Gesellschaft* 1 (2014), 130–146.

Das archaische Griechenland als Zeitalter des Experimentierens beschreibt Anthony M. Snodgrass: *Archaic Greece. The Age of Experiment*, London 1980.

Zitate

»Je besser die Armee, desto schlechter das Essen« – »Ich hätte nicht gedacht, dass die römische Armee so gut ist«: R. Goscinny/A. Uderzo: *Asterix als Legionär*, aus dem Französischen von Gudrun Penndorf, Stuttgart 1971, 24.

»Mit ihren neumodischen Bauwerken verschandeln die Römer noch die ganze Gegend«: R. Goscinny/A. Uderzo: *Die goldene Sichel*, aus dem Französischen von Gudrun Penndorf, Stuttgart 1970, 10.

»Gebt zu, dass das hier eleganter ist als unsere übliche Tracht!« – »Sie helfen uns, aus dem Stadium der Barbarei herauszukommen«: R. Goscinny/A. Uderzo: *Die Trabantenstadt*, aus dem Französischen von Gudrun Penndorf, Stuttgart 1974, 35.

»[...] die heranwachsende Generation so instruieren«: Wilhelm II.: »Eröffnungsansprache zur Schulkonferenz 1890«, in: Gerhardt Giese (Hg.), *Quellen zur deutschen Schulgeschichte seit 1800*, Göttingen 1961, 196.

»Das ist nicht mehr maßgebend«: Ebd., 197.

»Ich bin fast 18 und hab keine Ahnung von Steuern, Miete oder Versicherungen. Aber ich kann 'ne Gedichtanalyse schreiben. In 4 Sprachen«: Reiner Burger: »Alles nur Blabla. Wie eine Schülerin via Twitter eine Bildungsdebatte auslöst«, *FAZ*, 16. Januar 2015, 9.

»[Bildung besteht nicht in der] Kenntnis von Sprachen, sondern in der Kenntnis der Dinge, denen Sprachen ihre Namen geben« (*learning does not consist, as the schools now make it to consist, in the knowledge of languages, but in the knowledge of things to which language gives names*): Thomas Paine: *Representative Selections, with Introduction, Bibliography, and Notes*, hg. v. Harry Hayden Clark, New York 1944, 267.

»Imperiale Kontrollsysteme, Rassenhierarchien und oppressive ästhetische Ordnungen« (*imperial systems of control, racial hierarchies and oppressive aesthetic regimes*): Mathura Umachandran: »Fragile, Handle with Care«, *Eidolon* (2017), https://eidolon.pub/fragile-handle-with-care-66848145cf29.

»Scholars of color«: Rachel Poser: »He Wants to Save Classics from Whiteness. Can the Field Survive?«, *The New York Times Magazine*, 2. Februar 2021, https://www.nytimes.com/2021/02/02/magazine/classics-greece-rome-whiteness.html.

»In Wirklichkeit ist Latein kaum etwas anderes als ein zusätzliches Element der sozialen Auslese«: Carl-Heinz Evers: *Versäumen unsere Schulen die Zukunft?*, Düsseldorf 1971, 175.

»Funktionslos gewordenes Herrschaftswissen – etwa Latein oder eine zweite Fremdsprache«: »Anspruch der Erziehungsgewerkschaft«, Agenturmeldung, *FAZ*, 20. Juni 1972, 5.

»Daß der Reiz, die Liebenswürdigkeit dieser Zeit unbefangenster Weltkenntnis und freier Bewegung kein schlechtes Motiv wäre, sich mit ihr zu beschäftigen:« Christian Meier: »Was soll uns heute noch die Alte Geschichte?«, in: Wilfried Nippel (Hg.): *Über das*

Studium der Alten Geschichte, München 1993, 323–352, 351.

»Wer sich überhaupt oder einigermaßen genau nur in der Neuzeit auskennt, steht gleichsam nur auf einem Bein in der Geschichte, für den kann es die Mehrdimensionalität der Geschichte nicht geben ...«: Ebd., 346.

»Deutsche [sic] knüpft daher ein ungleich festeres und engeres Band an die Griechen als an irgendeine andere, auch bei weitem näherliegende Zeit oder Nation«: Wilhelm von Humboldt: »Geschichte des Verfalls und Unterganges der griechischen Freistaaten«, *Gesammelte Schriften*, Bd. 3: *Werke 1799–1818*, hg. von A. Leitzmann, Berlin 1904, 171–218, 184.

»[Zugleich werden aber heute mehr Kinder] mit Mangas als mit Gustav Schwabs ›Die schönsten Sagen des klassischen Altertums‹ [groß]«: Jonas Grethlein: »Die Antike – ›das nächste Fremde‹?«, in: *Merkur* 72, Januar 2018, 22–35, 26.

»Die stärksten unter denselben [den Gründen für die Beschäftigung mit den Griechen] beruhten alle mittelbar und unmittelbar darauf, daß die Griechen, wenigstens für uns, eine anfangende Nation sind«: Wilhelm von Humboldt: »Über das Studium des Alterthums, und des griechischen insbesondere«, *Gesammelte Schriften*, Bd. 1, 1. Abteilung 1: *Werke 1785–1795*, hg. von A. Leitzmann, Berlin 1903, 255–281, 277.

»The age of experiment«: Anthony M. Snodgrass: *Archaic Greece. The Age of Experiment*, London 1980.

»Wer nicht von dreitausend ...«: Johann Wolfgang Goethe: *West-östlicher Divan*, Wien 1820, 91.

ZWEI
Der Zorn des Achill. Griechenland lernt laufen

Den besten Einstieg in die Anfänge griechischer Geschichte in deutscher Sprache bietet jetzt Christoph Ulf/Erich Kistler: *Die Entstehung Griechenlands*, *Oldenbourg Grundriss der Geschichte*, Bd. 46, Berlin 2020. Schon älter, aber ebenfalls empfehlenswert ist der 1. Band der dtv-*Geschichte der Antike*: Oswyn Murray: *Das frühe Griechenland*, München 1982. Einen hervorragenden Überblick geben auch die Beiträge im einschlägigen Blackwell Companion: Kurt A. Raaflaub/Hans van Wees (Hg.): *A Companion to Archaic Greece*, Malden, MA 2009. Als Einführung eignet sich schließlich auch Jonathan M. Hall: *A History of the Archaic Greek World. Ca. 1200–479 BCE*, Oxford 2007. Einen recht guten Überblick über die Gesellschaft des archaischen Griechenland gibt Elke Stein-Hölkeskamp: *Adelskultur und Polisgesellschaft. Studien zum griechischen Adel in archaischer und klassischer Zeit*, Stuttgart [2]2008.

Eine intellektuell stimulierende Geschichte des Alten Orients verdankt die Wissenschaft dem italienischen Altorientalisten Mario Liverani: *Antico Oriente. Storia, società, economia*, Bari 1988. Die englische Übersetzung bietet nur einen Ausschnitt aus dem Werk und ist nur bedingt empfehlenswert: *The Ancient Near East. History, Society and Economy*, London 2013. Eine grundlegende Neubewertung des Umbruchs von 1200 v. Chr. stammt ebenfalls von Liverani und seinem Kollegen Carlo Zaccagnini: Mario Liverani: »The Collapse of the Near Eastern Regional System at the End of the Bronze Age. The Case of Syria«, in: Michael Rowlands et al. (Hg.), *Centre and Periphery in the Ancient World*, Cambridge 1987, 66–73; Carlo Zaccagnini: »The Transition from Bronze to Iron in the Near East and in the Levant«, *Journal of the American Oriental Society* 110 (1990), 493–502. Als knapper Überblick: Michael Sommer: »Der Untergang des hethitischen Reiches. Anatolien und der östliche Mittelmeerraum um 1200 v. Chr.«, *Saeculum* 52 (2001), 157–176.

Werke zu Geschichte und Kultur der Phönizier füllen inzwischen ganze Bibliotheken. Zur Einführung in die Geschichte: Michael Sommer: *Die Phönizier. Handelsherren zwischen Orient und Okzident*, Stuttgart 2005; Michael Sommer: *Die Phönizier. Geschichte und Kultur*, München 2008. Aus archäologischer Sicht: Bärbel Morstadt: *Die Phönizier*, Darmstadt 2015; einen umfassenden Überblick geben jetzt die Beiträge in Carolina López-Ruiz, Brian R. Doak (Hg.): *The Oxford Handbook of the Phoenician and Punic Mediterranean*, New York 2019.

Eine schon ältere, aber gelungene und hervorragend verständliche Einführung in die homerischen Epen bietet Joachim Latacz: *Homer. Eine Einführung*, München 1985. Vom selben Autor, ebenfalls empfehlenswert: *Homer. Der erste Dichter des Abendlands*, Düsseldorf [4]2003. Für einen tieferen Einstieg eignen sich die Beiträge in R. L. Fowler: *The Cambridge Companion to Homer*, Cambridge 2004. Grundlegend zur Textgeschichte der Ilias ist Wolfgang Kullmann: *Die Quellen der Ilias (Troischer Sagenkreis)*, Wiesbaden 1960. Über »Schamkulturen«: Eric R. Dodds: *Die Griechen und das Irrationale*, Darmstadt [2]1991. Wettbewerbsethik der Griechen und agonales Prinzip: Christoph Ulf: »Von der Religion zum Agon – Die Agonalisierung der griechischen Antike im 19. Jahrhundert als Religionsersatz«, in: Wolfram Pyta et al. (Hg.), *Studien zur Geschichte des Sports*, Münster 2009, 7–25. Zu Leben und Werk Heinrich Schliemanns die Beiträge in Leoni Hellmayr (Hg.): *Henrich Schliemann und die Archäologie*,

Darmstadt 2021. Einblick in die jüngeren archäologischen Arbeiten auf dem und am Hisarlık Tepe gibt der Sammelband: Archäologisches Landesmuseum Baden-Württemberg (Hg.): *Troia – Traum und Wirklichkeit*, Braunschweig 2001. Die Kolb-Korfmann-Kontroverse um Troia behandelt ausführlich Christoph Ulf (Hg.): *Lag Troja in Kilikien? Der aktuelle Streit um Homers Illias*, Darmstadt 2010.

Quellen

Richard Klein: *Die Romrede des Aelius Aristides*, Darmstadt 1983.

Homer: *Ilias. Griechisch – deutsch*, übersetzt von Hans Rupé, Berlin 162014.

Zitate

»Viel tapfere Seelen«: Homer, Ilias 1,3.

»[Und jenen umhüllte] der Schwermut finstere Wolke«: Ebd., 17,591.

»Stets der Beste zu sein und hervorzuragen vor allen anderen«: Ebd., 6,208 und 11,784.

»Däniken der Archäologie«: Wolfgang Schuller: »Der Hügel, wo sie wandeln, liegt im Schatten«, *FAZ*, 12. September 2001, 52.

DREI

Experimente. Die Griechen und die Welt

Eine anschauliche, wenn auch nicht mehr in jeder Hinsicht aktuelle Darstellung der griechischen Kolonisation bietet John Boardman: *The Greeks Overseas. Their Early Colonies and Trade*, London 41999. Ein noch immer lesenswerter Klassiker zum Thema ist T. J. Dunbabin: *The Western Greeks. The History of Sicily and South Italy from the Foundation of the Greek Colonies to 480 B.C*, Oxford 1948. Wie die Erfahrung der Kolonisation ihre Spuren im Identitätshaushalt der Griechen hinterlassen hat, untersucht Irad Malkin: *The Returns of Odysseus. Colonization and Ethnicity*, Berkely 1998. Die Reaktion der lokalen Bevölkerung auf die Ankunft der Griechen ist Thema von Tamar Hodos: *Local Responses to Colonization in the Iron Age Mediterranean*, London 2006. Die Siedlungstätigkeit der Griechen auf Sizilien rekonstruiert Franco De Angelis: *Archaic and Classical Greek Sicily. A Social and Economic History*, New York, NY 2016.

Die gründlichste Studie über die Kriegführung der Griechen ist Hans van Wees: *Greek Warfare. Myths and Realities*, London 2004. Wichtige Denkanstöße bieten auch: Victor Davis Hanson: *Der Krieg in der griechischen Antike*, Berlin 2001; Tonio Hölscher: »Images of War in Greece and Rome. Between Military Practice, Public Memory and Cultural Symbolism«, *The Journal of Roman Studies* 93 (2003), 1–17; Christian Meier: »Die Rolle des Krieges im klassischen Athen«, *Historische Zeitschrift* 251 (1990), 555–605; Victor Parker: »Die Kriegskultur der archaischen Epoche Griechenlands«, in: Burkhard Meißner et al. (Hg.), *Krieg – Gesellschaft – Institutionen. Beiträge zu einer vergleichenden Kriegsgeschichte*, Berlin 2005, 208–227; Raimund Schulz: *Feldherren, Krieger und Strategen. Krieg in der Antike von Achill bis Attila*, Stuttgart 2012.

Ein Klassiker zur griechischen Tyrannis, in seinem enzyklopädischen Zugriff nur zu Teilen überholt, ist Helmut Berve: *Die Tyrannis bei den Griechen*, Bde. 1–2, München 1967. Speziell zur Tyrannis der archaischen Zeit: Pedro A. Barceló: *Basileia, monarchia, tyrannis. Untersuchungen zu Entwicklung und Beurteilung von Alleinherrschaft im vorhellenistischen*

Griechenland, *Historia Einzelschriften*, Bd. 79, Stuttgart 1993; Loretana De Libero: *Die archaische Tyrannis*, Stuttgart 1996. Als vergleichende Studie zum Tyrannenmord: Alexander Rubel: »Demokratie, Mythos und Erinnerung. Die ›Tyrannenmörder‹ in Athen und der militärische Widerstand gegen Hitler«, *Antike und Abendland* 56 (2010), 72–96.

Zum klassischen Griechenland grundlegend: John K. Davies: *Das klassische Griechenland und die Demokratie*, München ^{5}1996; Peter J. Rhodes: *A History of the Classical Greek World. 478-323 BC*, Malden, MA ^{2}2010. Das Verständnis des Dualismus zwischen den griechischen Großmächten Athen und Sparta erschließen: Charlotte Schubert: *Athen und Sparta in klassischer Zeit: Ein Studienbuch*, Stuttgart 2003; Raimund Schulz: *Athen und Sparta*, *Geschichte kompakt*, Darmstadt ^{4}2011. Die intellektuell gehaltvollste Geschichte Athens ist Christian Meier: *Athen. Ein Neubeginn der Weltgeschichte*, Berlin 1993. Eine gute Einführung in die Geschichte Athens bietet auch: Karl-Wilhelm Welwei: *Athen. Vom neolithischen Siedlungsplatz zur archaischen Großpolis*, Darmstadt 1992; ders.: *Das klassische Athen. Demokratie und Machtpolitik im 5. und 4. Jahrhundert*, Darmstadt 1999. Zu Sparta: Paul Cartledge: *Sparta and Lakonia. A Regional History, 1300-362 BC*, London ^{2}2002; Moses I. Finley: »Sparta«, in: Ders., *The Use and Abuse of History*, London 1975, 161–177; Anton Powell/Stephen Hodkinson (Hg.): *Sparta. Beyond the Mirage*, Swansea, London 2002; Karl-Wilhelm Welwei: *Sparta. Aufstieg und Niedergang einer antiken Großmacht*, Stuttgart ^{4}2017. »Kriegerzunft«: Max Weber: »Die Stadt. Eine soziologische Untersuchung«, *Archiv für Sozialwissenschaft und Sozialpolitik* 47 (1920/21), 621–772. Einen Blick über den Tellerrand der beiden griechischen Großmächte wagt Hans-Joachim Gehrke: *Jenseits von Athen und Sparta. Das Dritte Griechenland und seine Staatenwelt*,

München 1986. Eine so prägnante wie lesbare Gesamtdarstellung der Perserkriege bieten Raimund Schulz: *Die Perserkriege*, Berlin 2017, und, in chronologisch noch breiterer Perspektive, Philip de Souza: *The Greek and Persian Wars. 499-386 BC*, New York 2003.

Unverändert eines der großen Themen der Alten Geschichte ist der Trend erst zur »Isononomie«, dann zur Demokratie in Athen, zunehmend aber auch jenseits davon. Die Geschichte beginnt mit Solon und seiner Gesetzgebung. Dazu vor allem: Josine H. Blok/André P. M. H. Lardinois (Hg.): *Solon of Athens. New Historical and Philological Approaches*, Leiden 2006. Die Entwicklung ab der kleisthenischen Phylenreform zeichnen nach Jochen Martin: »Von Kleisthenes zu Ephialtes. Zur Entstehung der athenischen Demokratie«, *Chiron* 4 (1974), 5-42, und Karl Ernst Petzold: »Zur Entstehungsphase der attischen Demokratie«, in: *Geschichtsdenken und Geschichtsschreibung. Kleine Schriften zur griechischen und römischen Geschichte*, Stuttgart 1999, 266-299. Jetzt, unter Einbeziehung einer gesamtgriechischen Perspektive: Charlotte Schubert: *Isonomia. Entwicklung und Geschichte*, Berlin 2021. Zur attischen Demokratie gibt es eine unerschöpfliche Menge an Gesamtdarstellungen, genannt seien nur: Jochen Bleicken: *Die athenische Demokratie*, Paderborn ^{4}1995; Andreas Mehl: »Die Demokratie der antiken Athener als Lebensform«, in: Axel Rüdiger/Eva-Maria Seng (Hg.), *Dimension der Politik. Aufklärung - Utopie - Demokratie*, Berlin 2006, 399-411; Christian Meier: »Entstehung und Besonderheit der griechischen Demokratie«, *Zeitschrift für Politikwissenschaft* 25 (1978), 1-31; ders.: *Die Entstehung des Politischen bei den Griechen*, Frankfurt am Main ^{4}2001; ders.: »Verdankt Europa sie wirklich den Griechen? Beobachtungen und Fragen zur Geschichte der Demokratie«, in: Gregor

Kirchhof et al. (Hg.), *Von Ursprung und Ziel der Europäischen Union. Elf Perspektiven*, Tübingen 2016, 3–9; Christian Meier/Paul Veyne: *Kannten die Griechen die Demokratie? Zwei Studien*, Stuttgart ^{3}2015. Das Nachleben der athenischen Demokratie-Debatte in Europa und Nordamerika beleuchtet hervorragend Klaus Bringmann: *Das Volk regiert sich selbst. Eine Geschichte der Demokratie*, Darmstadt 2019.

Die beste Gesamtdarstellung zum Peloponnesischen Krieg ist Bruno Bleckmann: *Der Peloponnesische Krieg*, München 2007. Sehr gut lesbar ist jetzt auch Wolfgang Will: *Athen oder Sparta. Die Geschichte des Peloponnesischen Krieges*, München 2020. Zur Nachkriegszeit: Martin Dreher: *Hegemon und Symmachoi. Untersuchungen zum Zweiten Athenischen Seebund*, Berlin 1995. Den Aufstieg Makedoniens behandeln: Johannes Engels: *Philipp II. und Alexander der Große*, Darmstadt 2006; R. Malcolm Errington: *Geschichte Makedoniens. Von den Anfängen bis zum Untergang des Königreichs*, München 1986; und jetzt Sabine Müller: *Die Argeaden. Geschichte Makedoniens bis zum Zeitalter Alexanders des Großen*, Paderborn 2016.

Zu Alexander dem Großen ist die Bibliographie erwartbar unübersichtlich. Eine knappe, hervorragend lesbare und trotzdem problemorientierte Darstellung bietet Hans-Joachim Gehrke: *Alexander der Große*, München ^{6}2013. Eine exquisite Biographie hat der britische Althistoriker Robin Lane-Fox vorgelegt. Sie liegt in deutscher Übersetzung vor: *Alexander der Große. Eroberer der Welt*, Stuttgart ^{4}2005. Immer noch lesenswert und auf seine Art unübertroffen ist der Klassiker schlechthin, der in einer soliden Neuausgabe vorliegt: Johann Gustav Droysen: *Geschichte Alexanders des Großen*, Darmstadt 1998. Droysen hat auch den Hellenismus-Begriff in die Forschung eingeführt: Johann Gustav

Droysen: *Geschichte des Hellenismus*, Bde. 1–3, Gotha ^{2}1877/78. Über Droysen die materialreiche Forscherbiographie von Wilfried Nippel: *Johann Gustav Droysen. Ein Leben zwischen Wissenschaft und Politik*, München 2008. Zur Epoche des Hellenismus bietet den besten, jetzt aber eigentlich aktualisierungsbedürftigen Überblick Hans-Joachim Gehrke: *Geschichte des Hellenismus*, München ^{2}1995. Empfehlenswert auch: Frank W. Walbank: *Die hellenistische Welt*, München ^{4}1994; Burkhard Meißner: *Hellenismus*, Darmstadt 2007; R. Malcolm Errington: *A History of the Hellenistic World*, 323–30 BC, Oxford 2008; Peter Scholz: *Der Hellenismus. Der Hof und die Welt*, München 2015. Den Nahen Osten im Hellenismus behandelt Rolf Strootman: *Courts and Elites in the Hellenistic Empires. The Near East after the Achaemenids, c. 330 to 30 BCE*, Edinburgh 2014. Zur hellenistischen Architektur allgemein: Hans Lauter: *Die Architektur des Hellenismus*, Darmstadt 1986. Speziell zum Artemision von Magnesia ist die Referenzpublikation noch immer der in jeder Hinsicht opulent ausgestattete Bericht über die Ausgrabungen des Kaiserlich-Deutschen Archäologischen Instituts: Carl Wilhelm Humann: *Magnesia am Maeander. Bericht über die Ergebnisse der Ausgrabungen der Jahre 1891–1893*, Berlin 1904.

Quellen

Aristophanes: *Komödien. Griechisch - deutsch*, übersetzt von Peter Rau, Darmstadt 2017.

Thukydides: *Der Peloponnesische Krieg. Griechisch - deutsch*, übersetzt von Michael Weißenberger, mit einer Einleitung von Antonios Rengakos, Berlin 2017.

VIER
Die Wölfin erwacht. Rom erobert das Mittelmeer

Überblickswerke zur römischen Geschichte sind erstaunlich rar. Der Verfasser hat eine Gesamtdarstellung vorgelegt: Michael Sommer: *Römische Geschichte. Von den Anfängen bis zum Untergang*, Stuttgart ²2021. Sie ist auch als zweibändige Ausgabe mit umfangreichem Anmerkungsteil verfügbar: Ders.: *Römische Geschichte I. Rom und die antike Welt bis zum Ende der Republik*, Stuttgart 2013; ders.: *Römische Geschichte II. Rom und sein Imperium in der Kaiserzeit*, Stuttgart ²2014. Bereits ein klassisches Werk ist Alfred Heuß: *Römische Geschichte,* neu herausgegeben von Hans-Joachim Gehrke, Paderborn 2016.

Die beste Darstellung zur römischen Frühgeschichte stammt aus britischer Feder, ist aber nicht mehr ganz neu: Timothy J. Cornell: *The Beginnings of Rome. Italy and Rome from the Bronze Age to the Punic Wars (c.1000–264 BC)*, London 1995. Empfehlenswert ist auch die gegenüber den Quellen noch skeptischere Darstellung von Gary Forsythe: *A Critical History of Early Rome. From Prehistory to the First Punic War*, Berkeley 2005. Knapp und informativ ist der einschlägige Band der dtv-*Geschichte der Antike*, der auch die Etrusker mit behandelt: Robert M. Ogilvie: *Das frühe Rom und die Etrusker*, München ³1988.

Eine Gesamtdarstellung der Expansionsgeschichte Roms bis zu den Punischen Kriegen liegt jetzt vor mit Kathryn Lomas: *Der Aufstieg Roms. Von Romulus bis Pyrrhus*, Stuttgart 2019. Das historische Gedächtnis und die Erinnerungskultur der römischen Republik untersucht Uwe Walter: *»Memoria« und »res publica«. Zur Geschichtskultur im republikanischen Rom*, Frankfurt am Main 2004. Ein Klassiker der Forschung zur politischen Kultur der römischen Republik ist Matthias Gelzer: »Die Nobilität der römischen Republik«, in: *Kleine Schriften*, Bd. 1, Wiesbaden 1962, 17–135. Um die Frage, wie stark demokratische Prinzipien im politischen System der Republik wirksam waren, ist in den 1980er Jahren eine noch immer nicht gänzlich abgeflaute Forschungskontroverse entbrannt. Ausgelöst hat den Streit Fergus Millar mit einer Serie von Aufsätzen, die in gesammelter Form vorliegen: Fergus Millar: *The Roman Republic and the Augustan Revolution* (*Rome, the Greek World, and the East*, Bd. 1), Chapel Hill, N.C. 2002. Die Position der Gegenseite fasst zusammen: Karl-Joachim Hölkeskamp: *Reconstructing the Roman Republic. An Ancient Political Culture and Modern Research*, Princeton 2010. Die Debatte hat den Anstoß zur intensiven Erforschung der Republik und ihrer politischen Kultur gegeben. Wichtig sind in diesem Zusammenhang die Beiträge in Martin Jehne (Hg.): *Demokratie in Rom? Die Rolle des Volkes in der Politik der römischen Republik*, Stuttgart 1995; sowie Martin Jehne: »Jovialität und Freiheit. Zur Institutionalisierung der Beziehungen zwischen Ober- und Unterschichten in der römischen Republik«, in: Bernhard Linke/Michael Stemmler (Hg.), *Mos maiorum. Untersuchungen zu den Formen der Identitätsstiftung und Stabilisierung in der römischen Republik*, Stuttgart 2000, 207–235.

Die Epoche der Punischen Kriege und damit der höchsten Dynamik der römischen Expansion behandelt zusammenfassend: Michael Sommer: *Schwarze Tage. Roms Kriege gegen Karthago*, München 2021. Reichhaltiges Material enthält der einschlägige Blackwell Companion: Dexter Hoyos: *A Companion to the Punic Wars*, Chichester 2011. Von Hoyos stammt auch eine gut lesbare Einführung: *Mastering the West. Rome and Carthage at War*, Oxford 2015. Die innere Entwicklung Roms im Ersten Punischen Krieg untersucht Bruno Bleckmann: *Die römische Nobilität im Ersten Punischen Krieg. Untersuchungen zur aristokratischen Konkurrenz in der Republik*, Berlin 2002. Das Äquivalent zum Zweiten Punischen Krieg ist Hans Beck: *Karriere und Hierarchie. Die römische Aristokratie und die Anfänge des »cursus honorum« in der mittleren Republik*, Berlin 2005.

Die umfassendste Darstellung der römischen Expansion im hellenistischen Osten hat Erich S. Gruen vorgelegt: *The Hellenistic World and the Coming of Rome*, Berkeley 1984. Ergänzend sind zwei Monographien seines Schülers Arthur M. Eckstein zu empfehlen, die das Geschehen aus politikwissenschaftlich informierter Perspektive betrachten: *Mediterranean Anarchy, Interstate War, and the Rise of Rome*, Berkeley 2006; *Rome Enters the Greek East. From Anarchy to Hierarchy in the Hellenistic Mediterranean, 230–170 B.C*, Oxford 2008. Eckstein vertritt gegen William V. Harris: *War and Imperialism in Republican Rome. 327–70 B.C.*, Oxford 1979, die These, Rom sei nicht aggressiver oder »militaristischer« gewesen als die übrigen Staaten des mediterranen Systems, sondern lediglich aufgrund seiner Fähigkeit, unterworfene Gruppen zu assimilieren, an demographischen und materiellen Ressourcen überlegen.

Polybios, der wichtigste Chronist der Epoche, hat verdientermaßen ein überwältigendes Echo in der Forschung gefunden. Unentbehrlich ist der als Neudruck wieder aufgelegte Kommentar von Frank William Walbank: *A Historical Commentary on Polybius*, Bde. 1–3, Oxford ²1999. Lesenswert sind auch Boris Dreyer: *Polybios. Leben und Werk im Banne Roms, Studienbücher Antike*, Bd. 4, Hildesheim 2011; Domenico Musti: *Polibio e l'imperialismo romano, Forme, materiali e ideologie del mondo antico*, Bd. 3, Napoli 1978. Die mit Abstand beste historische Annäherung an Polybios ist jetzt John Thornton: *Polibio. Il politico e lo storico*, Roma 2020. Interessante Einblicke verschafft auch der Sammelband Bruce Gibson/Thomas Harrison (Hg.): *Polybius and his World: Essays in Memory of F. W. Walbank*, Oxford 2013. Speziell zum 6. Buch: Wolfgang Blösel: »Die Anakyklosis-Theorie und die Verfassung Roms im Spiegel des sechsten Buches des Polybios und Ciceros *De re publica*, Buch II«, *Hermes* 126 (1998), 31–57; Charlotte Schubert: »Mischverfassung und Gleichgewichtssystem. Polybios und seine Vorläufer«, in: Charlotte Schubert/Kai Brodersen (Hg.), *Rom und der griechische Osten. Festschrift für Hatto H. Schmitt zum 65. Geburtstag*, Stuttgart 1995, 225–235; Frank W. Walbank: »Polybius on the Roman Constitution«, *Classical Quarterly* 37 (1943), 73–89.

Quellen

Hesiod: *Theogonie. Werke und Tage, griechisch und deutsch*, übersetzt von Albert von Schirnding, Berlin [5]2014.

Polybios: *Geschichte*, übersetzt von Hans Drexler, Bde. 1–2, Zürich 1963.

Zitate

»Polybius was right and his modern critics are wrong«: Fergus Millar: »The political character of the classical Roman Republic«, *Journal of Roman Studies* 74 (1984), 1–19, 2.

FÜNF
Vox populi. Republik ohne Republikaner

Die beste, zugleich hervorragend lesbare Darstellung zur späten Republik und ihrer Krise ist nach wie vor Karl Christ: *Krise und Untergang der römischen Republik*, Darmstadt ^{9}2019. Wichtig für das Verständnis der Krise sind die Biographien der großen Männer der Epoche. Scipio Africanus maior: Gastone Breccia: *Scipione l'Africano*, Roma 2017; Howard H. Scullard: *Scipio Africanus. Soldier and politician*, Ithaca 1970; Erich S. Gruen: »The ›Fall‹ of the Scipios«, in: Irad Malkin/Wolfgang Zeev Rubinsohn (Hg.), *Leaders and masses in the Roman world. Studies in honour of Zvi Yavetz*, Leiden 1995, 59–90. Scipio Aemilianus: Alan Edgar Astin: *Scipio Aemilianus*, Oxford 1967; Michael Zahrnt: »Publius Cornelius Scipio Aemilianus – der intrigante Enkel«, in: Karl-Joachim Hölkeskamp/Elke Stein-Hölkeskamp (Hg.), *Große Gestalten der römischen Republik*, München 2000, 159–171.

Die Gracchen: Ernest Badian: »Tiberius Gracchus and the Beginning of the Roman Revolution«, *Aufstieg und Niedergang der römischen Welt* I 1 (1972), 668–731; Jochen Bleicken: »Überlegungen zum Volkstribunat des Tiberius Sempronius Gracchus«, in: *Gesammelte Schriften*, Bd. 2, Stuttgart 1998, 603–631; Klaus Bringmann: *Die Agrarreform des Tiberius Gracchus. Legende und Wirklichkeit*, Stuttgart 1985; John Rich: »Tiberius Gracchus, Land and Manpower«, in: Olivier Hekster et al. (Hg.), *Crises and the Roman Empire*, Leiden 2007, 155–166; David Stockton: *The Gracchi*, Oxford 1979; Jürgen von Ungern-Sternberg: »Überlegungen zum Sozialprogramm der Gracchen«, in: Hans Kloft (Hg.), *Sozialmaßnahmen und Fürsorge. Zur Eigenart antiker Sozialpolitik*, Horn 1988, 167–185.

Sulla: Karl Christ: *Sulla. Eine römische Karriere*, München 2002; Karl-Joachim Hölkeskamp: »Lucius Cornelius Sulla. Revolutionär und restaurativer Reformer«, in: Karl-Joachim Hölkeskamp/Elke Stein-Hölkeskamp (Hg.), *Von Romulus zu Augustus. Große Gestalten der römischen Republik*, München 2000, 199–218.

Pompeius: Karl Christ: *Pompeius, der Feldherr Roms. Eine Biographie*, München 2004; Werner Dahlheim: »Gnaeus Pompeius Magnus. ›Immer der erste zu sein und die anderen überragend‹«, in: Karl-Joachim Hölkeskamp/Elke Stein-Hölkeskamp (Hg.), *Von Romulus zu Augustus. Große Gestalten der römischen Republik*, München 2000, 230–249; Matthias Gelzer: *Pompeius. Lebensbild eines Römers*, Stuttgart ²2005.

Caesar: Luciano Canfora: *Caesar. Der demokratische Diktator. Eine Biographie,* München 2001; Karl Christ: *Caesar. Annäherungen an einen Diktator*, München 1994; Werner Dahlheim: *Julius Caesar. Die Ehre des Kriegers und die Not des Staates*, Paderborn ²2005; Matthias Gelzer: *Caesar. Der Politiker und Staatsmann*, Wiesbaden 1983; Martin Jehne: *Caesar*, München ⁴2008; Christian Meier: *Caesar*, London 1995.

Popularen und Optimaten: Ursula Hackl: »Die Bedeutung der popularen Methode von den Gracchen bis Sulla im Spiegel der Gesetzgebung des jüngeren Livius Drusus«, *Gymnasium* 94 (1987), 109–127; Jochen Martin: *Die Popularen in der Geschichte der späten Republik*, unpublizierte Habil.-Schrift, Freiburg 1965; M. A. Robb: *Beyond Populares and Optimates. Political Language in the Late Republic*, Stuttgart 2010. Den Untergang der Republik hat Christian Meier in einer einflussreichen Analyse als zwingend aus der Krise seit den Gracchen folgendes Ereignis beschrieben: *Res Publica amissa. Eine Studie zu Verfassung und Geschichte der späten römischen Republik*, Frankfurt am Main ²1980. Dagegen hat überzeugend die kontingenten Faktoren und das Wirken des Zufalls betont: Erich S. Gruen: *The Last Generation of the Roman Republic*, Berkeley 1995.

Die Zeit der Bürgerkriege ab 49 v. Chr. behandeln erschöpfend Ernst Baltrusch: *Caesar und Pompeius*, Darmstadt 2004; und Kurt Raaflaub: »Poker um die Macht und Freiheit. Caesars Bürgerkrieg als Wendepunkt im Übergang von der Republik zur Monarchie«, in: Bernhard Linke et al. (Hg.), *Zwischen Monarchie und Republik. Gesellschaftliche Stabilisierungsleistungen und politische Transformationspotentiale in den antiken Stadtstaaten*, Stuttgart 2010, 163–186. Zu Cato dem Jüngeren: Fred K. Drogula: *Cato the Younger*, New York 2019; Rudolf Fehrle: *Cato Uticensis*, Darmstadt 1983. Zur Diktatur Caesars: Martin Jehne: *Der Staat des Dictators Caesar*, Köln 1987. Und zur Ermordung des Diktators kurz und bündig Giuseppe Zecchini: »C. Iulius Caesar. Rom, 15. März 44 v. Chr.«, in: Michael Sommer (Hg.), *Politische Morde. Vom Altertum bis zur Gegenwart*, Darmstadt 2005, 55–63.

Standardwerk zur Geschichte der Vereinigten Staaten ist Udo Sautter: *Geschichte der Vereinigten Staaten von Amerika*, *Kröners Taschenausgabe*, Bd. 443, Stuttgart ^{8}2013. Die Zeit nach dem amerikanischen Unabhängigkeitskrieg und den Verfassungskonvent behandeln Richard Beeman: *Plain, Honest Men. The Making of the American Constitution*, New York, NY 2010; David O. Stewart: *The Summer of 1787. The Men who Invented the Constitution*, New York, NY 2007; George Van Cleve: *We Have not a Government. The Articles of Confederation and the Road to the Constitution*, Chicago 2017. Über James Madison: Jack N. Rakove: *A Politician Thinking. The Creative Mind of James Madison*, Norman 2017. Losprinzip und Demarchie: David Van Reybrouck: *Gegen Wahlen. Warum Abstimmen nicht demokratisch ist*, Göttingen 2016. Die Denkfigur der »Repräsentationslücke« stammt von dem Dresdner Politikwissenschaftler Werner J. Patzelt: »›Repräsentationslücken‹ im politischen System Deutschlands? Der Fall PEGIDA«, Zeitschrift für Staats- und Europawissenschaften 13 (2015), 99–126. Populismus als »Schmerzensschrei«: John P. McCormick: »Contain the Wealthy and Patrol the Magistrates. Restoring Elite Accountability to Popular Government«, *American Political Science Review* 100 (2006); und die Beiträge in Dirk Jörke/Oliver Nachtwey (Hg.): *Das Volk gegen die (liberale) Demokratie*, Baden-Baden 2017.

Den Aufstieg des jungen Caesar, Antonius und die Periode zwischen dem Mord an Caesar und der Schlacht von Actium behandeln Klaus Bringmann: »Von Gaius Octavius zu Augustus. Eine Karriere zwischen Caesar und Cicero«, in: Marietta Horster/Florian Schuller (Hg.), *Augustus. Herrscher an der Zeitenwende*, Regensburg 2014, 26–39; Ulrich Gotter: *Der Diktator ist tot! Politik in Rom zwischen den Iden des März und der Begründung des Zweiten Triumvirats*, Stuttgart 1996; Helmut Halfmann: *Marcus Antonius*, Darmstadt 2011; Helmut Halfmann: »Octavian in den Machtkämpfen nach Caesars Ermordung bis zur Schlacht von Actium«, in: Marietta Horster/Florian Schuller (Hg.), *Augustus. Herrscher an der Zeitenwende*, Regensburg 2014, 40–55; Fergus Millar: »Triumvirate and Principate«, *Journal of Roman Studies* 63 (1973), 50–67; Ronald Syme: *Die römische Revolution. Machtkämpfe im antiken Rom*, Stuttgart ³2006.

Quellen

Thomas Jefferson: An William Duane, 4. April 1813, *Founders Online*, National Archives, https://founders.archives.gov/documents/Jefferson/03-06-02-0051. [Originalquelle: *The Papers of Thomas Jefferson, Retirement Series*,

vol. 6, 11 March to 27 November 1813, hg. v. J. Jefferson Looney, Princeton 2009, 52–54.]
James Madison: »The Utility of the Union as a Safeguard Against Domestic Faction and Insurrection«, *Federalist Papers*, No. 10, Freitag, 23. November 1787, *The New York Packet*, Library of Congress, https://guides.loc.gov/federalist-papers/text-1-10#s-lg-box-wrapper-25493273.
James Madison: »These Departments Should Not Be So Far Separated as to Have No Constitutional Control Over Each Other«, *Federalist Papers*, No. 48, Freitag, 1. Februar 1788, *The New York Packet*, Library of Congress, https://guides.loc.gov/federalist-papers/text-41-50#s-lg-box-wrapper-25493415.
Sueton: *Kaiserbiographien. Lateinisch-deutsch*, übersetzt von Otto Wittstock, Berlin 1993.

Zitate

moribus antiquis res stat romana virisque: Ennius, *Annalen* 5, Fragment 156 Skutsch (Cicero, *Der Staat* 5,1; Augustinus, *Der Gottesstaat* 2,21).

»Politischer Analphabet«: Sueton, Divus Iulius 77,1 (*Sullam nescisse litteras, qui dictaturam deposuerit*, wörtlich: »Sulla habe die Buchstaben nicht gekannt, weil er die Diktatur niederlegt hat«).

»Auch du, mein Sohn«: Ebd., 82,3 (καὶ σὺ τέκνον).

»Prämie für jeden Demagogen«: Rede vor dem Parlamentarischen Rat (9. September 1948), in: *Theodor Heuss. Vater der Verfassung. Zwei Reden im Parlamentarischen Rat über das Grundgesetz 1948/49*, hg. u. bearb. von Ernst Wolfgang Becker, München 2009, 63.

»Sie versuchen, aus dem Schicksal der Flüchtlinge politisches Kapital zu schlagen. Das ist niederträchtig.«:

»Rolle der AfD bei Pegida-Protesten niederträchtig«, Interview mit Stanislaw Tillich, *Die Welt*, 10. Dezember 2014, https://www.welt.de/politik/deutschland/article135200597/Rolle-der-AfD-bei-Pegida-Protesten-niedertraechtig.html.

»Trump ist ein Mann ohne Geduld, ein politischer Abenteurer!«, Antonia Rados bei »Maischberger«, *Bild*, 17. Mai 2018, https://www.bild.de/politik/inland/menschen-bei-maischberger/talkt-ueber-donald-trump-55722080.bild.html.

»Orban und die Halunken in Polen, Bulgarien und der Slowakei bauen Stacheldrahtzäune«: »Trump ist ein permanenter Alptraum für uns alle«, Interview mit Jean Ziegler, *Tagesspiegel*, 27. März 2017, https://www.tagesspiegel.de/politik/globalisierungskritiker-jean-ziegler-der-freihandel-entwaffnet-die-konsumenten/19570966-2.html.

»Ein demagogischer Ersatz für Argumente«: Ralf Dahrendorf: »Acht Anmerkungen zum Populismus«, *Transit* 25 (2003), 156–163, 156.

»Darin liegt sein Reiz und sein Erfolgsrezept«: Ebd., 158.

SECHS

Pax Romana. Wie man ein Imperium beherrscht

Zur Einführung in die Geschichte der römischen Kaiserzeit sind empfehlenswert: Hartwin Brandt: *Die Kaiserzeit*, München 2021; Karl Christ: *Geschichte der römischen Kaiserzeit von Augustus bis zu Konstantin*, München ³1995; Karl Christ: *Die römische Kaiserzeit. Von Augustus bis Diokletian*, München 2001; Peter D. A. Garnsey/Richard P. Saller: *The Roman Em-*

pire. Economy, Society and Culture, London ^{2}2014; Michael Sommer: *Das römische Kaiserreich. Aufstieg und Fall einer Weltmacht*, Stuttgart 2018. Eine faszinierende Lektüre geben die mitgeschriebenen Vorlesungen des Altmeisters Theodor Mommsen zur Kaiserzeit ab: *Römische Kaisergeschichte*, München 1992.

An Augustus-Biographien herrscht kein Mangel: Jochen Bleicken: *Augustus. Eine Biographie*, Berlin ^{2}1998; Klaus Bringmann: *Augustus*, Darmstadt 2007, Klaus Bringmann/Thomas Schäfer: *Augustus und die Begründung des römischen Kaisertums*, Berlin 2002; Werner Dahlheim: *Augustus. Aufrührer, Herrscher, Heiland. Eine Biographie*, München 2010; Werner Eck: *Augustus und seine Zeit*, München 1998; Karl Galinsky: *Augustus. Sein Leben als Kaiser*, Darmstadt 2013; Dietmar Kienast: *Augustus. Prinzeps und Monarch*, Darmstadt 1982; Heinrich Schlange-Schöningen: *Augustus*, Darmstadt 2005. Eine schon ältere, aber äußerst gelungene Gesamtschau der augusteischen Epoche bietet der Ausstellungskatalog Wolf-Dieter Heilmeyer et al. (Hg.): *Kaiser Augustus und die ›verlorene Republik*, Mainz 1988; Zur Entstehung des Prinzipats als Monarchie sui generis: Karl Christ: »Die Dialektik des augusteischen Prinzipats«, in: *Römische Geschichte und Wissenschaftsgeschichte*, Bde. 1–3, Bd. 1, Darmstadt 1982, 253–253; Wolfgang Kunkel: »Über das Wesen des augusteischen Prinzipats«, *Gymnasium* 68 (1961), 353–370; Anton von Premerstein: *Vom Werden und Wesen des Prinzipats*, München 1937; Dieter Timpe: *Untersuchungen zur Kontinuität des frühen Prinzipats*, Wiesbaden 1962; Aloys Winterling: »›Staat‹, ›Gesellschaft‹ und politische Integration in der römischen Kaiserzeit«, *Klio* 83 (2001), 93–112. Die visuelle Dimension der augusteischen Herrschaft hat Paul Zanker in einer epochemachenden Studie analysiert: *Augustus und die Macht der*

Bilder, München [2]1990. Außerdem zur Ara Pacis: Saverio Capo: *Ara Pacis. La pace di Augusto*, Ficulle 2006; Orietta Rossini: *Ara Pacis*, Milano 2006; Salvatore Settis: »Die Ara Pacis«, in: Wolf-Dieter Heilmeyer et al. (Hg.), *Kaiser Augustus und die verlorene Republik*, Mainz 1988, 400–426.

Die Geschichte der Juden im klassischen Altertum behandeln: Ernst Baltrusch: *Die Juden und das Römische Reich. Geschichte einer konfliktreichen Beziehung*, Darmstadt 2002; Klaus Bringmann: *Geschichte der Juden im Altertum. Vom babylonischen Exil bis zur arabischen Eroberung*, Stuttgart 2005; Martin Goodman: *Rome and Jerusalem. The Clash of Ancient Civilizations*, London 2007; Martin Hengel: *Juden, Griechen und Barbaren. Aspekte der Hellenisierung des Judentums in vorchristlicher Zeit*, Stuttgart 1976; Martin Hengel: *Judentum und Hellenismus. Studien zu ihrer Begegnung unter besonderer Berücksichtigung Palästinas bis zur Mitte des 2. Jhs. v. Chr.*, Tübingen [3]1988; Johann Maier: *Geschichte des Judentums im Altertum*, Darmstadt [2]1989; Edith Mary Smallwood: *The Jews under Roman Rule. From Pompey to Diocletian*, Leiden 1976; Günter Stemberger: *Die römische Herrschaft im Urteil der Juden*, Darmstadt 1983. Eine nützliche Quellensammlung liegt vor mit Margaret H. Williams: *The Jews Among the Greeks and Romans. A Diasporan Sourcebook*, London 1998. Den hohen Integrationsgrad der Juden in der Diaspora unterstreicht Erich S. Gruen: *Diaspora. Jews Amidst Greeks and Romans*, Cambridge (Mass.) 2002. Über den Makkabäeraufstand: Johannes Bernhardt: *Die jüdische Revolution. Untersuchungen zu Ursachen, Verlauf und Folgen der hasmonäischen Erhebung*, Berlin 2015; Elias Joseph Bickerman: *Der Gott der Makkabäer. Untersuchung über Sinn und Ursprung der makkabäischen Erhebung*, Berlin 1937; Klaus Bringmann: »Die Verfolgung der Religion durch Antiochos IV. Ein Konflikt zwischen Judentum und Hellenismus?«, *Antike und Abendland* 26 (1980), 176–190. Das Standardwerk zu dem den Aufstand auslösenden seleukidischen König hat Peter Franz Mittag vorgelegt: *Antiochos IV. Epiphanes. Eine politische Biographie*, Berlin 2006. Zu Herodes dem Großen: Ernst Baltrusch: *Herodes. König im Heiligen Land. Eine Biographie*, München 2012; Linda-Marie Günther: *Herodes der Große*, Darmstadt ²2012; Nikos Kokkinos: *The Herodian Dynasty. Origins, Role in Society and Eclipse*, Sheffield 1998. Speziell den Jüdischen Krieg 66–70 n. Chr. behandeln, unter Einschluss der archäologischen Perspektive, die Aufsätze in dem Sammelband Andrea Berlin/J. Andrew Overman (Hg.): *The First Jewish Revolt. Archaeology, History, and Ideology*, London 2002. Über den Bar-Kochba-Aufstand: Werner Eck: »The Bar Kokhba Revolt. The Roman Point of View«, *Journal of Roman Studies* 89 (1999), 76–89; Werner Eck: *Rom herausfordern: Bar Kochba im Kampf gegen das Imperium Romanum. Das Bild des Bar Kochba-Aufstandes im Spiegel der neuen epigraphischen Überlieferung*, Roma 2007; Werner Eck: »Der Bar Kochba-Aufstand der Jahre 132–136 und seine Folgen für die Provinz Judaea/Syria Palaestina«, in: Gianpaolo Urso (Hg.), *Iudaea Socia – Iudaea Capta*, Pisa 2012, 249–266; Peter Schäfer: *Der Bar Kokhba-Aufstand. Studien zum zweiten jüdischen Krieg gegen Rom*, Tübingen 1981. Über Philo von Alexandreia: Maren Niehoff: *Philo on Jewish Identity and Culture*, Tübingen 2001. Diaspora und Identität: Daniel Boyarin/Jonathan Boyarin: »Diaspora. Generation and the Ground of Jewish Identity«, in: Jana Evans Braziel/Anita Mannur (Hg.), *Theorizing Diaspora*, Oxford 2003, 85–118; Jonathan Boyarin/Daniel Boyarin: *The Powers of Diaspora. Two Essays on the Relevance of Jewish Culture*, Minneapolis 2002.

Die Krise des römischen Imperiums unter den »Soldatenkaisern« im 3. Jahrhundert hat in jüngerer Zeit ein reges Echo in der Forschung gefunden. Als Auswahl: Clifford Ando: *Imperial Rome AD 193 to 284. The Critical Century*, Edinburgh 2012; Alan K. Bowman et al. (Hg.): *The Crisis of Empire. A.D. 193–337*, Cambridge ^{2}2005; Michel Christol: *L' empire romain du IIIe siècle. Histoire politique (de 192, mort de Commode, à 325, concile de Nicée)*, Paris ^{2}1997; Olivier Hekster: *Rome and its Empire. AD 193–284*, Edinburgh 2008; Klaus-Peter Johne (Hg.): *Die Zeit der Soldatenkaiser. Krise und Transformation des Römischen Reiches im 3. Jahrhundert n. Chr. (235–284)*, Bde. 1–2, Berlin 2008; David S. Potter: *The Roman Empire at Bay. AD 180–395*, London 2004; Michael Sommer: *Die Soldatenkaiser*, Darmstadt ^{4}2020.

Einen Klassiker über den Geschichtsschreiber Tacitus hat der neuseeländisch-britische Althistoriker Ronald Syme verfasst: *Tacitus*, Oxford 1958. Grundlegend sind ferner: Karl Christ: »Tacitus und der Principat«, in: Ders.: *Römische Geschichte und Wissenschaftsgeschichte*, Bde. 1–3, Bd. 2: *Geschichte und Geschichtsschreibung der römischen Kaiserzeit*, Darmstadt 1983, 101–139; Dieter Timpe: »Geschichtsschreibung und Prinzipatsopposition«, in: Ders.: *Antike Geschichtsschreibung. Studien zur Historiographie*, Darmstadt 2007, 237–258. Zur *Germania*: Karl Christ: »Germanendarstellung und Zeitverständnis bei Tacitus«, in: Ders.: *Römische Geschichte und Wissenschaftsgeschichte*, Bde. 1–3, Bd. 2: *Geschichte und Geschichtsschreibung der römischen Kaiserzeit*, Darmstadt 1983, 140–151; Eduard Norden: *Die germanische Urgeschichte in Tacitus' Germania*, Leipzig ^{3}1923; Dieter Timpe: »Die *Germania* des Tacitus. Germanische Ethnographie und römische Zeitgeschichte«, in: Helmuth Schneider (Hg.), *Feindliche Nachbarn? Rom und die Germanen*, Köln 2008, 167–200. Früh hat die Wirkungsgeschichte der Germania Beachtung gefunden: Herbert W. Benario: »Tacitus' ›Germania‹ and Modern Germany«, *Illinois Classical Studies* 15 (1990), 163–165; Luciano Canfora: *La Germania di Tacito da Engels al nazismo, Forme, materiali e ideologie del mondo antico*, Bd. 16, Napoli 1979; Dieter Mertens: »Die Instrumentalisierung der ›Germania‹ des Tacitus durch die deutschen Humanisten«, in: Heinrich Beck (Hg.), *Zur Geschichte der Gleichung »germanisch – deutsch«. Sprache und Namen, Geschichte und Institutionen*, Berlin 2004, 37–101. Die gründlichste Studie zum Nachleben des Werkes, auf der große Teile der Ausführungen in diesem Buch beruhen, ist: Christopher B. Krebs: *Ein gefährliches Buch. Die »Germania« des Tacitus und die Erfindung der Deutschen*, München 2012.

Rassetheoretiker des 19. Jahrhunderts: Arthur Comte de Gobineau: *Essai sur l'inégalité des races humaines*, Bde. 1–4, 1853–55; Houston Stewart Chamberlain: *Die Grundlagen des 19. Jahrhunderts*, Bde. 1–2, Muenchen ^{3}1901.

Quellen

Flavius Josephus, *De bello Judaico – Der Jüdische Krieg. Griechisch – deutsch*, hg. und mit einer Einleitung sowie mit Anmerkungen versehen von Otto Michel und Otto Bauernfeind, Bde. 1–3, Darmstadt ^{2}2013.

Tacitus, *Germania. Lateinisch – Deutsch,* übersetzt von Hartmut Froesch, Stuttgart 2012.

Tacitus, *Annalen. Lateinisch – Deutsch*, übersetzt von Erich Heller, Berlin 2011.

Zitate

»Die Gefängnisse geleert, die Straßen hingegen mit Kriminellen gefüllt«: Flavius Josephus, *Jüdischer Krieg* 2,14,1 f.

»Wir rufen uns in Erinnerung, wer wir sind, indem wir uns

in Erinnerung rufen, was uns fehlt.« (»We remind ourselves of what we are by reminding ourselves of what we miss«): Jonathan Boyarin/Daniel Boyarin: *The Powers of Diaspora. Two Essays on the Relevance of Jewish Culture*, Minneapolis 2002, 4.

»La Nation une et indivisible«: Die jakobinische Maxime findet sich ähnlich zuerst in Art. 1. der Verfassung von 1791: »Le Royaume est un et indivisible«, Conseil Constitutionnel, https://www.conseil-constitutionnel.fr/les-constitutions-dans-l-histoire/constitution-de-1791.

»Ohne Zweifel der Befreier Germaniens« (*liberator haud dubie Germaniae*): Tacitus, Annalen 2,88.

vetus fama, *lata vestigia*: Ebd., 37.

»Vater der Geschichte« (*pater historiae*): Cicero: *Über die Gesetze* 1,5.

»Ich hab in von hertzen lib«: Luther: *Tischreden* 5,415.

indigenae, *adventus*, *hospitium*: Tacitus, *Germania* 2,1.

»Rassischer Niedergang«: Hans F.K. Günther: *Herkunft und Rassengeschichte der Germanen*, München 1935, 123 f.

SIEBEN

Phantomschmerzen. Das Ende der Zivilisation

Als Überblick über die Spätantike: Peter Brown: *The World of Late Antiquity. AD 150–750*, New York 1989; Averil Cameron: *Das späte Rom. 284–430 n. Chr.*, München 1994; Averil Cameron/Peter Garnsey (Hg.): *The Late Empire. A.D. 337–425*, Cambridge [2]1997; Ingemar König: *Die Spätantike*, Darmstadt 2007; Stephen Mitchell: *A History of the Later Roman Empire. AD 284–641. The Transformation of the Ancient World*, Oxford 2007; Jochen Martin: *Spätantike und Völkerwanderung*,

München ^{4}2001. Zusätzlich seien zwei Klassiker wärmstens empfohlen: Edward Gibbon: *The Decline and Fall of the Roman Empire, Bde. 1–3*, London 1994 (deutsch: *Verfall und Untergang des römischen Imperiums*, Bde. 1–2, Darmstadt 2016); Otto Seeck: *Geschichte des Untergangs der antiken Welt*, Bde. 1–6, Darmstadt ^{4}1921.

Den leichten Einstieg in die facettenreiche Welt der römischen Orientprovinzen ermöglichen jetzt die Beiträge in Ted Kaizer (Hg.): *A Companion to the Hellenistic and Roman Near East*, Hoboken, NJ 2021. Schon fast den Rang eines klassischen Werkes besitzt Fergus Millar: *The Roman Near East. 31 BC–AD 337*, Cambridge, MA 1993. Die politische Geschichte behandelt Peter M. Edwell: *Between Rome and Persia. The Middle Euphrates, Mesopotamia and Palmyra Under Roman Control*, London 2008. Zur Kulturgeschichte: Warwick Ball: *Rome in the East. The Transformation of an Empire*, London ^{2}2016; Kevin Butcher: *Roman Syria and the Near East*, London 2003; Maurice Sartre: *D'Alexandre à Zénobie. Histoire du Levant antique. IVe siècle avant J.-C. – IIIe siècle après J.-C*, Paris 2001; Michael Sommer: *Roms orientalische Steppengrenze. Palmyra – Edessa – Dura-Europos – Hatra. Eine Kulturgeschichte von Pompeius bis Diocletian*, Stuttgart ^{2}2018; Michael Sommer: *Syria. Geschichte einer zerstörten Welt*, Stuttgart 2016.

Für Archäologie, Geschichte und Kultur Palmyras sind maßgebend Christiane Delplace: *Palmyre. Histoire et archéologie d'une cité caravanière à la croisée des cultures*, Paris 2017; Annie Sartre/Maurice Sartre: *Palmyre. Vérités et légendes*, Paris 2016; Michael Sommer: *Palmyra. Biographie einer verlorenen Stadt*, Darmstadt 2017. Die Episode unter Odainat und Zenobia behandelt Udo Hartmann: *Das palmyrenische Teilreich*, Stuttgart 2001. Über Zenobia die gut lesbare Biographie von Nathanael J. Andrade: *Zenobia. Shooting star of*

Palmyra, Oxford 2018. Die Geschichte Palmyras nach Zenobia behandelt Emanuele E. Intagliata: *Palmyra after Zenobia. 273–750*, Oxford 2018. Die Zerstörungen durch den sogenannten Islamischen Staat dokumentiert unter anderem Paul Veyne: *Palmyra. Requiem für eine Stadt*, München 2016. Besondere Beachtung in der Forschung haben der Fernhandel Palmyras und seine globale Verflechtung mit entlegenen Teilen der eurasischen Welt gefunden: Michał Gawlikowski: »Trade Across Frontiers. Foreign Relations of a Caravan City«, in: Jørgen Christian Meyer et al. (Hg.), *Palmyrena. City, Hinterland and Caravan Trade between Orient and Occident*, Oxford 2016, 19–28; Eivind Heldaas Seland: *Ships of the Desert and Ships of the Sea. Palmyra in the World Trade of the First Three Centuries CE*, *Philippika*, (Bd. 101), Wiesbaden 2016; Michael Sommer: »The Venice of the Sands. Palmyrene Trade Revisited«, in: Jørgen Christian Meyer et al. (Hg.), *Palmyrena. City, Hinterland and Caravan Trade between Orient and Occident*, Oxford 2016, 11–17; Michael Sommer: »Gateway Tadmur. The Beginnings of Palmyra's Long-Distance Trade«, in: Michael Sommer (Hg.), *Inter duo Imperia. Palmyra between East and West*, Stuttgart 2020, 37–46.

Die Verflechtung großer Räume im Altertum findet erst in jüngster Zeit größere Beachtung. Wegweisend sind viele Arbeiten des norwegischen Althistorikers Eivind Heldaas Seland, dessen Verdienst darin besteht, die Aufmerksamkeit vom Mittelmeer auf den Indischen Ozean gelenkt zu haben: Als Hg.: *The Indian Ocean in the Ancient Period. Definite Places, Translocal Exchange*, Oxford 2007; »The Indian Ocean and the Globalisation of the Ancient World«, *Ancient West & East* 7 (2008), 65–77; *Ports and Political Power in the Periplus. Complex Societies and Maritime Trade on the Indian Ocean in the First Century AD*, Oxford 2010; »The Persian Gulf or the Red

Sea? Two Axes in Ancient Indian Ocean Trade, where to Go and Why«, *World Archaeology* 43 (2011), 398–409; »Trade and Christianity in the Indian Ocean During Late Antiquity«, *Journal of Late Antiquity* 5 (2012), 72–86; »Ancient Afghanistan and the Indian Ocean. Maritime Links of the Kush Empire«, *Journal of Indian Ocean Archaeology* 9 (2013), 66–74; »Camels, Camel Nomadism and the Practicalities of Palmyrene Caravan Trade«, *ARAM* 27 (2015), 45–54; »The Periplus of the Erythraean Sea. A Network Approach«, *Asian Review of World Histories* 4 (2016), 191–205; »Local Dynamics of Globalization in the Roman Near East. The Case of Palmyra«, in: Terje Stordalen/Øystein S. LaBianca (Hg.), *Levantine Enganglements. Cultural Productions, Long-Term Changes and Globalizations in the Eastern Mediterranean*, Sheffield 2021, 222–239; »Trade, Traders, and Religion in Gateway-Cities of the Roman East«, *Religion in the Roman Empire* 7 (2021), 297–312. Sehr gut lesbar auch die Synthese von Raimund Schulz: *Abenteurer der Ferne. Die großen Entdeckungsfahrten und das Weltwissen der Antike*, Stuttgart 2016. Für Spätantike und Frühmittelalter hat Johannes Preiser-Kapeller eine faszinierende Verflechtungsgeschichte geschrieben: *Jenseits von Rom und Karl dem Großen. Aspekte der globalen Verflechtung in der langen Spätantike, 300–800 n. Chr.*, Wien 2018.

Zum Islamischen Staat und dem Bürgerkrieg in Syrien: Behnam T. Said: *Islamischer Staat. IS-Miliz, al-Qaida und die deutschen Brigaden*, München ^{4}2015; Brian Michael Jenkins: »The Dynamics of Syria's Civil War«, *Rand Corporation Perspective*, Santa Monica (2014); Alexander Will: »The Political Powers and Syria«, in: Michael Sommer (Hg.), *Inter duo imperia. Palmyra between East and West*, Stuttgart 2020, 128–140.

Diokletian und die Tetrarchie: Frank Kolb: *Diocletian und die Erste Tetrarchie. Improvisation oder Experiment in der Orga-*

nisation monarchischer Herrschaft?, Berlin 1987; Wolfgang Kuhoff: *Diokletian und die Epoche der Tetrarchie. Das römische Reich zwischen Krisenbewältigung und Neuaufbau (284–313 n. Chr.)*, Frankfurt am Main 2001; Roger Rees: *Diocletian and the Tetrarchy*, Edinburgh 2004. Bürokratisierung des Imperiums im 3. Jahrhundert n. Chr.: Peter Eich: *Zur Metamorphose des politischen Systems in der römischen Kaiserzeit. Die Entstehung einer »personalen Bürokratie« im langen dritten Jahrhundert*, Berlin 2005. Religion in der römischen Kaiserzeit allgemein: Mary Beard et al.: *Religions of Rome*, Bde. 1–2, Cambridge 1998; James B. Rives: *Religion in the Roman Empire*, Malden, MA 2007; Jörg Rüpke: *Von Jupiter zu Christus. Religionsgeschichte in römischer Zeit*, Darmstadt 2011; Jörg Rüpke: *Pantheon. Geschichte der antiken Religionen*, München 2016. Aufstieg des Christentums ab dem 3. Jahrhundert n. Chr.: Hartmut Leppin: *Die frühen Christen. Von den Anfängen bis Konstantin*, München 2018.

Die bei weitem beste und gründlichste Darstellung zur Epoche der Völkerwanderung liegt jetzt von dem Tübinger Althistoriker Mischa Meier vor: *Geschichte der Völkerwanderung. Europa, Asien und Afrika vom 3. bis zum 8. Jahrhundert n. Chr.*, München 2019. Unentbehrlich sind auch: Peter J. Heather: *Der Untergang des römischen Weltreichs*, Stuttgart ^{4}2009; Peter J. Heather: *Invasion der Barbaren. Die Entstehung Europas im ersten Jahrtausend nach Christus*, Stuttgart 2011; J. H. W. G. Liebeschuetz: *East and West in Late Antiquity. Invasion, Settlement, Ethnogenesis and Conflicts of Religion*, Leiden 2015; Malcolm Todd: *Die Zeit der Völkerwanderung*, Stuttgart 2002; John Bryan Ward-Perkins: *The Fall of Rome and the End of Civilization*, Oxford 2005. Zu Julian, dem Scheitern der antichristlichen Reaktion und seinem Perserfeldzug: Klaus Bringmann: *Kaiser Julian*, Darmstadt 2004; Marion Giebel:

Kaiser Julian Apostata. Die Wiederkehr der alten Götter, Düsseldorf 2002; Klaus Rosen: *Julian. Kaiser, Gott und Christenhasser*, Stuttgart 2006. Die Goten und die Schlacht von Adrianopel: Alessandro Barbero: *9 agosto 378. Il giorno dei barbari*, Bari ^{2}2008; Herwig Wolfram: *Geschichte der Goten. Von den Anfängen bis zur Mitte des sechsten Jahrhunderts. Entwurf einer historischen Ethnographie*, München 1979. Herwig Wolfram: *Die Goten. Von den Anfängen bis zur Mitte des sechsten Jahrhunderts Entwurf einer historischen Ethnographie*, München ^{3}1990. Zu Theodosius: Hartmut Leppin: *Theodosius der Große. Auf dem Weg zum christlichen Imperium*, Darmstadt 2003. Zur Reichsteilung, den Ursachen und Folgen: Henning Börm: *Westrom. Von Honorius bis Justinian*, Stuttgart 2013; Émilienne Demougeot: *De l'unité à la division de l'empire romain, 395–410. Essai sur le gouvernement impérial*, Paris 1951; Roald Dijkstra et al. (Hg.): *East and West in the Roman Empire of the Fourth Century. An End to Unity?*, Leiden 2015; Fergus Millar: *A Greek Roman Empire. Power and Belief under Theodosius II (408/450)*, Berkeley, CA 2006. Die Eroberung Roms durch die Westgoten Alarichs und die Rezeption des Ereignisses durch Zeitgenossen und Nachgeborene behandeln Mischa Meier/Steffen Patzold: *August 410 – ein Kampf um Rom*, Stuttgart ^{2}2010.

Über die post-jugoslawischen Kriege auf dem Balkan: Hans Benedikter: *Die bitteren Früchte von Dayton. Völkermord und Vertreibungsterror in Kroatien und Bosnien-Herzegowina 1991–1995, das Versagen des Westens, ein Friede ohne Gerechtigkeit, Menschenrechte und Demokratiefragen, die Protestbewegung in Belgrad*, Trento 1997; Lenard J. Cohen: *Broken Bonds. Yugoslavia's Disintegration and Balkan Politics in Transition*, Boulder ^{2}2018; Imanuel Geiss: *Der Jugoslawienkrieg*, Frankfurt am Main 1993; Malte Olschewski: *Von den Karawanken bis zum Kosovo.*

Die geheime Geschichte der Kriege in Jugoslawien, *Ethnos*, Bd. 57, Wien 2000; Jože Pirjevec: *Le Guerre Jugoslave 1991–1999*, Torino 2001; Laura Silber/Allan Little: Bruderkrieg. *Der Kampf um Titos Erbe*, Graz 1995. Das Massaker von Srebrenica dokumentieren Julija Bogoeva/Caroline Fetscher: *Srebrenica. Ein Prozeß. Dokumente aus dem Verfahren gegen General Radislav Krstíc vor dem Internationalen Strafgerichtshof für das ehemalige Jugoslawien in Den Haag*, Frankfurt am Main 2002; und Matthias Fink: *Srebrenica. Chronologie eines Völkermords, oder was geschah mit Mirnes Osmanović*, Hamburg 2015. Inzwischen interessiert die Forschung vor allem die Frage, welchen Platz das Verbrechen im kollektiven Gedächtnis der Balkan-Nationen einnimmt: Hamza Karčić: »Remembering by Resolution: the Case of Srebrenica«, *Journal of Genocide Research* 17 (2015), 201–210; Paul B. Miller: »Contested Memories: the Bosnian Genocide in Serb and Muslim Minds«, *Journal of Genocide Research* 8 (2006), 311–324.

Zu römischen Grenzen und Grenzbefestigungssystemen: David John Breeze: *The Frontiers of Imperial Rome*, Barnsley 2011; Hugh Elton: *Frontiers of the Roman Empire*, London 1996; Margot Klee: *Grenzen des Imperiums. Leben am römischen Limes*, Stuttgart 2006. Über das spät- und poströmische Britannien: Neil Faulkner: *The Decline and Fall of Roman Britain*, Stroud 2000. Römische Feldmesser und Limitation: O. A. W. Dilke: *The Roman Land Surveyors. An Introduction to the Agrimensores*, Newton Abbot 1971; Christian Gugl: »Die römische Landvermessung des Carnuntiner Umlandes«, in: Franz Humer (Hg.), *Legionsadler und Druidenstab. Textband*, St. Pölten 2006, 346–353; Charlotte Schubert: *Land und Raum in der römischen Republik. Die Kunst des Teilens*, Darmstadt 1996.

Zu Sidonius Apollinaris und dem spätantiken Gallien:

Katherine Clarke: *Between Geography and History. Hellenistic Constructions of the Roman World*, Oxford 1999; Michael P. Hanaghan: *Reading Sidonius' epistles*, Cambridge 2018; Jill Harries: *Sidonius Apollinaris and the Fall of Rome, AD 407–485*, Oxford 1994.

Quellen

Plinius: *Naturkunde, ausgewählte Werke*, hg. und übersetzt von Roderich König, Düsseldorf 2008.
C. Sollius Apollinaris Sidonius: *Die Briefe*, eingeleitet, übersetzt und erläutert von Helga Köhler, Stuttgart 2014.

Zitate

»We must save Palmyra or the maniacs will raze civilization«: Boris Johnson unter diesem Titel, *Daily Telegraph* 17. Mai 2015, https://www.telegraph.co.uk/news/worldnews/islamic-state/11611500/We-must-save-Palmyra-or-the-maniacs-will-raze-civilisation.html.
»Was der Welt verloren geht«: Michael Sommer unter diesem Titel, *Spiegel online* 24. Mai 2015, https://www.spiegel.de/kultur/gesellschaft/is-bedroht-palmyra-nimrud-hatra-aufsatz-michael-sommer-a-1035171.html.
»Valerianus Caesar mit eigenen Händen gefangengenommen«: Res Gestae Divi Saporis §22, Heidemarie Koch, »Texte aus Iran«, in: Bernd Janowski/Gernot Wilhelm (Hg.), *Texte aus der Umwelt des Alten Testaments. Neue Folge*, Bd. 2: *Staatsverträge, Herrscherinschriften und andere Dokumente zur politischen Geschichte*, Berlin 2005, 300.
»Zwischen den beiden großen der Römer und der Parther« (*inter duo imperia*): Plinius, Naturgeschichte 5,88.
ZENOBIA AVGVSTA: Silber-Antoninian aus Emesa,

Zenobia, 272 n. Chr., *Roman Imperial Coinage*, Bd. 5a, Zenobia, Nr. 2 var.

RESTITVTOR ORBIS: Silber-Antoninian aus Mailand, Aurelian, 274 n. Chr., *Roman Imperial Coinage*, Bd. 5, Aurelian, Nr. 141.

»Grausamen Räubern«: Gildas: *De excidio et conquestu Britanniae* 25.

»Den nicht geringsten Teil ihrer Ausstaffierung«: Sidonius Apollinaris, *Briefe* 4,20.

»Die Picener zur Linken, die Umbrer zur Rechten …«: Ebd., 1,5.

»Das einzige Hindernis, das ihrem Ziel entgegensteht, ihr Reich bis zur Rhone auszudehnen«: Ebd., 7,1.

»Feuer, Schwert und Krankheit …«: Ebd., 7,7.

»Wir müssen die Kunst erlernen zu schweigen«: Ebd., 9,3.

»Streitsüchtige, versoffene und ekelhafte Kreaturen, wie man sie so leicht nicht wieder trifft«: Ebd., 8,3.

»Unsere schwindende Kultur solche Spuren bei dir hinterlassen hat«: Ebd., 4,17.

ACHT
Mehr Antike wagen

Nationen als »imagined communities«: Benedict Anderson: *Imagined Communities. Reflections on the Origin and Spread of Nationalism*, London [7]1996. Die fehlende Vergleichbarkeit von Abiturleistungen im Bildungsföderalismus haben unlängst Mathias Brodkorb und Katja Koch angeprangert: *Der Abiturbetrug. Vom Scheitern des deutschen Bildungsföderalismus. Eine Streitschrift*, Springe 2020.

Zitate

»Im Stande der Möglichkeit«: Christian Meier: »Was soll uns heute noch die Alte Geschichte?«, in: Wilfried Nippel (Hg.), *Über das Studium der Alten Geschichte*, München 1993, 323–352, 346.

»Niveauverlust der gymnasialen Bildung«: Mathias Brodkorb/Katja Koch: *Der Abiturbetrug. Vom Scheitern des deutschen Bildungsföderalismus. Eine Streitschrift*, Springe 2020, 79.

»Dass das Experiment, die Welt durch Zuhilfenahme von Ordnungssystemen die [sic] vornehmlich männliche Geistesgrössen auflisten, zu einem freundlicheren und erfreulicheren Ort zu machen, fehl schlug«: Sibylle Berg et al., *Die Kanon*, https://diekanon.org.

Sämtliche Websites wurden zuletzt am 30. Juni 2022 abgerufen.

BILDNACHWEIS

Abb. 1: akg-images / Erich Lessing
Abb. 2: © Bildarchiv Foto Marburg
Abb. 3: The Israel Museum, Jerusalem
Abb. 4: Eric Vandeville / akg-images
Abb. 5: Kunstmuseum Krefeld
Abb. 6: Fotograf: JOSEPH EID / AFP
Abb. 7, 8: Michael Sommer
Abb. 9: CoinArchives

REGISTER